試験直前まで手放せない

2024年版

ユーキャンの

宅建士 これだけ！一問一答集

ユーキャン
自由国民社

おことわり

本書は令和５年 10月 31 日現在施行の法令および令和６年４月１日までに施行されることが判明している法令に基づいて執筆されています。

なお、執筆以後の法改正情報等については、下記「ユーキャンの本」ウェブサイト内、「追補（法改正・正誤）」にて、適宜お知らせいたします。

https://www.u-can.jp/book/information

ユーキャンの これだけ！一問一答集 ここがポイント

最終確認の強い味方！

ユーキャンの宅建士『これだけ！一問一答集』は、試験直前にしっかり確認しておきたい事項を一問一答形式でコンパクトにまとめた問題集です。持ち運びに便利な新書サイズ＆赤シートつきなので、いつでもどこでも手軽に学習できます。

横断的に学習できるまとめページ

各章末の「POINTマスター」では、特に大事なポイントを図表などで横断的に解説しています。一問一答とあわせて効率よく学習できます。

受験対策に必須の重要ポイントをカバー！

最新の試験傾向分析に基づいて、繰り返し問われる「重要過去問題」を○×問題形式で掲載。解答解説は見開きで掲載しているので、答えをすぐに確認でき、知識がスムーズに定着します。

本書の使い方

本書は、○×形式の一問一答ページとポイントまとめページで構成されています。問題ページで知識を確認、まとめページで重要ポイントを整理することができます。

1 一問一答で知識を確認

まずは、赤シートで右ページの解答を隠しながら一問一答問題を解き、自分の理解度を確認しましょう。

2 右ページの解説をチェック

間違えた問題はしっかり解説を読んで、確実に理解しましょう。正解した問題も解説を読み、プラスαの知識を吸収しましょう。

これだけ！は押さえておきたい重要事項を問う過去問題です。

1 意思表示

★★★ Q 1 【H28】 AがA所有の甲土地をBに売却した場合、AがBの欺を理由に甲土地の売却の意思表示を取り消しても取消しより前にBが甲土地をCに売却し、Cが所有移転登記を備えたときには、CがBの詐欺の事実をらなかったことについて過失があるか否かにかかわず、AはCに対して取消しを対抗することができない

★★★ Q 2 【H23】 A所有の甲土地につき、AとBとの間で売買契約が結された。その後、BがCに甲土地を転売した後にAがBの強迫を理由にAB間の売買契約を取り消し場合には、CがBによる強迫の事実を知らなかったとにつき過失がなくても、AはCから甲土地を取り戻ことができる。

★★★ Q 3 【H30】 AがA所有の甲土地を第三者の詐欺によってBに売し、その後BがCに甲土地を転売したときには、Bが三者の詐欺の事実を知らず、かつ、知ることができかったとしても、Cが第三者の詐欺の事実を知ってれば、Aは詐欺を理由にAB間の売買契約を取り消ことができる。

★★★ Q 4 【R2追】 Aを売主、Bを買主として、甲土地の売買契約が締されたが、契約がAの錯誤に基づくものであり、その錯誤が重要なものであるときは、Aは当該契約の無効を主張する

14

問題にも解説にも、チェックボックスが2回分。繰り返しが学習効果を高めます。

●出典の明記

【R1】⇨令和元年度試験
【R2追】⇨令和2年度12月実施試験
【予想問題】⇨オリジナルの予想問題

●重要度表示

過去の出題傾向を踏まえた重要度を3段階で表示。★が3つの問題は最重要問題です。

まとめページで横断整理

一問一答だけではフォローしきれない重要項目は、まとめページでしっかり確認し、知識を整理しましょう。

POINTマスター

権利関係編

Point 1 意思表示（当事者間と第三者）

ケース	当事者間	第三者との関係
詐欺	取消しできる	善意無過失の第三者※1に対抗できない
強迫		第三者※1に対抗できる
錯誤	原則：重要な錯誤であれば取消しできる 例外：表意者に重過失あれば取消しできない（例外あり※2）	善意無過失の第三者※1に対抗できない
虚偽表示	無効	善意の第三者に対抗できない
心裡留保	原則：有効 例外：相手が悪意か善意有過失であれば無効	善意の第三者に対抗できない

※１取消前の第三者のこと
※２①相手方が表意者に錯誤があることを知り、または重過失によって知らなかったとき、②相手方が表意者と同一の錯誤に陥っていたときは取り消すことができる。

Point 2 制限行為能力者（未成年者と成年被後見人）

■未成年者
1　未成年者が法定代理人の同意を得ないでした行為は、原則として取り消すことができる。
2　未成年者が取り消すことができない場合
（1）営業の許可を得た場合のその営業上の行為
（2）単に権利を得、または義務を免れる行為など

■成年被後見人
1　成年被後見人がした契約は、原則として取り消すことができる。ただし、日用品の購入その他の日常生活に関する行為は、取り消すことができない。
2　成年後見人が、成年被後見人に代わって成年被後見人が居住している建物を売却するためには、家庭裁判所の許可が必要である。

154

横断的な重要項目を図表などで整理しました。赤シートを使って学習するとより効果的です。

1　詐欺を理由とする取消しは、善意無過失の取消前の第三者に対抗することができない。登記の有無は関係ない。したがって、Cが登記を備えていても、Cが悪意または善意有過失であれば、AはCに対して取消しを対抗することができる。　×

2　取消前の第三者との関係では、強迫を理由とする取消しは善意無過失の第三者に対抗することができる。したがって、A→B→Cと甲土地が売却された後に強迫を理由とする取消しをした場合、Aは善意無過失のCにも取消しを対抗することができ、甲土地を取り戻すことができる。　○

3　第三者の詐欺の場合、相手方が悪意または善意有過失の場合（＝相手方がその事実を知り、または知ることができたとき）に限り、取り消すことができる。したがって、相手方Bが「善意無過失」なので、Aは取り消すことができない。このことは、転得者Cが悪意でも変わらない。　×

4　意思表示の内容の重要な部分に錯誤があった場合、表意者（＝意思表示を行った者）は意思表示を取り消すことができる。したがって、Aは、契約の無効を主張することは　×

解説ページは『穴埋め問題集』としても活用できます！

重要部分が赤字になっているので、赤シートを使い穴埋め形式でチェックすることも可能です。

目次

POINTマスター　一覧

出題傾向の分析と対策

出題形式と合格基準

問題形式と配点	4肢択一式（マークシート） 50問（1問1点）
試験時間	2時間
合格基準点	30～38点（問題の難易度によって毎年異なる）
合格率	例年14～18%

出題傾向の分析と対策

◉第1章 権利関係 目標得点 14問中9点

本試験の出題傾向としては、単なる法律の条文の知識を問うのではなく、具体的な事例を通じて、その場で考えさせる応用問題が多いことが特徴です。まずは、暗記することよりも、内容を理解することを心がけるべきです。各項目を学習する際は、なるべく自分が当事者になったつもりで、具体的に考えるとよいでしょう。全14問中9問以上の正解を目指しましょう。

①民法 例年の出題数 **10～11問**

「意思表示」「代理」「抵当権」「賃貸借」「相続」は、民法のなかでは出題頻度の高い項目です。これらについては、どこが出題されても大丈夫なように、細かい知識も含めてていねいに学習しておきましょう。

それ以外の項目については、「各種の契約」と「物権変動」に注意しましょう。「各種の契約」は、ややマイナーな部分なので、日頃の学習が手薄になりがちですが、少なくとも重要知識だけはしっかりと押さえておきましょう。「物権変動」は、かなり難解な内容を含みます。事例をしっかりと把握して、事例ごとの結論を確実に覚えましょう。

②借地借家法 例年の出題数 **2問**

「借地1問、借家1問」というのが、基本的な出題パターンです。ただし、「賃貸借・借地・借家」の複合問題が出題されることもあります。対策としては、過去問に出題されている知識を確実に押さえるというオーソドックスな学習方法がよいでしょう。

③**区分所有法**　例年の出題数　**1問**

最近はやや細かい知識が出題される傾向にありますが、出題頻度からしてあまり学習時間をかけるべきではありません。過去問で問われている知識を押さえておけばよいでしょう。

④**不動産登記法**　例年の出題数　**1問**

最近は、問題の難易度が上がる傾向にあります。手続きを機械的に覚えるのではなく、その理由を理解することを心がけてください。

◉第2章　宅建業法　目標得点 20問中16点

内容的には理解しやすく、比較的短期間の学習でマスターすることが可能です。本試験の出題数（20問）も多いので、ぜひ、この科目を得意にして得点源とするべきです。全20問中16問以上の正解を目指しましょう。

①**宅建業・宅建業者とは**　例年の出題数　**1問**

事例問題で出題されますが、ほとんどが過去問の焼き直し問題です。過去問をしっかり押さえておけば、確実に得点できるでしょう。

②**免許**　例年の出題数　**1～3問**

特に免許の申請（免許の基準）に関する問題は、ほぼ毎年出題されており、重要項目です。

③**宅建士**　例年の出題数　**1～3問**

「免許」と類似した制度が多いので、両者の違いを正確に押さえましょう。「免許」との複合問題も出題されることがあります。

④**営業保証金・弁済業務保証金**　例年の出題数　**2問程度**

各1問ずつ出題されるのが、基本パターンです。知識を整理して、両制度を対比しながら、整理した知識を覚えるようにしましょう。

⑤**業務に関する規制**　例年の出題数　**5～6問**

「媒介契約」「重要事項の説明」「37条書面」からは、ほぼ毎年出題されています。そのなかでも特に「重要事項の説明」は、複数問出題されることも多く、最重要の知識です。

⑥**自ら売主制限**　例年の出題数　**3～4問**

頻出なのは、「クーリング・オフ」「賠償額の予定等の制限」「手付の額の制限等」「担保責任の特約の制限」「手付金等の保全措置」です。

⑦**報酬**　例年の出題数　**1問程度**

計算方法をマスターしてしまえば、得点源にできる項目です。

⑧監督・罰則　例年の出題数　**1問**

細かい知識が出題されることもありますが、過去問学習によっておおむね対応することができます。

⑨住宅瑕疵担保履行法　例年の出題数　**1問**

毎年1問出題されています。

◉第3章　法令上の制限　目標得点　8問中5点

法令上の制限の内容は、多くの人にとってあまりなじみのないものなので、最初は取っつきにくいかもしれません。しかし、過去の本試験に多く出題されたポイントをしっかり押さえれば、安定して7割程度の正解率を確保できるようになります。法令上の制限では、全8問中5問以上の正解を目指しましょう。

①都市計画法　例年の出題数　**2問**

開発行為の規制に関する問題は、出題頻度が高く、最重要項目です。都市計画区域や各種地域地区に関する基本的な知識は、他の法律の前提にもなっているので、出題頻度以上に重要です。

②建築基準法　例年の出題数　**2問**

数字がたくさん出てくるので、覚えるのが大変ですが、覚えるべき必要な数字は思ったほど多くありません。過去問を繰り返し解くことによって、覚えるようにしましょう。

③盛土規制法　予想出題数　**1問**

例年1問出題されてきた宅地造成等規制法の改正リニューアル版の法律です。典型テーマである宅地造成等工事規制区域内での規制を中心に、ある程度ポイントを絞って学習しましょう。

④土地区画整理法　例年の出題数　**1問**

難問が多く、得点しにくい項目です。あまり深入りしないほうがよいでしょう。

⑤農地法　例年の出題数　**1問**

出題ポイントが少ないので、得点しやすい項目です。確実な得点源にできるように、しっかりと準備しておきましょう。

⑥国土利用計画法　例年の出題数　**1問程度**

選択肢の1つとしてしか出題されないこともありますが、法令上の制限のなかでは得点しやすい項目です。出題の中心は、事後届出制に関する知識です。

⑦その他の法令　例年の出題数　**0～1問**

出題数は減少傾向にあるので、ポイントだけを押さえる程度の学習でよいでしょう（重要度が低いので、本書には掲載していません）。

◉第4章　税・その他　目標得点　8問中6点

出題項目によって、難易度や学習戦略がまったく異なっています。ほとんど勉強しなくても常識で解答できる問題があるかと思えば、逆に、かなり勉強しても得点に結びつかない問題もあります。したがって、項目ごとのメリハリをつけ、得点に結びつきやすい部分に努力を集中すべきです。全8問中6問以上の正解を目指しましょう。

①固定資産税・不動産取得税　例年の出題数　**1問程度**

税法のなかでは、割合得点しやすいところです。住宅に関連する税の軽減措置を中心に押さえましょう。

②所得税・印紙税・登録免許税・贈与税　例年の出題数　**1問程度**

印紙税は、これらの中で最も出題頻度が高く、類似問題が繰り返し出題されるので、しっかり学習しましょう。印紙税以外は、難問は捨ててもかまいません。過去問に類似したやさしめの問題に対応できるようにしておけば十分です。

③地価公示法・不動産鑑定評価基準　例年の出題数　**1問**

どちらかから1問出題されます。地価公示法は得点源にすべく学習しておくべきですが、不動産鑑定評価基準は難解な出題が多いので、あまり深入りしないほうがよいでしょう。

④住宅金融支援機構　例年の出題数　**1問**

細かい知識まで完璧に押さえようとする必要はありません。正解率7～8割を目指して、一通り学習しておきましょう。

⑤不当景品類及び不当表示防止法　例年の出題数　**1問**

ある程度、常識でも対応できますが、どうしても覚えなければならない知識もあります。そこを覚えてしまえば、得点源にできます。

⑥土地・建物　例年の出題数　**2問**

土地から1問、建物から1問出題されます。この項目の学習にあまり時間をかけるべきではありません。

⑦統計　例年の出題数　**1問**

本試験の直前に、ポイントを暗記することで対応しましょう。

著者紹介

ユーキャン宅建士試験研究会

本会は、ユーキャン宅地建物取引士合格指導講座で、豊富な講義・教材制作の経験をもつ講師が集まり結成されました。通信講座の教材制作で蓄積したノウハウを活かし、よりわかりやすい書籍作りのために日々研究を重ねています。

■ 高野(たかの) 敦(あつし)（権利関係・法令上の制限）

1994（平成6）年に宅建講師となって以来、「偶然の出会いを運命の出会いに！」を胸に、一人ひとりの合格に寄り添う。受験者が真剣に切磋琢磨する企業研修や教室講義を特に愛する。現在、ユーキャン宅地建物取引士合格指導講座講師として、映像講義や教材執筆を中心に活躍中！

■ 宮本(みやもと) 真(しん)（宅建業法、税・その他）

予備校での講義を皮切りに、30年以上にわたり宅地建物取引士の受験指導を行っている。その間、テキスト等の執筆のほか、予備校における講義、大手金融機関や大企業における社員研修等を担当し、教材制作・講義の両面で豊富な経験を有する。

第1章

権利関係

一問一答 *280*問

1 意思表示

★★★
Q 1 □□
【H28】
AがA所有の甲土地をBに売却した場合、AがBの詐欺を理由に甲土地の売却の意思表示を取り消しても、取消しより前にBが甲土地をCに売却し、Cが所有権移転登記を備えたときには、CがBの詐欺の事実を知らなかったことについて過失があるか否かにかかわらず、AはCに対して取消しを対抗することができない。

★★★
Q 2 □□
【H23】
A所有の甲土地につき、AとBとの間で売買契約が締結された。その後、BがCに甲土地を転売した後に、AがBの強迫を理由にAB間の売買契約を取り消した場合には、CがBによる強迫の事実を知らなかったことにつき過失がなくても、AはCから甲土地を取り戻すことができる。

★★★
Q 3 □□
【H30】
AがA所有の甲土地を第三者の詐欺によってBに売却し、その後BがCに甲土地を転売したときには、Bが第三者の詐欺の事実を知らず、かつ、知ることができなかったとしても、Cが第三者の詐欺の事実を知っていれば、Aは詐欺を理由にAB間の売買契約を取り消すことができる。

★★★
Q 4 □□
【R2追】
Aを売主、Bを買主として、甲土地の売買契約が締結されたが、当該契約がAの錯誤に基づくものであり、その錯誤が重要なものであるときは、Aは当該契約の無効を主張することができる。

A 1 □□

詐欺を理由とする取消しは、善意無過失の取消前の第三者に対抗することができない。登記の有無は関係ない。したがって、Cが登記を備えていても、Cが悪意または善意有過失であれば、AはCに対して取消しを対抗することができる。

×

A 2 □□

取消前の第三者との関係では、強迫を理由とする取消しは善意無過失の第三者に対抗することができる。したがって、A→B→Cと甲土地が売却された後に強迫を理由とする取消しをした場合、Aは善意無過失のCにも取消しを対抗することができ、甲土地を取り戻すことができる。

○

A 3 □□

第三者の詐欺の場合、相手方が悪意または善意有過失の場合（＝相手方がその事実を知り、または知ることができたとき）に限り、取り消すことができる。したがって、相手方Bが「善意無過失」なので、Aは取り消すことができない。このことは、転得者Cが悪意でも変わらない。

×

A 4 □□

意思表示の内容の重要な部分に錯誤があった場合、表意者（＝意思表示を行った者）は意思表示を取り消すことができる。したがって、Aは、契約の無効を主張することはできない。

×

★★★
Q 5
□□
【R2】

Aは、自己所有の自動車を100万円で売却するつもりであったが、重大な過失によりBに対し「10万円で売却する」と言い、Bが過失なく「Aは本当に10万円で売るつもりだ」と信じてAB間に売買契約が成立した場合、Aは錯誤を理由にAB間の売買契約を取り消すことができる。

★★★
Q 6
□□
【R2】

Aは、自己所有の時価100万円の壺(つぼ)を10万円程度であると思い込み、Bに対し「手元にお金がないので、10万円で売却したい」と言ったところ、BはAの言葉を信じ「それなら10万円で購入する」と言って、AB間に売買契約が成立した場合、Aは錯誤を理由にAB間の売買契約を取り消すことができる。

★★★
Q 7
□□
【H19】

A所有の甲土地についてのAB間の売買契約が、AとBとで意を通じた仮装のものであったとしても、Aの売買契約の動機が債権者からの差押えを逃れるというものであることをBが知っていた場合には、AB間の売買契約は有効に成立する。

A 5 □□

意思表示の内容の重要な部分に錯誤があっても、錯誤が表意者の重大な過失（重過失）によるものであった場合には、表意者は、原則として、意思表示の取消しをすることができない。Aは、重過失により、100万円で売却するつもりの自動車を10万円で売却する旨の錯誤による意思表示をしている。したがって、Aは、錯誤による取消しはできない。なお、表意者に重過失があっても、相手方が錯誤につき悪意または善意重過失であれば取消しができるが、Bは善意無過失なので、取消しできる場合にはあたらない。

×

A 6 □□

動機の錯誤（表意者が法律行為の基礎とした事情についての認識が真実に反する錯誤）の場合には、動機が相手方に表示され、その錯誤が重要な錯誤であれば、表意者は意思表示の取消しができる。Aは、壺を「10万円で売る意思」は有しているのでその点に錯誤はないが、100万円の壺を10万円程度と勘違いして10万円で売る気になったという動機の錯誤の事例である。しかし、動機の表示がないので、Aは取消しをすることができない。

×

A 7 □□

相手方と通じて行った仮装の意思表示（＝通謀虚偽表示）は、無効である。Aの売買契約の動機をBが知っていたからといって、契約が有効になることはない。

×

★★★
Q 8
□□
【H20】

A所有の甲土地についてのＡＢ間で仮装の売買契約がなされ、その後ＢがＣに甲土地を転売した場合、ＣがＡＢ間の売買契約が仮装であることを知らず、知らないことに無過失であっても、Ｃが所有権移転登記を備えていなければ、Ａは所有者であることをＣに対して主張できる。

★★
Q 9
□□
【H19】

Ａは自己所有の甲土地を「1,000万円で売却する」という意思表示をＢに対して行ったが、当該意思表示はＡの真意ではなく、Ｂもその旨を知っていた。この場合、Ｂが「1,000万円で購入する」という意思表示をすれば、ＡＢ間の売買契約は有効に成立する。

2 制限行為能力者

★★★
Q 10
□□
【H28】

古着の仕入販売に関する営業を許された未成年者は、成年者と同一の行為能力を有するので、法定代理人の同意を得ないで、自己が居住するために建物を第三者から購入したとしても、その法定代理人は当該売買契約を取り消すことができない。

★★★
Q 11
□□
【H20】

成年被後見人が行った法律行為は、事理を弁識する能力がある状態で行われたものであっても、取り消すことができる。ただし、日用品の購入その他日常生活に関する行為については、この限りではない。

A 8

AとBが通じてした仮装の売買契約は、虚偽表示にあたり、無効である。ただし、虚偽表示による無効は、善意の第三者に対しては主張することができない。この場合の第三者は、善意であれば足り登記は必要ない。したがって、第三者Cが登記を備えていなくても、Aは、所有者であることをCに対して主張できない。

×

A 9

表意者が真意でないことを自分でわかっていながら行った意思表示（＝心裡留保による意思表示）は、原則として有効である。ただし、相手方がその意思表示が表意者の真意ではないことを知り、または知ることができたとき（悪意または善意有過失の場合）は、その意思表示は、無効となる。なお、心裡留保による意思表示の無効は、善意の第三者に対抗することができない。

×

A 10

営業を許された未成年者は、その営業に関しては、成年者と同一の行為能力を有する。本問では、古着の仕入販売に関する営業を許されているが、自己が居住するための建物の購入は、その営業に関する行為ではないと考えられる。したがって、その行為については、成年者と同一の行為能力があることにはならず、取消しの対象となる。

×

A 11

成年被後見人が行った法律行為は、原則として、取り消すことができる。事理を弁識する能力がある状態で行われても同様である。ただし、日用品の購入その他日常生活に関する行為については、この限りではない（＝取り消すことができない）。

○

★★★
Q 12 □□
【H28】
成年後見人が、成年被後見人に代わって、成年被後見人が居住している建物を売却する際、後見監督人がいる場合には、後見監督人の許可があれば足り、家庭裁判所の許可は不要である。

★★★
Q 13 □□
【R4】
成年後見人は成年被後見人の法定代理人である一方、保佐人は被保佐人の行為に対する同意権と取消権を有するが、代理権が付与されることはない。

★★
Q 14 □□
【H28】
被保佐人が、不動産を売却する場合には、保佐人の同意が必要であるが、贈与の申し出を拒絶する場合には、保佐人の同意は不要である。

★★
Q 15 □□
【H28】
被補助人が、補助人の同意を得なければならない行為について、同意を得ていないにもかかわらず、詐術を用いて相手方に補助人の同意を得たと信じさせていたときは、被補助人は当該行為を取り消すことができない。

★★
Q 16 □□
【H19】
Ａ所有の甲土地についてのＡＢ間の売買契約が、Ａが泥酔して意思能力を有しない間になされたものである場合、Ａは、酔いから覚めて売買契約を追認するまではいつでも売買契約を取り消すことができ、追認を拒絶すれば、その時点から売買契約は無効となる。

権利関係

A 12 □□

成年後見人は、成年被後見人に代わって、成年被後見人が居住している建物やその敷地について売却等をするには、家庭裁判所の許可を得なければならない。後見監督人の許可ではない。

×

A 13 □□

保佐人は、被保佐人の一定の重要な行為に対する同意権と取消権を有するだけでなく、家庭裁判所の審判によって特定の法律行為について代理権が付与されることがある。なお、「成年後見人は成年被後見人の法定代理人である」とする点は、正しい内容の記述である。

×

A 14 □□

被保佐人が、不動産その他重要な財産に関する権利の得喪を目的とする行為（不動産の売却など）をする場合や、贈与の申込みを拒絶する場合には、保佐人の同意が必要である。

×

A 15 □□

制限行為能力者が、行為能力者であることを信じさせるため詐術を用いた場合や、保護者の同意を得なければならない行為について詐術を用いて保護者の同意を得ていたと信じさせた場合、その行為を取り消すことができない。

○

A 16 □□

意思能力のない状態で行った契約は、最初から無効である。

×

3 代理

★★★
Q 17
【予想問題】
制限行為能力者が代理人としてした行為は、行為能力の制限によっては取り消すことができない。ただし、制限行為能力者が他の制限行為能力者の法定代理人としてした行為については、この限りでない。

★★★
Q 18
【H22】
Aが所有の甲土地の売却に関する代理権をBに与えた。Bが売主Aの代理人であると同時に買主Cの代理人としてAC間で売買契約を締結しても、あらかじめ、A及びCの承諾を受けていれば、この売買契約は有効である。

★★★
Q 19
【予想問題】
代理人と本人との利益が相反する行為については、代理権を有しない者がした行為とみなす。ただし、本人があらかじめ許諾した行為については、この限りでない。

★★
Q 20
【H29】
委任による代理人は、本人の許諾を得たときのほか、やむを得ない事由があるときにも、復代理人を選任することができる。

★★★
Q 21
【H26】
代理権を有しない者がした契約を本人が追認する場合、その契約の効力は、別段の意思表示がない限り、追認をした時から将来に向かって生ずる。

A 17 □□

制限行為能力者が代理人としてした行為は、行為能力の制限によっては取り消すことはできない。ただし、制限行為能力者が他の制限行為能力者の法定代理人としてした行為については、この限りではない（＝取り消すことができる）。 ○

A 18 □□

双方の代理人となること（双方代理）は、原則として無権代理行為になるが、①本人があらかじめ許諾した場合や②債務の履行は、その例外となる。したがって、本問では、本人であるＡとＣ双方の許諾を受けていれば、売買契約は有効である。 ○

A 19 □□

代理人と本人との利益が相反する行為については、代理権を有しない者がした行為（＝無権代理行為）とみなす。ただし、本人があらかじめ許諾した行為については、この限りでない（＝有効な代理行為となる）。 ○

A 20 □□

委任による代理人は、①本人の許諾を得たとき、②やむを得ない事由があるときに、復代理人を選任することができる。 ○

A 21 □□

無権代理行為を本人が追認した場合、契約の効力は、別段の意思表示がない限り、契約の時にさかのぼって生じる。追認をした時から「将来に向かって」ではない。 ×

★★★
Q 22
【H18】
AはBの代理人として、B所有の甲土地をCに売り渡す売買契約をCと締結したが、Aは甲土地を売り渡す代理権は有していなかった。Bが本件売買契約を追認しない場合、Aは、Cの選択に従い、Cに対して契約履行又は損害賠償の責任を負う。ただし、Cが契約の時において、Aに甲土地を売り渡す具体的な代理権はないことを知っていた場合は、Aは責任を負わない。

★★★
Q 23
【H18】
AはBの代理人として、B所有の甲土地をCに売り渡す売買契約をCと締結したが、Aは甲土地を売り渡す代理権は有していなかった。Bが本件売買契約を追認しない間は、Cはこの契約を取り消すことができる。ただし、Cが契約の時において、Aに甲土地を売り渡す具体的な権限がないことを知っていた場合は取り消せない。

★★★
Q 24
【R2追】
AがBに授与した代理権が消滅した後、BがAの代理人と称して、甲土地をCに売却した場合、AがCに対して甲土地を引き渡す責任を負うことはない。

★★★
Q 25
【H18】
AはBの代理人として、B所有の甲土地をCに売り渡す売買契約をCと締結した。BがAに対し、甲土地に抵当権を設定する代理権を与えているが、Aの売買契約締結行為は権限外の行為となる場合、甲土地を売り渡す具体的な代理権がAにあるとCが信ずべき正当な理由があるときは、BC間の本件売買契約は有効となる。

A 22 □□ 無権代理人は、相手方の選択に従って、契約の履行または損害賠償の責任を負うが、相手方が悪意のときは無権代理人の責任を負わない。 ○

A 23 □□ 無権代理の相手方は、本人が追認をしない間は、無権代理による契約を取り消すことができる。ただし、相手方が無権代理について悪意の場合は取り消すことができない。 ○

A 24 □□ 代理権が消滅した後に行った代理行為は無権代理となるが、代理権消滅の事実について相手方が善意無過失である場合、表見代理が成立する。したがって、Aの代理権が消滅した事実について相手方Cが善意無過失であれば表見代理が成立し、本人AがCに対して甲土地を引き渡す責任を負う。 ×

A 25 □□ 代理人が権限外の行為（代理権の範囲を越えた行為）をした場合、代理権があると信ずべき正当な理由を相手方が有しているときは、表見代理が成立する。したがって、本問の場合、表見代理が成立し、ＢＣ間の本件売買契約は有効となる。 ○

★★★
Q 26
□□
【H24】

A所有の甲土地につき、Aから売却に関する代理権を与えられていないBが、Aの代理人として、Cとの間で売買契約を締結した。その後、Aの死亡により、BがAの唯一の相続人として相続した場合、Bは、Aの追認拒絶権を相続するので、自らの無権代理行為の追認を拒絶することができる。

★★★
Q 27
□□
【H24】

A所有の甲土地につき、Aから売却に関する代理権を与えられていないBが、Aの代理人として、Cとの間で売買契約を締結した。その後、Bの死亡により、AがBの唯一の相続人として相続した場合、AがBの無権代理行為の追認を拒絶しても信義則には反せず、AC間の売買契約が当然に有効になるわけではない。

4 時効

★★
Q 28
□□
【H26】

20年間、平穏に、かつ、公然と他人が所有する土地を占有した者は、占有取得の原因たる事実のいかんにかかわらず、当該土地の所有権を取得する。

A 26 □□

無権代理人が本人を単独相続した場合、無権代理行為は当然に有効になる。したがって、無権代理人Bは追認を拒絶することができない。

×

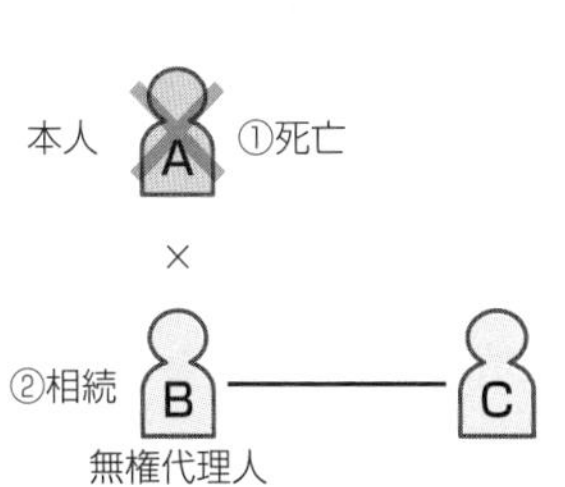

A 27 □□

本人が無権代理人を単独相続した場合、本人は無権代理行為の追認を拒絶することができる。

○

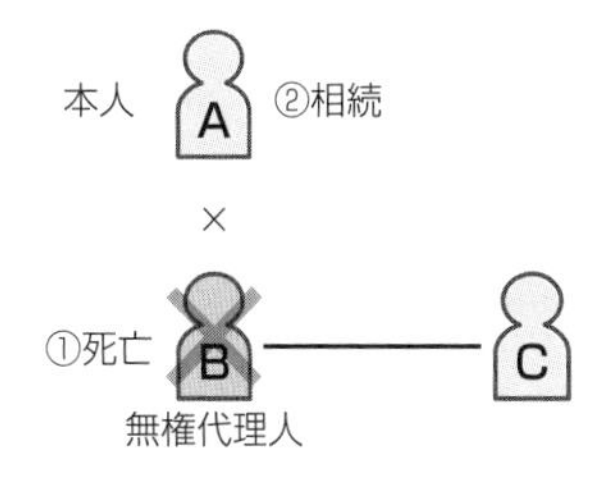

A 28 □□

所有権を時効取得するためには、所有の意思に基づき占有をすることが必要である。この「所有の意思」の有無は、「占有取得の原因たる事実」により判断する。たとえば、不法占拠者や買主には所有の意思が認められるが、賃借人には所有の意思が認められない。このように、所有権を時効取得するかどうかには、「占有取得の原因たる事実」が関係する。

×

★★
Q 29
□□
【R2】

A所有の甲土地を、所有者と称するBからCが、Bが無権利者であることについて善意無過失で買い受け、所有の意思をもって平穏かつ公然に3年間占有した。その後、甲土地がAの所有であることに気付いた場合、そのままさらに7年間甲土地の占有を継続したとしても、Cは、甲土地の所有権を時効取得することはできない。

★★
Q 30
□□
【R2】

A所有の甲土地を、Bが所有の意思をもって平穏かつ公然に17年間占有した後、CがBを相続し甲土地を所有の意思をもって平穏かつ公然に3年間占有した場合、Cは甲土地の所有権を時効取得することができる。

★★
Q 31
□□
【予想問題】

AのBに対する代金債権は、Aが権利を行使することができることを知った時から5年間行使しないとき、又はAが権利を行使することができる時から10年間行使しないときは、時効によって消滅する。

A 29 □□

10年間、所有の意思をもって、平穏公然と他人の物を占有した者は、占有開始時に善意無過失のときは、その所有権を取得する。この場合、占有開始時に善意無過失であれば、途中で悪意になっても、10年で時効が完成する。Cは、占有開始時に善意無過失であるから、甲土地を3年間占有した後、Aの所有であることに気付いたとしても、さらに7年間占有を継続すれば10年間占有したことになり、甲土地の所有権を時効取得することができる。

×

A 30 □□

善意悪意や過失の有無にかかわらず20年間、所有の意思をもって、平穏公然と他人の物を占有した者は、その所有権を取得する。相続人などの占有者の承継人は、自己の占有期間だけでなく、前の占有者の占有期間をあわせて主張できる。したがって、Cは、自己（3年間）と被相続人B（17年間）の合計20年間占有したことにより、甲土地の所有権を時効取得することができる。

○

A 31 □□

債権は、①債権者が権利を行使できることを知った時から5年間行使しないとき、または②権利を行使できる時から10年間行使しないときは、時効によって消滅する。

○

★★★
Q 32 □□
【R2追】
裁判上の請求をした場合、裁判が終了するまでの間は時効が完成しないが、当該請求を途中で取り下げて権利が確定することなく当該請求が終了した場合には、その終了した時から新たに時効の進行が始まる。

★★★
Q 33 □□
【H21】
AがBに対して貸金債権を有する場合、AがBに対する当該債権につき内容証明郵便により支払を請求したときは、その請求により消滅時効は更新する。

★★★
Q 34 □□
【H30】
債務者が時効の完成の事実を知らずに債務の承認をした場合、その後、債務者はその完成した消滅時効を援用することはできない。

★★★
Q 35 □□
【R2追】
消滅時効の援用権者である「当事者」とは、権利の消滅について正当な利益を有する者であり、債務者のほか、保証人、物上保証人、第三取得者も含まれる。

★★
Q 36 □□
【H29】
Aの所有する甲土地をBが時効取得した場合、Bが甲土地の所有権を取得するのは、取得時効の完成時である。

A 32 □□

裁判上の請求をした場合、原則として裁判上の請求が終了するまでの間は時効が完成せず（時効の完成猶予）、確定判決等によって権利が確定したときは、時効は裁判上の請求が終了した時から新たにその進行を始める（時効の更新）。しかし、裁判上の請求を途中で取り下げたなど、確定判決等によって権利が確定することなく裁判上の請求が終了した場合には、その終了の時から６カ月を経過するまでの間は時効が完成しないが（時効の完成猶予）、時効の更新は生じない。したがって、「その終了した時から新たに時効の進行が始まる」わけではない。

×

A 33 □□

内容証明郵便での請求は、催告（＝裁判外の請求）にあたる。催告をした場合、催告の時から６カ月間、時効の完成が猶予されるだけであり、時効は更新されない。

×

A 34 □□

債務者が時効完成後に債務の承認（権利の承認）をした場合、債務者はその時効を援用することができなくなる。承認時に時効完成の事実を知っていたかどうかは関係ない。

○

A 35 □□

時効は、当事者が援用しなければ、裁判所がこれによって裁判をすることができない。消滅時効の援用権者である「当事者」には、保証人、物上保証人、抵当不動産の第三取得者も含まれる。

○

A 36 □□

時効の効果は、時効の起算日までさかのぼる。したがって、Bは甲土地の占有を開始した時に所有権を取得したことになる。

×

5 条件

★★
Q 37 □□ 【H30】
AとBとの間で、宅建士試験にBが合格したときにはA所有の甲建物をBに贈与する旨を書面で約した。Bは、宅建士試験に合格したときは、当該約定の時点にさかのぼって甲建物の所有権を取得する。

★★
Q 38 □□ 【H23】
停止条件付法律行為は、停止条件が成就した時から効力が生ずるだけで、当事者の権利義務は、停止条件の成否が未定である間は、相続することはできない。

★★
Q 39 □□ 【H23】
Aは、自己所有の甲不動産を3か月以内に、1,500万円以上で第三者に売却でき、その代金全額を受領することを停止条件として、Bとの間でB所有の乙不動産を2,000万円で購入する売買契約を締結したが、条件成就に関する特段の定めはしなかった。その後、乙不動産が値上がりしたために、Aに乙不動産を契約どおり売却したくなくなったBが、甲不動産の売却を故意に妨げたときは、Aは停止条件が成就したものとみなしてBにAB間の売買契約の履行を求めることができる。

★★
Q 40 □□ 【予想問題】
条件が成就することによって利益を受ける当事者が不正にその条件を成就させたときは、相手方は、その条件が成就しなかったものとみなすことができる。

A 37 □□

停止条件付の契約は、原則として、停止条件が成就した時からその効力を生じる。したがって、Bは、原則として、宅建士試験に合格した時に甲建物の所有権を取得する。

×

A 38 □□

条件の成否が未定である間における当事者の権利義務は、一般の規定に従い、処分し、相続し、保存し、またはそのために担保に供することができる。

×

A 39 □□

条件が成就することによって不利益を受ける当事者が故意にその条件の成就を妨げたときは、相手方は、その条件が成就したものとみなすことができる。したがって、Bが故意に停止条件の成就を妨げた場合、Aは、その停止条件が成就したものとみなすことができる。その結果、売買契約の効力が生じ、Aはその履行を求めることができる。

○

A 40 □□

条件が成就することによって利益を受ける当事者が不正にその条件を成就させたときは、相手方は、その条件が成就しなかったものとみなすことができる。

○

6 弁済・相殺・債権譲渡等

★★
Q 41 □□
【R1】
AがBに債権を有している場合に、Bが、Aの代理人と称するCに対して債務を弁済したときに、Cに受領権限がないことにつきBが善意かつ無過失であれば、Bの弁済は有効となる。

★★
Q 42 □□
【H11】
AがBに債権を有している。Bの親友Cが、Aに直接代金の支払いを済ませても、それがBの意思に反する弁済である場合には、原則としてBの代金債務は消滅しない。

★★
Q 43 □□
【予想問題】
AがBに債権を有している。Bの当該債務をBの兄Cが弁済する場合に、Cの弁済がAの意思に反するときは、AがCの弁済がBの委託を受けたものであることを知っていたとしても、Cは弁済することができない。

★★
Q 44 □□
【H10】
AがBに1,000万円を貸し付け、Cが連帯保証人となった。CがAに対して全額弁済した場合に、Bに対してAが有する抵当権を代位行使するためには、Cは、Aの承諾を得る必要がある。

A 41 □□

受領権者以外の者に弁済しても、原則そして、その弁済は無効で債権は消滅しない。ただし、受領権者としての外観を有する者に善意無過失で弁済した場合、有効な弁済になる。そして、代理人と称する者は受領権者としての外観を有する者にあたる。したがって、Bが善意無過失であれば、Bの弁済は有効となる。

○

A 42 □□

正当な利益を有しない第三者は、原則として、債務者の意思に反して弁済することができない。親友であるというだけでは正当な利益を有しないので、CがBの意思に反して弁済しても、原則として、Aの債務は消滅しない。

○

A 43 □□

債務者と単に兄弟であるような弁済をするについて正当な利益を有しない第三者は、一定の場合を除き、債権者の意思に反して弁済することができない。ただし、第三者が債務者の委託を受けて弁済をする場合に、そのことを債権者が知っていたときは、弁済することができる。

×

A 44 □□

債務者のために弁済をした者は、正当な利益を有するか否かにかかわらず、債権者の承諾を得なくても代位できる。したがって、全額を弁済したCは、Aの承諾を得なくても、Aが有する抵当権を代位行使することができる。

×

★★
Q 45 □□ 【H17】

AのBに対する債権が、BのAに対する債権と相殺できる状態であったにもかかわらず、Aが相殺することなく放置していたためにAのBに対する債権が時効により消滅した場合、Aは相殺することはできない。

★★
Q 46 □□ 【H30】

Aは、6月1日にA所有の甲土地につきBとの間で、支払期日を同年8月1日とする売買契約を締結した。BがAに対して同年8月31日を支払期日とする貸金債権を有している場合には、Bは同年8月1日に売買代金債務と当該貸金債権を対当額で相殺することができる。

★★
Q 47 □□ 【H23】

AはBに貸金債権を有している。Aの債権者Cが、AのBに対する貸金債権を差し押さえた場合、Bは、その差し押さえ前に取得していたAに対する債権と、差し押さえにかかる貸金債務とを、その弁済期の先後にかかわらず、相殺適状になった段階で相殺し、Cに対抗することができる。

★★★
Q 48 □□ 【H30】

Aは、6月1日、A所有の甲土地につき、Bとの間で、支払期日を同年8月1日とする売買契約を締結した。同年6月10日、BがAの不注意による自動車事故によって身体に侵害を受け、Aに対して不法行為に基づく損害賠償債権を取得した場合には、Bは売買代金債務と当該損害賠償債権を対当額で相殺することができる。

A 45 □□

自働債権（Aの債権）が時効により消滅した後でも、それ以前に相殺適状になっていれば、相殺できる。 ×

A 46 □□

相殺をするためには、自働債権と受働債権が弁済期にあることが必要である。８月１日の時点では、自働債権である貸金債権の弁済期（８月31日）が到来していないので、Ｂは相殺することができない。なお、自働債権の弁済期が到来すれば、受働債権の期限の利益を放棄して相殺することができる。 ×

A 47 □□

受働債権が差し押さえられた場合、差押え前に自働債権を取得していれば、弁済期の先後にかかわらず、相殺適状になった段階で相殺し、差押債権者に対抗することができる。Ｂは受働債権である貸金債務の差押え前にＡに対する自働債権を取得しているので、相殺適状になった段階で相殺し、Ｃに対抗することができる。 ○

A 48 □□

加害者からの相殺はできないが、被害者からの相殺はできる。したがって、Ａの不法行為により身体に侵害を受けた被害者であるＢは、不法行為に基づく損害賠償債権を自働債権、Ｂの代金債務（Ａの代金債権）を受働債権として相殺することができる。 ○

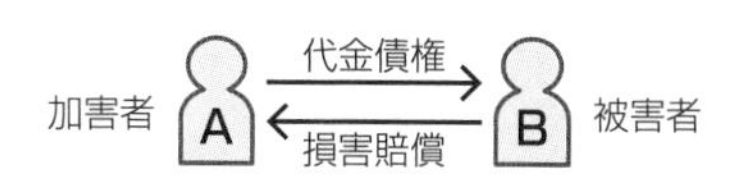

★★★
Q 49 □□
【予想問題】

Aは、Bに対する債権をCに譲渡した。AのBに対する債権にその譲渡を禁止する旨の特約があり、Cがその特約の存在を知りながら債権の譲渡を受けていた場合、AからCへの債権譲渡は無効となる。

★★★
Q 50 □□
【予想問題】

Aは、Bに対する債権をCに譲渡した。AのBに対する債権にその譲渡を禁止する特約が付いている場合で、Cがその特約の存在を知らないことにつき重大な過失があるときでも、BはCに対して債務の履行を拒むことができない。

★★★
Q 51 □□
【H28】

Aが、Bに対する債権をCに譲渡した。AがBに債権譲渡の通知を発送し、その通知がBに到達していなかった場合には、Bが債権譲渡について承諾をしても、BはCに対して当該債権に係る債務の弁済を拒否することができる。

★★★
Q 52 □□
【H15】

Aが、Bに対する債権をCに譲渡した。Aが当該債権をDに対しても譲渡し、Cへは確定日付のない証書、Dへは確定日付のある証書によってBに通知した場合で、いずれの通知もBによる弁済前に到達したとき、Bへの通知の到達の先後にかかわらず、DがCに優先して権利を行使することができる。

A 49 □□

譲渡制限の意思表示がある債権の譲渡は、譲受人が悪意または善意重過失であっても、原則として、有効である。

×

A 50 □□

譲渡制限の意思表示がある債権の譲渡は、譲受人が悪意または善意重過失であっても、原則として、有効である。ただし、債務者は、譲渡制限の意思表示について悪意または善意重過失の第三者に対しては、原則として債務の履行を拒むことができる。

×

A 51 □□

債権譲渡の債務者に対する対抗要件は、通知または承諾である。つまり、通知か承諾のどちらか一方があれば足りる。したがって、債務者Bによる承諾があれば、CはBに債権譲渡を対抗することができるので、Bは弁済を拒否することができない。

×

A 52 □□

債権の二重譲渡があった場合、確定日付のある証書による通知または承諾を先に得た方が優先する。したがって、Dへの譲渡についてのみ確定日付のある証書によって通知が行われている本問の場合、Dが優先して権利を行使することができる。

○

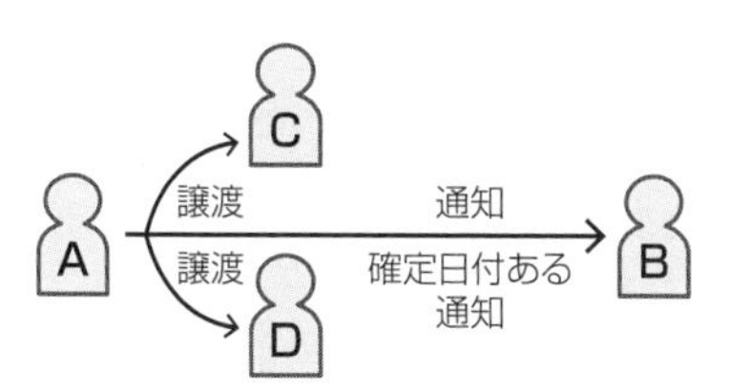

★★★
Q 53 □□
【H23】

AがBに対して1,000万円の代金債権を有しており、Aがこの代金債権をCに譲渡した。AがBに対する代金債権をDに対しても譲渡し、Cに対する債権譲渡もDに対する債権譲渡も確定日付のある証書でBに通知した場合には、CとDの優劣は、確定日付の先後ではなく、確定日付のある通知がBに到着した日時の先後で決まる。

★★★
Q 54 □□
【予想問題】

債務者は、対抗要件具備時までに譲渡人に対して生じた事由をもって譲受人に対抗することができる。

★★★
Q 55 □□
【H28】

Aが、Bに対する債権をCに譲渡した。Aに対し弁済期が到来した貸金債権を有していたBは、Aから債権譲渡の通知を受けるまでに、債権譲渡について承諾をせず、相殺の意思表示もしていなかった。その後、Bは、Cから支払請求を受けた際に、Aに対する貸金債権との相殺の意思表示をしたとしても、Cに対抗することはできない。

★★
Q 56 □□
【予想問題】

債権が譲渡された場合において、その意思表示の時に債権が現に発生していないときは、譲受人は、発生した債権を当然に取得する。

A 53

債権が二重に譲渡され、どちらへの譲渡についても確定日付のある証書による通知が行われた場合、その優劣は、確定日付の先後ではなく、債務者への通知の到達の先後で決まる。

○

A 54

債務者は、対抗要件具備時までに譲渡人に対して生じた事由をもって譲受人に対抗することができる（債権の譲渡における債務者の抗弁）。

○

A 55

債務者は、債権譲渡の対抗要件具備時より前に取得した譲渡人に対する債権による相殺を譲受人に対抗できる。したがって、Bは、Aから債権の譲渡通知を受ける前（＝対抗要件具備時より前）から、Aに対する貸金債権を有していたので、相殺を譲受人Cに対抗することができる。

×

A 56

債権の譲渡は、その意思表示の時に債権が現に発生していることを要しない（将来債権の譲渡）。そして、債権が譲渡された場合において、その意思表示の時に債権が現に発生していないときは、譲受人は、発生した債権を当然に取得する。

○

★★
Q 57 □□
【予想問題】
併存的債務引受は、債務者と引受人となる者との契約によってすることができる。この場合、債権者が引受人となる者に対して承諾をした時に、その効力を生ずる。

★★
Q 58 □□
【予想問題】
免責的債務引受は、債権者と引受人となる者との契約によってすることができる。この場合、債権者が債務者に対してその契約をした旨を通知した時に、その効力を生ずる。

7 債務不履行・手付解除

★★★
Q 59 □□
【R1】
Aが自己所有の甲建物の売買契約をBと締結した。Bは、代金債務の履行期が過ぎた場合であっても、特段の事情がない限り、甲建物の引渡しに係る履行の提供を受けていないことを理由として、Aに対して代金の支払を拒むことができる。

A 57 □□

併存的債務引受は、債務者と引受人となる者との契約によってすることができる。この場合、債権者が引受人となる者に対して承諾をした時に効力が生じる。なお、併存的債務引受の引受人は、債務者と連帯して、債務者が債権者に対して負担する債務と同一の内容の債務を負担する。

○

A 58 □□

免責的債務引受は、債権者と引受人となる者との契約によってすることができる。この場合、債権者が債務者に対してその契約をした旨を通知した時に効力が生じる。なお、免責的債務引受の引受人は、債務者が債権者に対して負担する債務と同一の内容の債務を負担し、債務者は自己の債務を免れる。

○

A 59 □□

当事者の一方は、相手方がその債務の履行を提供するまでは、自己の債務の履行を拒むことができるのが原則である（同時履行の抗弁権）。したがって、Bは、自己の代金債務の履行期が過ぎた場合であっても、相手方Aから甲建物の引渡債務の履行の提供を受けていないことを理由として、代金の支払いを拒むことができる。

○

★★★
Q 60
【R2追】

Aを売主、Bを買主として、甲土地の売買契約が締結された。AがBに甲土地の引渡しをすることができなかった場合、その不履行がAの責めに帰することができない事由によるものであるときを除き、BはAに対して、損害賠償の請求をすることができる。

★★★
Q 61
【R2追】

契約に基づく債務の履行が契約の成立時に不能であったとしても、その不能が債務者の責めに帰することができない事由によるものでない限り、債権者は、履行不能によって生じた損害について、債務不履行による損害の賠償を請求することができる。

★★
Q 62
【予想問題】

債務の不履行又はこれによる損害の発生もしくは拡大に関して債権者に過失があったときは、裁判所は、これを考慮して、損害賠償の責任及びその額を定める。

★★★
Q 63
【予想問題】

当事者は、賠償額の予定をしても、履行の請求又は解除権を行使することができる。

A 60 □□

債務者がその債務の本旨に従った履行をしない場合または債務の履行が不能である場合、その債務の不履行が債務者の責めに帰することができない事由によるものであるときを除き（＝債務不履行について債務者に帰責事由があるとき）、債権者は、損害の賠償を請求することができる。したがって、甲土地の引渡し債務の不履行がＡの責めに帰することができない事由によるものであるときを除き、ＢはＡに対して、損害賠償の請求をすることができる。

○

A 61 □□

履行不能の時期に関係なく、履行不能が債務者の責めに帰することができない事由によるものでない場合（＝債務者に帰責事由がある場合）であれば、債権者は、履行不能によって生じた損害について債務不履行による損害賠償を請求することができる。したがって、契約に基づく債務の履行が契約の成立時に不能であった場合も同様である。

○

A 62 □□

債務の不履行またはこれによる損害の発生もしくは拡大に関して債権者に過失があったときは、裁判所は、これを考慮して、損害賠償の責任およびその額を定める（過失相殺）。

○

A 63 □□

当事者は、債務の不履行について損害賠償の額を予定することができる。そして、賠償額の予定をしても、履行の請求または解除権を行使することができる。なお、違約金は、賠償額の予定と推定される。

○

★★★
Q 64 □□
【予想問題】
Aが自己所有の甲建物の売買契約をBと締結した。その後、自然災害のために甲建物が全壊したために、AがBに甲建物を引き渡すことができなくなった場合、Bは、代金の支払いを拒むことができない。

★★★
Q 65 □□
【予想問題】
Aが自己所有の甲建物の売買契約をBと締結した。Aが甲建物の引渡債務を履行しない場合、Bは、当該債務の不履行がBの責めに帰すべき事由によるものであるときであっても、契約を解除することができる。

★★★
Q 66 □□
【R2】
債務不履行に対して債権者が相当の期間を定めて履行を催告してその期間内に履行がなされない場合であっても、催告期間が経過した時における債務不履行がその契約及び取引上の社会通念に照らして軽微であるときは、債権者は契約の解除をすることができない。

★★★
Q 67 □□
【R2】
債務者が債務を履行しない場合であって、債務者がその債務の全部の履行を拒絶する意思を明確に表示したときは、債権者は、相当の期間を定めてその履行を催告することなく、直ちに契約の解除をすることができる。

★★
Q 68 □□
【予想問題】
当事者の一方がその解除権を行使したときは、各当事者は、原状回復義務を負う。

A 64 □□

当事者双方の責めに帰することができない事由によって債務を履行することができなくなった場合、債権者は、反対給付の履行を拒むことができる。したがって、ＡＢ双方の責めに帰することができない事由によって、売主Ａ（債務者）が甲建物の引渡債務を履行することができなくなった場合、買主Ｂ（債権者）は、反対給付である代金の支払いを拒むことがでる。

×

A 65 □□

債務の不履行が債権者の責めに帰すべき事由によるものであるときは、債権者は、契約の解除をすることができない。したがって、Ａの引渡債務の不履行について引渡債務の債権者であるＢに帰責事由がある場合には、Ｂは契約を解除できない。

×

A 66 □□

債務者が債務を履行しない場合、債権者が相当の期間を定めて履行を催告し、その期間内に履行がないときは、債権者は、契約を解除することができる。ただし、その期間を経過した時における債務の不履行がその契約および取引上の社会通念に照らして軽微であるときは、契約を解除することはできない。

○

A 67 □□

①債務の全部の履行が不能であるとき、②債務者がその債務の全部の履行を拒絶する意思を明確に表示したときなどには、債権者は、催告をすることなく、直ちに契約を解除することができる。

○

A 68 □□

契約が解除された場合、当事者は契約をしていなかった状態に戻す義務（原状回復義務）を負う。

○

★★★
Q 69
【H17】
売主が、買主の代金不払を理由として売買契約を解除した場合には、売買契約はさかのぼって消滅するので、売主は買主に対して損害賠償請求はできない。

★★★
Q 70
【H14】
Aが自己所有の甲建物の売買契約をBと締結したが、Bが代金を支払わないので、Aは適法に当該売買契約を解除した。Aの解除前に、BがCに甲建物を売却し、BからCに対する所有権移転登記がなされている場合でも、BのAに対する代金債務につき不履行があることをCが知っていたときには、Aは解除に基づく甲建物の所有権をCに対して主張できる。

★★★
Q 71
【H19】
不動産売買契約に基づく所有権移転登記がなされた後に、売主が当該契約を適法に解除した場合、売主は、当該契約の解除後に当該不動産を買主から取得して所有権移転登記を経た第三者に所有権を対抗できない。

★★★
Q 72
【H12】
Aが自己所有の甲建物の売買契約をBと締結し、BはAに手付を交付したが、その手付は解約手付である旨約定した。Aが本件約定に基づき売買契約を解除する場合は、Aは、Bに対して、手付の額の倍額を現実に提供しなければならない。

★★★
Q 73
【R2】
Aがその所有する甲建物について、Bとの間で、Aを売主、Bを買主とする売買契約を締結した。Bが手付を交付し、履行期の到来後に代金支払の準備をしてAに履行の催告をした場合、Aは、手付の倍額を現実に提供して契約の解除をすることができる。

A 69 □□

契約を解除した場合でも、損害賠償の請求をすることはできる。

×

A 70 □□

不動産の売買契約を解除した場合でも、解除前の第三者が登記を備えている場合には、第三者に対して解除を対抗することができない。第三者の善意悪意は関係ない。したがって、Aは売買契約を解除しても、所有権移転登記を得ているCに対し甲建物の所有権を主張できない。

×

A 71 □□

解除をした者と解除後の第三者では、登記を先にした者が勝つ。

○

A 72 □□

売主が手付解除をするときは、手付の倍額を現実に提供して行わなければならない。

○

A 73 □□

買主が売主に手付を交付したときは、買主はその手付を放棄し、売主はその倍額を現実に提供して、契約の解除をすることができる。ただし、その相手方が契約の履行に着手した後は、手付解除はできない。Bが「代金支払の準備をしてAに履行の催告をした」ことは契約の履行に着手したといえる。したがって、Aは、手付解除をすることはできない。

×

8 売主の担保責任

★★★
Q 74 □□
【R1】

事業者ではないAが所有し居住している建物につきAB間で売買契約を締結し、Bに当該建物を引き渡したが、当該建物は品質に関して契約の内容に適合しないものであった。AB間の売買をBと媒介契約を締結した宅地建物取引業者Cが媒介していた場合には、BはCに対して、契約不適合に関する担保責任を追及することができる。

★★★
Q 75 □□
【予想問題】

AB間でA所有の甲建物の売買契約が成立し、Aは甲建物をBに引き渡したが、甲建物は品質に関して契約の内容に適合しないものであった。この場合、契約不適合がAの責めに帰すべき事由によるものでないときでも、Bは、Aに対して、契約不適合を理由として損害賠償を請求することができる。

★★★
Q 76 □□
【予想問題】

AB間でA所有の甲建物の売買契約が成立し、Aは甲建物をBに引き渡したが、甲建物は品質に関して契約の内容に適合しないものであった。この場合、契約不適合がBの責めに帰すべき事由によるものであるときは、Bは、履行の追完を請求することができない。

契約不適合に関する担保責任は売主が負う責任である。したがって、Bは、媒介をしたCに対して担保責任を追及することができない。 ×

契約不適合を理由とする損害賠償請求は、債務不履行による損害賠償請求なので、売主（債務者）に帰責事由がある場合に限り認められる。したがって、契約不適合についてAの責めに帰すべき事由がないときは、Bは、損害賠償を請求することはできない。 ×

買主（債権者）に帰責事由がある場合、売主に対して追完請求（目的物の修補、代替物の引渡し、不足分の引渡し）をすることはできない。 ○

★★★
Q 77 □□
【予想問題】

ＡＢ間でＡ所有の甲土地の売買契約が成立し、Ａは甲土地をＢに引き渡した。甲土地の実際の面積が契約で定めていた面積よりも不足し、数量に関して契約の内容に適合しない場合、Ｂは、契約不適合を理由に代金の減額を請求しようとするときは、Ａが履行の追完を拒絶する意思を明確に表示した場合でも、相当の期間を定めて履行の追完の催告をしなければならない。

★★★
Q 78 □□
【H21】

Ａを売主、Ｂを買主として甲土地の売買契約を締結した。甲土地がＡの所有地ではなく、他人の所有地であった場合には、ＡＢ間の売買契約は無効である。

★★★
Q 79 □□
【予想問題】

ＡＢ間でＡ所有の甲土地の売買契約が成立した。甲土地の一部をＣが所有しており、ＡがＣの甲土地の権利をＢに移転しない場合には、Ｂは、代金の減額請求ができるのみである。

★★★
Q 80 □□
【R2追】

ＡＢ間でＡ所有の甲土地の売買契約が成立し、Ａは甲土地をＢに引き渡した。甲土地の実際の面積が当該契約の売買代金の基礎とした面積より少なかった場合、Ｂはそのことを知った時から１年以内にその旨をＡに通知しなければ、代金の減額を請求することができない。

★★★
Q 81 □□
【予想問題】

Ａを売主、Ｂを買主とする甲土地の売買契約を締結するに際して、ＡＢ間において、Ａは契約不適合に関する担保責任を負わない旨の特約をした場合であっても、Ａが知りながら告げなかった事実については、その責任を免れることができない。

A 77 □□

代金減額請求は、買主が売主に対して、相当期間を定めて履行の追完の催告をし、その期間内に履行の追完がない場合に認められるのが原則である。ただし、①履行の追完が不能、②売主が履行の追完を拒絶する意思を明確に表示した場合には、催告をすることなく、直ちに代金の減額を請求できる。なお、契約不適合が買主の帰責事由による場合は、代金の減額請求ができない。

×

A 78 □□

他人物の売買契約は、有効である。

×

A 79 □□

一部他人物売買契約の場合、買主には、担保責任の追及として、(売主の帰責事由がある場合の)損害賠償請求、解除、追完請求、代金減額請求が認められる。

×

A 80 □□

種類・品質に関する契約不適合責任と異なり、数量に関する契約不適合責任には、通知期間の制限はない。

×

A 81 □□

担保責任を負わない旨の特約は、原則として有効であるが、売主が知りながら買主に告げなかった事実については、売主は担保責任を免れることができない。

○

9 委任契約・事務管理・請負契約

★★
Q 82 □□
【H14】
ＡとＢとの間で締結された委任契約において、Ｂは、有償の合意をしない限り、報酬の請求をすることができないが、委任事務のために使った費用とその利息は、Ａに請求することができる。

★★
Q 83 □□
【H20】
委託の受任者は、報酬を受けて受任する場合も、無報酬で受任する場合も、善良な管理者の注意をもって委任事務を処理する義務を負う。

★★
Q 84 □□
【H18】
委任契約は、委任者又は受任者のいずれからも、いつでもその解除をすることができる。ただし、相手方に不利な時期に委任契約の解除をしたときは、相手方に対して損害賠償責任を負う場合がある。

★★
Q 85 □□
【H13】
委任契約において、委任者又は受任者が死亡した場合、委任契約は終了する。

A 82 □□

委任は、有償の特約がない限り、報酬を請求できない。しかし、受任者が事務処理のための費用を支出したときは、その費用と支出の日以後の利息を、委任者に請求できる。

○

A 83 □□

受任者は、有償・無償にかかわらず、善良な管理者の注意義務（善管注意義務）を負う。

○

A 84 □□

当事者は、いつでも委任契約を解除できる。ただし、相手方に不利な時期に解除をした場合には、やむを得ない事由があったときを除き、解除した者は、相手方の損害を賠償しなければならない。したがって、相手方に不利な時期に解除した場合で、やむを得ない事由がなければ、損害賠償責任を負う。

○

A 85 □□

委任契約は、①委任者・受任者が死亡した場合、②委任者・受任者が破産手続開始決定を受けた場合、③受任者が後見開始の審判を受けた場合、終了する。

○

★
Q 86

【H30】

Aは、隣人Bの留守中に台風が接近して、屋根の一部が壊れていたB宅に甚大な被害が生じる差し迫ったおそれがあったため、Bからの依頼なくB宅の屋根を修理した。この場合、AはBに対して、特段の事情がない限り、B宅の屋根を修理したことについて報酬を請求することができないが、Aは、B宅の屋根を善良な管理者の注意をもって修理しなければならない。

★★★

【予想問題】

請負の目的物が建物である場合、引き渡された物が品質に関し契約の内容に適合しないとしても、そのことを理由に契約を解除することができない。

★★★

【R5】

Aを注文者、Bを請負人として、A所有の建物に対して独立性を有さずその構成部分となる増築部分の工事請負契約を締結し、Bは3か月間で増築工事を終了させた。Bが材料を提供して増築した部分に品質に関する契約不適合がある場合、Aは工事が終了した日から1年以内にその旨をBに通知しなければ、契約不適合を理由とした修補をBに対して請求することはできない。

A 86 □□

管理者は、原則として、報酬を請求することができない。したがって、Aは、特段の事情がない限り、報酬を請求することができない。また、管理者は、通常は善良な管理者の注意義務（善管注意義務）を負うが、本人の身体、名誉または財産に対する急迫の危害を免れさせるための事務管理（緊急事務管理）の場合、善管注意義務を負わない。Aは、B宅に対する急迫の危害を免れさせるために修理をしたので、緊急事務管理に該当し、善管注意義務を負わない。

×

A 87 □□

請負契約においても、引き渡された物に品質に関する不適合がある場合、債務不履行の規定により、契約を解除することができる。建物その他の土地の工作物についても同様である。

×

A 88 □□

請負人が種類・品質に関して契約内容に適合しない仕事の目的物を注文者に引き渡した場合、注文者は、請負人に対して、損害賠償請求・解除・目的物の修補などの追完請求・報酬減額請求ができる（請負人の担保責任）。ただし、注文者がその不適合を知った時から１年以内にその旨を請負人に通知しないときは、注文者は、その不適合を理由として、請負人の担保責任を追及できない。「工事が終了した日から１年以内」ではない。

×

★★★
Q 89
□□
【R5】
Ａを注文者、Ｂを請負人として、Ａ所有の建物に対して独立性を有さずその構成部分となる増築部分の工事請負契約を締結し、Ｂは３か月間で増築工事を終了させた。Ｂが材料を提供して増築した部分に品質に関する契約不適合があり、Ｂは不適合があることを知りながらそのことをＡに告げずに工事を終了し、Ａが工事終了日から３年後に契約不適合を知った場合、ＡはＢに対して、消滅時効が完成するまでは契約不適合を理由とした修補を請求することができる。なお、当該請負契約には契約不適合責任に関する特約は定められていなかったものとする。

★★★
Q 90
□□
【R1】
Ａを注文者、Ｂを請負人とする請負契約が締結された場合、Ｂが仕事を完成しない間は、ＡはいつでもＢに対して損害を賠償して当該契約を解除することができる。

10 物権変動

★★★
Q 91
□□
【H29】
Ａを売主、Ｂを買主として、甲土地の売買契約が締結され、代金の完済までは甲土地の所有権は移転しないとの特約が付された場合であっても、当該売買契約締結の時点で甲土地の所有権はＢに移転する。

A 89

請負人が、種類・品質に関して契約内容に適合しない仕事の目的物を注文者に引き渡した時（引渡しを要しない場合には、仕事が終了した時）において、その不適合を知り、または重大な過失によって知らなかったときは、担保責任の通知期間の制限は適用されない。本問では、請負人Bは、工事終了時に品質に関する契約不適合があることを知っている。したがって、注文者Aは、Bに対して、消滅時効が完成するまでは担保責任を追及できる。

○

A 90

請負人が仕事を完成しない間は、注文者は、いつでも損害を賠償して、契約を解除することができる。

○

A 91

契約による所有権移転の場合、所有権移転時期は、原則として契約時であるが、特約があれば、特約のとおりになる。したがって、甲土地の所有権は、特約のとおり、代金の完済時にBに移転する。

×

★★★
Q 92
□□
【R4】

所有者AからBが不動産を買い受け、その登記が未了の間に、背信的悪意者ではないCが当該不動産をAから二重に買い受けた場合、先に買い受けたBは登記が未了であっても当該不動産の所有権取得をもってCに対抗することができる。

★★★
Q 93
□□
【H15】

Aは、自己所有の甲地をBに売却し引き渡したが、Bはまだ所有権移転登記を行っていない。Cが、甲地に抵当権を設定して登記を得た場合であっても、その後Bが所有権移転登記を得てしまえば、以後、CはBに対して甲地に抵当権を設定したことを主張することができない。

★★★
Q 94
□□
【R1】

Aは、Aが所有している甲土地をBに売却した。Bが甲土地の所有権移転登記を備えないまま甲土地をCに売却した場合、Cは、甲土地の所有権移転登記なくして、Aに対して甲土地の所有権を主張することができる。

★★★
Q 95
□□
【H17】

Aは、自己所有の甲地をBに売却し、代金を受領して引渡しを終えたが、AからBに対する所有権移転登記はまだ行われていない。Aの死亡によりCが単独相続し、甲地について相続を原因とするAからCへの所有権移転登記がなされた場合、Bは、自らへの登記をしていないので、甲地の所有権をCに対抗できない。

A 92 □□

不動産の物権変動を第三者に対抗するためには、原則として、登記が必要である。売買契約の先後は関係ない。したがって、たとえ売買契約はBのほうが先であっても、登記がないBはCに自らが所有者であると主張することができない。

×

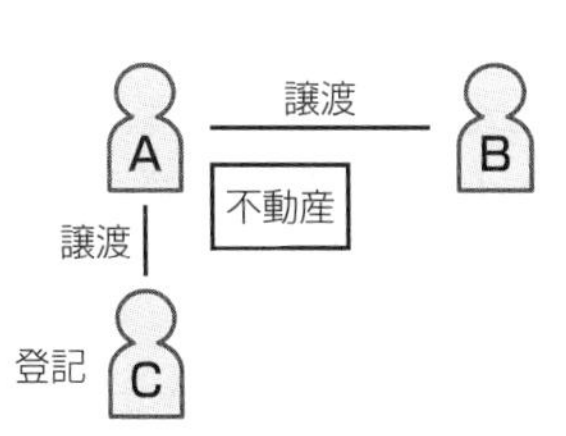

A 93 □□

不動産の物権変動（物権の移転・設定）を第三者に対抗するためには、原則として、登記が必要である。抵当権を設定して先に登記を得た以上、Cは、Bに対して甲地に抵当権を設定したことを主張できる。

×

A 94 □□

本問（A→B→C）のような転々移転の場合における前主に対しては、後主は、登記をしなくても、所有権を主張することができる。したがって、後主Cは、所有権移転登記なくして、前主Aに対して所有権を主張することができる。

○

A 95 □□

相続人は、被相続人の地位を包括的に承継する。甲地についての売主Aの地位もCが引き継ぐ。そして、買主Bは登記がなくても所有権の取得を売主Aに対抗できるので、売主の相続人Cにも対抗できる。

×

★★★
Q 96 □□
【H19】

Aが所有者として登記されている甲土地の売買契約を締結して所有権を取得したBは、所有権の移転登記を備えていない場合であっても、正当な権原なく甲土地を占有しているCに対し、所有権を主張して甲土地の明渡しを請求することができる。

★★★
Q 97 □□
【H28】

Aから甲土地を購入したBは、所有権移転登記を備えていなかった。その後、Cがこれに乗じてBに高値で売りつけて利益を得る目的でAから甲土地を購入し所有権移転登記を備えた場合、CはBに対して甲土地の所有権を主張することができない。

★★★
Q 98 □□
【H19】

不動産売買契約に基づく所有権移転登記がなされた後に、売主が当該契約に係る意思表示を詐欺によるものとして適法に取り消した場合、売主は、その旨の登記をしなければ、当該取消後に当該不動産を買主から取得して所有権移転登記を経た第三者に所有権を対抗できない。

★★★
Q 99 □□
【H19】

不動産売買契約に基づく所有権移転登記がなされた後に、売主が当該契約を適法に解除した場合、売主は、当該契約の解除後に当該不動産を買主から取得して所有権移転登記を経た第三者に所有権を対抗できない。

A 96 □□

所有者は、不法占拠者に対して、登記がなくても、所有権を主張することができる。したがって、Bは、登記を備えていなくても、Cに対して、甲土地の明渡しを請求することができる。

○

A 97 □□

背信的悪意者に対しては、登記がなくても、所有権を対抗することができる。本問のようなBに高値で売りつけて利益を得る目的で甲土地を購入しているCは背信的悪意者である。したがって、Bは、登記なくしてCに対して甲土地の所有権を主張することができる。よって、CはBに対して甲土地の所有権を主張することができない。

○

A 98 □□

取消しをした者と取消後の第三者では、登記を先にした者が勝つ。したがって、売主は、登記をしなければ、取消後の第三者に所有権を対抗できない。

○

A 99 □□

解除をした者と解除後の第三者では、登記を先にした者が勝つ。本問では、第三者が登記をしているので、売主は、第三者に所有権を対抗できない。

○

★★★
Q 100
【R5】
A所有の甲土地について、Bが所有の意思をもって平穏にかつ公然と時効取得に必要な期間占有を継続した。AがCに対して甲土地を売却し、Cが所有権移転登記を備えた後にBの取得時効が完成した場合には、Bは登記を備えていなくても、甲土地の所有権の時効取得をCに対抗することができる。

★★★
Q 101
【H19】
取得時効の完成により甲不動産の所有権を適法に取得した者は、その旨を登記しなければ、時効完成後に甲不動産を旧所有者から取得した第三者に所有権を対抗できない。

★★★
Q 102
【H19】
甲不動産につき兄と弟が各自2分の1の共有持分で共同相続した後に、兄が弟に断ることなく単独で所有権を相続取得した旨の登記をした場合、弟は、その共同相続の登記をしなければ、共同相続後、甲不動産を兄から取得して所有権移転登記を経た第三者に自己の持分権を対抗できない。

11 不動産登記法

★★
Q 103
【H28】
登記することができる権利には、抵当権及び賃借権が含まれる。

★★
Q 104
【H18】
表題部に所有者として記録されている者の相続人は、所有権の保存の登記を申請することができる。

A 100 □□

不動産の時効取得者は、時効完成前の第三者に対して、登記がなくても、時効取得を対抗できる。両者は、当事者と同様の関係に立つからである。したがって、時効取得者Bは、登記を備えていなくても、甲土地の所有権の時効取得を時効完成前の第三者Cに対抗できる。

○

A 101 □□

時効取得者は、その旨の登記をしなければ、時効完成後に当該不動産を取得した第三者に対して、所有権を対抗することはできない。

○

A 102 □□

土地を共同相続した後、遺産分割前に共同相続人の１人が単独所有とする登記をした上で、第三者に売却し、その登記をした場合、他の共同相続人は、自己の持分について、登記がなくても、第三者に対抗できる。したがって、弟は、登記をしなくても、第三者に自己の持分権を対抗できる。

×

A 103 □□

抵当権および賃借権は、登記することができる。

○

A 104 □□

表題部所有者またはその相続人その他の一般承継人は、所有権の保存の登記を申請することができる。

○

★★
Q 105 □□ 【H12】
所有権の登記がされていない建物について、その所有権を有することが確定判決によって確認された者は、当該建物の所有権の保存の登記を申請することができる。

★★★
Q 106 □□ 【R5】
区分建物の所有権の保存の登記は、表題部所有者から所有権を取得した者も、申請することができる。

★★
Q 107 □□ 【H30】
登記は、法令に別段の定めがある場合を除き、当事者の申請又は官庁若しくは公署の嘱託がなければ、することができない。

★★
Q 108 □□ 【H30】
表示に関する登記は、登記官が、職権ですることができる。

★★
Q 109 □□ 【H21】
表題登記がない建物（区分建物を除く。）の所有権を取得した者は、その所有権の取得の日から1月以内に、表題登記を申請しなければならない。

★★
Q 110 □□ 【R5】
建物が滅失したときは、表題部所有者又は所有権の登記名義人は、その滅失の日から1か月以内に、当該建物の滅失の登記を申請しなければならない。

A 105 □□

所有権を有することが確定判決によって確認された者は、所有権の保存の登記を申請することができる。

〇

A 106 □□

区分建物の所有権の保存の登記については、表題部所有者から所有権を取得した者も、申請することができる。

〇

A 107 □□

登記は、法令に別段の定めがある場合を除き、当事者の申請または官庁もしくは公署の嘱託がなければすることができない。なお、「法令に別段の定めがある場合」とは、職権による表示に関する登記などのことを指す。

〇

A 108 □□

表示に関する登記は、登記官が、職権ですることができる。

〇

A 109 □□

新築した建物または区分建物以外の表題登記がない建物の所有権を取得した者は、その所有権の取得の日から１カ月以内に、表題登記を申請しなければならない。

〇

A 110 □□

建物が滅失したときは、表題部所有者または所有権の登記名義人は、その滅失の日から１カ月以内に、当該建物の滅失の登記を申請しなければならない。

〇

★★
Q 111
【H28】
新築した建物又は区分建物以外の表題登記がない建物の所有権を取得した者は、その所有権の取得の日から１月以内に、所有権の保存の登記を申請しなければならない。

★
Q 112
【H9】
所有権の登記名義人に相続が開始した場合、当該不動産を相続により取得した者は、相続の開始を知った時から１年以内に、所有権の移転の登記の申請をしなければならない。

★★★
Q 113
【H18】
権利に関する登記の申請は、法令に別段の定めがある場合を除き、登記権利者及び登記義務者が共同してしなければならない。

★★★
Q 114
【H17】
仮登記の抹消は、登記権利者及び登記義務者が共同してしなければならない。

★★★
Q 115
【H17】
相続又は法人の合併による権利の移転の登記は、登記権利者が単独で申請することができる。

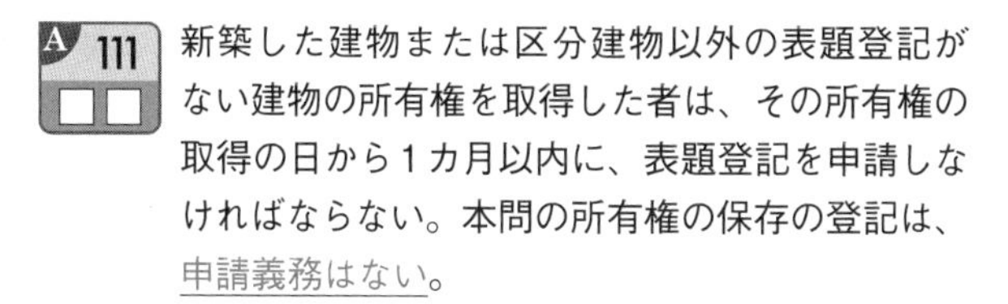

A 111

新築した建物または区分建物以外の表題登記がない建物の所有権を取得した者は、その所有権の取得の日から1カ月以内に、表題登記を申請しなければならない。本問の所有権の保存の登記は、申請義務はない。

×

A 112

相続により所有権を取得した者は、自己のために相続の開始があったことを知り、かつ所有権を取得したことを知った日から3年以内に、所有権の移転の登記を申請しなければならない。

×

A 113

権利に関する登記の申請は、法令に別段の定めがある場合を除き、登記権利者および登記義務者が共同してしなければならない（共同申請主義）。

○

A 114

仮登記の抹消は、仮登記の登記名義人が単独で申請することができる。また、仮登記の登記上の利害関係人も、仮登記の登記名義人の承諾があれば、単独で仮登記の抹消の申請をすることができる。

×

A 115

相続の場合、登記義務者となるべき被相続人が死亡しているので、共同申請をすることができない。また、法人の合併の場合も、合併以前の法人は消滅しているので、やはり共同申請ができない。したがって、相続または法人の合併による権利の移転の登記は、登記権利者が単独で申請することができる。

○

★★★
Q 116
【H26】
仮登記は、仮登記の登記義務者の承諾があるときは、当該仮登記の登記権利者が単独で申請することができる。

★★
Q 117
【R1】
登記の申請をする者の委任による代理人の権限は、本人の死亡によっては、消滅しない。

★★
Q 118
【R1】
所有権の登記名義人が相互に異なる土地の合筆の登記は、することができない。

★★
Q 119
【H23】
所有権の登記がない土地と所有権の登記がある土地との合筆の登記は、することができない。

★★
Q 120
【H20】
二筆の土地の表題部所有者又は所有権の登記名義人が同じであっても、地目が相互に異なる土地の合筆の登記は、申請することができない。

A 116 □□

仮登記は、①仮登記の登記義務者の承諾があるとき、②仮登記を命ずる処分があるときは、当該仮登記の登記権利者が単独で申請することができる。

○

A 117 □□

本人が死亡した場合、代理人の代理権は消滅するのが原則である。ただし、登記の申請をする者の委任による代理人の権限（つまり、委任によって与えられた登記申請の代理権）は、本人の死亡によっては消滅しない。

○

A 118 □□

所有権の登記名義人が相互に異なる土地の合筆の登記はすることができない。

○

A 119 □□

所有権の登記がない土地と所有権の登記がある土地との合筆の登記をすることはできない。

○

A 120 □□

地目が相互に異なる土地について合筆の登記をすることはできない。

○

12 抵当権

★★
Q 121
【H25】
対象不動産について第三者が不法に占有している場合、抵当権は、抵当権設定者から抵当権者に対して占有を移転させるものではないので、事情にかかわらず抵当権者が当該占有者に対して妨害排除請求をすることはできない。

★★
Q 122
【H19】
借地人が所有するガソリンスタンド用店舗建物に抵当権を設定した場合、当該建物の従物である地下のタンクや洗車機が抵当権設定当時に存在していれば、抵当権の効力はこれらの従物に及ぶ。

★★
Q 123
【H25】
抵当権の対象不動産が借地上の建物であった場合、特段の事情がない限り、抵当権の効力は当該建物のみならず借地権についても及ぶ。

★★★
Q 124
【H17】
抵当権者は、抵当権を設定している不動産が賃借されている場合には、賃料に物上代位することができる。

★★★
Q 125
【H24】
Aの抵当権設定登記があるB所有の建物が火災によって焼失してしまった場合、Aは、当該建物に掛けられた火災保険契約に基づく損害保険金請求権に物上代位することができる。なお、物上代位を行う担保権者は、物上代位の対象とする目的物について、その払渡し又は引渡しの前に差し押さえるものとする。

A 121 □□

第三者が不動産を不法占有することにより、不動産の交換価値の実現が妨げられ、抵当権者の優先弁済請求権の行使が困難となるような状態があるときは、抵当権者は、抵当権に基づく妨害排除請求をすることができる。

×

A 122 □□

抵当権の効力は、抵当権設定当時の従物にもおよぶ。したがって、本問の抵当権の効力は、抵当権設定当時に存在していた地下タンクや洗車機に及ぶ。

○

A 123 □□

借地上の建物に対する抵当権は、特段の事情がない限り、借地権にも及ぶ。

○

A 124 □□

抵当権者は、目的物が賃貸されている場合、その賃料に物上代位することができる。

○

A 125 □□

抵当権者は、抵当権の目的物に掛けられた保険の保険金請求権に物上代位することができる。

○

★★★
Q 126 □□
【H28】

Aは、A所有の甲土地にBから借り入れた3,000万円の担保として抵当権を設定した。甲土地上の建物が火災によって焼失してしまったが、当該建物に火災保険が付されていた場合、Bは、甲土地の抵当権に基づき、この火災保険契約に基づく損害保険金を請求することができる。

★★★
Q 127 □□
【H20】

Aは、自己所有の甲建物（居住用）をBに賃貸し、引渡しも終わり、敷金50万円を受領した。その後、甲建物の抵当権者がAのBに対する賃料債権につき物上代位権を行使してこれを差し押さえた場合においても、その賃料が支払われないまま賃貸借契約が終了し、甲建物がBからAに明け渡されたときは、その未払賃料債権は敷金の充当により、その限度で消滅する。

★★★
Q 128 □□
【H21】

土地及びその地上建物の所有者が同一である状態で、土地に抵当権が設定され、その実行により土地と地上建物の所有者が異なるに至ったときは、地上建物について法定地上権が成立する。

A 126

土地の抵当権の効力は抵当地上の建物に及ばない。したがって、土地の抵当権者Bは、当該土地上の建物が滅失した場合でも、保険金請求権に物上代位することはできない。

×

敷金は、賃貸借終了後の目的物の明渡しまでに生じた、賃貸人の賃借人に対する賃料債権等の一切の債権を担保することを目的とする。そして、明渡し時における未払賃料債権は、敷金の充当により当然に消滅するとされる。そのため、抵当権者が物上代位権を行使して賃料債権を差し押さえたとしても、賃貸借契約が終了し、目的物が明け渡されたときには、未払賃料債権は、敷金の充当により、その限度で消滅する。

○

法定地上権は、①抵当権設定当時、土地の上に建物が存在すること、②抵当権設定当時、土地と建物の所有者が同一であること、③抵当権の実行により、土地と建物の所有者が異なるに至ったこと、という要件を満たす場合に成立する。本問では、①〜③の要件を満たしているので、法定地上権が成立する。

○

★★★
Q129 □□
【H30】
Aが所有する甲土地上にBが乙建物を建築して所有権を登記していたところ、AがBから乙建物を買い取った。Aが乙建物を取り壊して更地にしてから甲土地に抵当権を設定登記し、その後にAが甲土地上に丙建物を建築していた場合、甲土地の抵当権が実行されたとしても、丙建物のために法定地上権は成立しない。

★★★
Q130 □□
【H28】
Aは、A所有の甲土地にBから借り入れた3,000万円の担保として抵当権を設定した。Aが甲土地に抵当権を設定した当時、甲土地上にA所有の建物があり、当該建物をAがCに売却した後、Bの抵当権が実行されてDが甲土地を競落した場合、DはCに対して、甲土地の明渡しを求めることはできない。

★★
Q131 □□
【H27】
土地に抵当権が設定された後に抵当地に建物が築造されたときは、一定の場合を除き、抵当権者は土地とともに建物を競売することができるが、その優先権は土地の代価についてのみ行使することができる。

★★
Q132 □□
【R4】
A所有の甲土地にBのCに対する債務を担保するためにCの抵当権が設定され、その旨の登記がなされた。Aから甲土地を買い受けたDが、Cの請求に応じてその代価を弁済したときは、本件抵当権はDのために消滅する。

A 129 □□

法定地上権は、①抵当権設定当時、土地の上に建物が存在すること、②抵当権設定当時、土地と建物の所有者が同一であること、③抵当権の実行により、土地と建物の所有者が異なるに至ったこと、という要件を満たす場合に成立する。したがって、更地の状態で抵当権が設定されている本問では、①の要件を満たさず、法定地上権は成立しない。

○

A 130 □□

抵当権設定時に、土地上に建物が存在し、同一所有者であるという要件を満たしていれば、その後、売買等により土地と建物の所有者が異なっていても、抵当権の実行により法定地上権が成立する。したがって、本問では法定地上権が成立するので、土地買受人であるDは、建物所有者Cに対して甲土地の明渡しを求めることができない。

○

A 131 □□

「抵当権設定当時、土地の上に建物が存在すること」という成立要件を満たさないため、法定地上権は成立しない。この場合、抵当権者は土地とともに建物を競売することができる（一括競売）。ただし、抵当権者が優先弁済を受けることができるのは、土地の代価についてのみである。

○

A 132 □□

抵当不動産を買い受けた第三者（第三取得者）が、抵当権者の請求に応じてその抵当権者にその代価を弁済（代価弁済）したときは、抵当権はその第三者のために消滅する。

○

★★
Q 133 □□ 【H27】
抵当不動産の被担保債権の主債務者は、抵当権消滅請求をすることはできないが、その債務について連帯保証をした者は、抵当権消滅請求をすることができる。

★★★
Q 134 □□ 【H27】
債務者Aが所有する甲土地には、債権者Bが一番抵当権（債権額2,000万円）、債権者Cが二番抵当権（債権額2,400万円）、債権者Dが三番抵当権（債権額3,000万円）をそれぞれ有しているが、BはDの利益のために抵当権の順位を譲渡した。甲土地の競売に基づく売却代金が6,000万円であった場合、Bの受ける配当額は、600万円である。

★★★
Q 135 □□ 【H15】
普通抵当権でも、根抵当権でも、設定契約を締結するためには、被担保債権を特定することが必要である。

★★★
Q 136 □□ 【H15】
普通抵当権でも、元本確定前の根抵当権でも、被担保債権を譲り受けた者は、担保となっている普通抵当権又は根抵当権を被担保債権とともに取得する。

A 133

主たる債務者や保証人、連帯保証人は、抵当権消滅請求をすることができない。

×

A 134

抵当権の順位の譲渡があった場合、①譲渡がなかった場合の各抵当権者の配当額（本来の配当額）を計算し、②譲渡した者と譲渡された者の本来の配当額を合計し、③そこから譲渡された者が優先的に配当を受け、④残りがあれば譲渡した者が配当を受ける。本問でも、①まず本来の配当額を計算する。本来であれば、6,000万円をＢＣＤの順に配当するので、Ｂは債権額の2,000万円、Ｃは債権額の2,400万円の配当を受ける。残りは1,600万円なので、Ｄの配当額は1,600万円である。②次に、ＢとＤの本来の配当額を合計すると2,000万円＋1,600万円＝3,600万円である。③ここからＤが優先的に配当を受けるので、Ｄは債権額の3,000万円の配当を受ける。④残りは600万円なので、Ｂの受ける配当額は600万円となる。

○

普通抵当権は被担保債権の特定が必要だが、根抵当権の場合、被担保債権を特定する必要はない。根抵当権は、一定の範囲に属する不特定の債権を担保するものだからである。

×

普通抵当権には随伴性があるので、被担保債権を譲り受けた者は、抵当権を取得する。しかし、根抵当権の場合、元本確定前は随伴性はない。したがって、被担保債権を譲り受けた者は、根抵当権を取得できない。

×

★★★
Q 137 □□ 【H15】
普通抵当権でも、根抵当権でも、遅延損害金については、最後の２年分を超えない利息の範囲内で担保される。

★★★
Q 138 □□ 【H26】
抵当権を設定した旨を第三者に対抗する場合には登記が必要であるが、根抵当権を設定した旨を第三者に対抗する場合には、登記に加えて、債務者の異議を留めない承諾が必要である。

★
Q 139 □□ 【H21】
先取特権も質権も、債権者と債務者との間の契約により成立する。

13 保証・連帯債務

★★
Q 140 □□ 【H22】
保証人となるべき者が、口頭で明確に特定の債務につき保証する旨の意思表示を債権者に対してすれば、その保証契約は有効に成立する。

★★
Q 141 □□ 【R2】
主たる債務の目的が保証契約の締結後に加重されたときは、保証人の負担も加重され、主たる債務者が時効の利益を放棄すれば、その効力は連帯保証人に及ぶ。

A 137 □□

普通抵当権の場合、遅延損害金は原則として最後の２年分の利息の範囲内で担保される。しかし、根抵当権については、極度額の範囲であれば、２年分に限らず担保される。

×

A 138 □□

抵当権も根抵当権も、対抗要件は登記である。したがって、根抵当権について、登記に加えて、債務者の異議を留めない承諾が必要とする本問は誤り。

×

A 139 □□

質権は、契約によって成立する約定担保物権だが、先取特権は、法律上自動的に発生する権利（法定担保物権）である。

×

A 140 □□

保証契約は、書面または電磁的記録によってしなければ効力を生じない。

×

A 141 □□

主たる債務の目的または態様が保証契約の締結後に加重されたときであっても、保証人の負担は加重されない。また、主たる債務者が時効の利益を放棄しても、その効力は連帯保証人に及ばない。

×

★★
Q 142 □□
【H22】
連帯保証ではない場合の保証人は、債権者から債務の履行を請求されても、まず主たる債務者に催告すべき旨を債権者に請求できる。ただし、主たる債務者が破産手続開始の決定を受けたとき、又は行方不明であるときは、この限りではない。

★★
Q 143 □□
【H15】
Ａは、Ａの所有する土地をＢに売却し、Ｂの売買代金の支払債務についてＣがＡとの間で保証契約を締結した。Ｃの保証債務にＢと連帯して債務を負担する特約がない場合、ＡがＣに対して保証債務の履行を請求してきても、Ｃは、Ｂに弁済の資力があり、かつ、執行が容易であることを証明することによって、Ａの請求を拒むことができる。

★★
Q 144 □□
【H15】
Ａは、Ａの所有する土地をＢに売却し、Ｂの売買代金の支払債務についてＣがＡとの間で保証契約を締結した。Ｃの保証債務がＢとの連帯保証債務である場合、ＡがＣに対して保証債務の履行を請求してきてもＣはＡに対して、まずＢに請求するよう主張できる。

★★
Q 145 □□
【H22】
連帯保証人が２人いる場合、連帯保証人間に連帯の特約がなくとも、連帯保証人は各自全額につき保証責任を負う。

A 142 □□

普通の保証の場合、債権者が保証人に債務の履行を請求したときは、保証人は、まず主たる債務者に催告をすべき旨を請求することができる（催告の抗弁権）。ただし、主たる債務者が破産手続開始の決定を受けたとき、または行方不明であるときは、この限りではない。

○

A 143 □□

普通の保証の場合、保証人は、主たる債務者に弁済の資力があり、かつ、強制執行が容易にできることを証明して、まず主たる債務者の財産から先に強制執行せよと主張することができる（検索の抗弁権）。

○

A 144 □□

連帯保証人には催告の抗弁権はない。したがって、まず主たる債務者Bに請求せよと主張することができない。

×

A 145 □□

数人の保証人がいる場合、普通の保証であれば、各保証人は、原則として、主債務の額を均等に分割した額の保証債務を負う（分別の利益）。これに対し、連帯保証の場合には、分別の利益がなく、連帯保証人は各自全額について保証債務を負う。

○

★★★
Q 146
□□
【H15】

Aは、Aの所有する土地をBに売却し、Bの売買代金の支払債務についてCがAとの間で保証契約を締結した。Cの保証債務がBとの連帯保証債務である場合、Cに対する履行の請求による時効の完成猶予の効力は、Bに対してもその効力を生ずる。なお、Cについて生じた事由の効力について、AB間で別段の意思表示はないものとする。

★★★
Q 147
□□
【H13】

AとBとが共同で、Cから、C所有の土地を2,000万円で購入し、代金を連帯して負担する（連帯債務）と定め、CはA・Bに登記、引渡しをしたのに、A・Bが支払をしない。AとBとが、代金の負担部分を1,000万円ずつと定めていた場合、AはCから2,000万円請求されても、1,000万円を支払えばよい。

★★★
Q 148
□□
【H29】

A、B、Cの３人がDに対して900万円の連帯債務を負っている（A、B、Cの負担部分は等しいものとする）。CがDに対して150万円を弁済した場合はCの負担部分の範囲内であるから、Cは、A及びBに対して求償することはできない。

★★★
Q 149
□□
【R3】

債務者A、B、Cの３名が、内部的な負担部分の割合は等しいものとして合意した上で、債権者Dに対して300万円の連帯債務を負った。この場合、DがAに対して裁判上の請求を行ったとしても、特段の合意がなければ、BとCがDに対して負う債務の消滅時効の完成には影響しない。

A 146 □□

連帯保証人に対する「請求」による時効の完成猶予の効力は、原則として、主たる債務者には及ばない。したがって、Cに対する履行の請求は、Bに対して時効の完成猶予の効力を生じない。

×

A 147 □□

債権者は、各連帯債務者に対して、債務の全部の履行を請求できる。連帯債務における負担部分は、連帯債務者間の内部的な負担割合にすぎない。したがって、連帯債務者は、債権者との関係では、債務全額の支払義務を負う。よって、AはCから2,000万円請求された場合、2,000万円を支払わなければならない。

×

A 148 □□

連帯債務者の一人が連帯債務を弁済した場合、その負担部分の割合に応じて求償することができる。弁済額が弁済者の負担部分を超えているか否かは関係ない。本問の場合、負担部分が1/3ずつなので、150万円を弁済したCは、AとBに対して1/3（50万円）ずつ求償することができる。

×

A 149 □□

連帯債務者の１人に対する請求の効力は、債権者および他の連帯債務者の１人が別段の意思を表示したときを除き、他の連帯債務者に及ばない（相対効）。同様に、裁判上の請求に関する時効の完成猶予・更新の効力も他の連帯債務者に生じない。したがって、DがAに対して裁判上の請求を行っても、BとCの債務の消滅時効の完成には影響しない。

○

★★★
Q 150
□□
【R3】

債務者A、B、Cの3名が、内部的な負担部分の割合は等しいものとして合意した上で、債権者Dに対して300万円の連帯債務を負った。この場合、BがDに対して300万円の債権を有しているときには、Bが相殺を援用しない間に300万円の支払の請求を受けたCは、BのDに対する債権で相殺する旨の意思表示をすることができる。

★★★
Q 151
□□
【R3】

債務者A、B、Cの3名が、内部的な負担部分の割合は等しいものとして合意した上で、債権者Dに対して300万円の連帯債務を負った。この場合、DがCに対して債務を免除したときでも、特段の合意がなければ、DはAに対してもBに対しても、弁済期が到来した300万円全額の支払を請求することができる。

★★★
Q 152
□□
【R3】

債務者A、B、Cの3名が、内部的な負担部分の割合は等しいものとして合意した上で、債権者Dに対して300万円の連帯債務を負った。この場合、AとDとの間に更改があったときは、300万円の債権は、全ての連帯債務者の利益のために消滅する。

★★
Q 153
□□
【予想問題】

A及びBが、Cに対して1,000万円の連帯債権を有する場合、AがCに対して1,000万円の履行を請求したときの効果は、Bに対してもその効力が生じる。

A 150

連帯債務者の1人が債権者に対して債権を有する場合、その債権を有する連帯債務者が相殺を援用しない間は、その連帯債務者の負担部分の限度において、他の連帯債務者は、債権者に対して債務の履行を拒むことができる。しかし、他の連帯債務者は、その債権で相殺することはできない。したがって、Cは、Bの負担部分（300万円×1/3＝100万円）の限度で、Dに債務の履行を拒むことができるが、Bの債権で相殺することはできない。

×

A 151

連帯債務者の1人に対する免除の効力は、債権者および他の連帯債務者の1人が別段の意思を表示したときを除き、他の連帯債務者に及ばない（相対効）。したがって、Dは、AおよびBに対して、300万円全額の支払を請求することができる。

○

A 152

連帯債務者の1人と債権者との間に更改があったときは、債権は、すべての連帯債務者の利益のために消滅する（絶対効）。更改とは、新たな債務を成立させ、従来の債務を消滅させる契約をいう。たとえば、本問のDとAの間で、300万円の連帯債務を消滅させる代わりに、Aの土地の所有権をDに移転させる債務を成立させるような場合である。

○

連帯債権の場合、連帯債権者の1人がした請求は、他の連帯債権者にも及ぶ（絶対効）。したがって、AがCに履行の請求をした効果は、Bにも及ぶ。

○

14 賃貸借

★★

Q 154

【H2】

Ａは、その所有する建物を明らかな一時使用（期間２年）のためＢに賃貸したが、Ｂは期間満了後も居住を続け、Ａも、その事実を知りながら異議を述べなかった。この場合、Ａは、期間満了を理由に、Ｂに対し、直ちに明渡請求をすることができる。

★★★

Q 155

【予想問題】

不動産の賃借人は、対抗要件を備えた場合において、その不動産を第三者が占有しているときには、その第三者に対する返還の請求をすることができる。

★★★

Q 156

【R5】

Ａを貸主、Ｂを借主として甲建物の賃貸借契約が締結された。Ｂの責めに帰すべき事由によって甲建物の修繕が必要となった場合は、Ａは甲建物を修繕する義務を負わない。

A 154 □□

賃貸借の期間が満了した後も賃借人が賃借物の使用収益を継続する場合において、賃貸人がこれを知りながら異議を述べないときは、従前の賃貸借と同一の条件（たとえば、賃料）で更に賃貸借をしたものと推定される（黙示の更新）。ただし、期間は期間の定めのないものとなる。この場合、各当事者は、期間の定めのない賃貸借の解約の申入れの規定により解約の申入れをすることができ、解約の申入れの日から３カ月を経過することによって終了する。

×

A 155 □□

不動産の賃借人は、対抗要件を備えた場合において、①その不動産の占有を第三者が妨害しているときには、その第三者に対する妨害の停止の請求、②その不動産を第三者が占有しているときには、その第三者に対する返還の請求をすることができる（不動産の賃借人による妨害の停止の請求等）。

○

A 156 □□

賃貸物の修繕が必要な場合、賃貸人は、賃貸物の使用収益に必要な修繕をする義務を負う。ただし、賃借人の責めに帰すべき事由によってその修繕が必要となったときは、賃貸人は、修繕義務を負わない。

○

★★
Q 157
□□
【R5】

Aを貸主、Bを借主として甲建物の賃貸借契約が締結された。甲建物の修繕が必要である場合において、BがAに修繕が必要である旨を通知したにもかかわらず、Aが必要な修繕を直ちにしないときは、Bは甲建物の修繕をすることができる。

★★
Q 158
□□
【R2】

建物の賃貸借契約が期間満了により終了した。賃借人は、賃借物を受け取った後にこれに生じた損傷がある場合、賃借人の帰責事由の有無にかかわらず、その損傷を原状に復する義務を負う。なお、原状回復義務について特段の合意はないものとする。

★★
Q 159
□□
【R2追】

AはBにA所有の甲建物を賃貸し、BはAの承諾を得てCに適法に甲建物を転貸し、Cが甲建物に居住している。Cの用法違反によって甲建物に損害が生じた場合、AはBに対して、甲建物の返還を受けた時から1年以内に損害賠償を請求しなければならない。

A 157

賃借物の修繕が必要である場合において、①賃借人が賃貸人に修繕が必要である旨を通知し、または賃貸人がその旨を知ったにもかかわらず、賃貸人が相当の期間内に必要な修繕をしないとき、または、②急迫の事情があるときは、賃借人は、修繕をすることができる。「A（賃貸人）が必要な修繕を直ちにしないとき」ではない。

×

賃借人は、賃借物を受け取った後にこれに生じた損傷（通常の使用収益によって生じた賃借物の損耗ならびに賃借物の経年変化を除く）がある場合において、賃貸借が終了したときは、その損傷を原状に復する義務（原状回復義務）を負う。ただし、その損傷が賃借人の責めに帰することができない事由によるものである（賃借人の帰責事由がない）ときは、原状に復する義務を負わない。

×

賃貸借契約の本旨に反する使用・収益によって生じた損害の賠償は、賃貸人が返還を受けた時から１年以内に請求しなければならない。したがって、転借人Ｃの用法違反によって甲建物に損害が生じた場合、賃貸人Ａは賃借人Ｂに対して、甲建物の返還を受けた時から１年以内に損害賠償を請求しなければならない。

○

★★★
Q 160 □□
【R2追】

ＡはＢにＡ所有の甲建物を賃貸し、ＢはＡの承諾を得てＣに適法に甲建物を転貸し、Ｃが甲建物に居住している。その後、ＡがＤに甲建物を売却した場合、ＡＤ間で特段の合意をしない限り、賃貸人の地位はＤに移転する。

★★★
Q 161 □□
【H7】

ＡがＢの所有地を賃借して、建物を建てその登記をしている。Ｂがその土地をＣに譲渡する場合、賃貸人の義務の移転を伴うから、Ｂは、その譲渡についてＡの承諾を必要とする。

★★
Q 162 □□
【R5】

建物の賃借人が当該建物の引渡しを受けている場合において、当該建物の賃貸人が当該建物を譲渡するに当たり、当該建物の譲渡人及び譲受人が、賃貸人たる地位を譲渡人に留保する旨及び当該建物の譲受人が譲渡人に賃貸する旨の合意をしたときは、賃貸人たる地位は譲受人に移転しない。

★★★
Q 163 □□
【H24】

Ａ所有の甲土地の賃借人であるＢが、甲土地上に登記ある建物を有する場合に、Ａから甲土地を購入したＣは、所有権移転登記を備えていないときであっても、Ｂに対して、自らが賃貸人であることを主張することができる。なお、ＡＣ間で特段の合意はないものとする。

A 160 □□

賃貸借の対抗要件（建物賃貸借の場合、賃借権の登記または建物の引渡し）を備えた場合に、その不動産が譲渡されたときは、不動産の譲渡人と譲受人の間で特段の合意をしたときを除き、その不動産の賃貸人たる地位は、その譲受人に移転する。本問では転借人Cが対抗要件（引渡し）を備えている。したがって、AがDに甲建物を売却した場合、AD間で特段の合意をしない限り、賃貸人の地位はDに移転する。

○

A 161 □□

賃貸人が賃貸している土地を第三者に譲渡した場合、賃貸人たる地位は移転し、その第三者が新しい賃貸人になる（つまり、第三者に賃貸人の権利義務が移転する）。そして、賃貸人たる地位の移転について、賃借人の承諾は不要である。

×

A 162 □□

不動産の譲渡人および譲受人が、賃貸人たる地位を譲渡人に留保する旨およびその不動産を譲受人が譲渡人に賃貸する旨の合意をしたときは、賃貸人たる地位は、譲受人に移転しない。

○

A 163 □□

賃貸している土地の売買契約によって売主から買主へ賃貸人たる地位が移転した場合、買主（新賃貸人）は、所有権移転登記をしなければ、賃貸人たる地位の移転を賃借人に対抗できない。

×

★★★
Q164
【H18】

AがB所有の建物について賃貸借契約を締結し、引渡しを受けた。AがCに対して賃借権の譲渡を行う場合のBの承諾は、Aに対するものでも、Cに対するものでも有効である。

★★★
Q165
【R2追】

賃貸人Aは賃借人Bとの間で居住用建物の賃貸借契約を締結した。BがAに無断でCに当該建物を転貸した場合であっても、Aに対する背信行為と認めるに足りない特段の事情があるときは、Aは賃貸借契約を解除することができない。

★★★
Q166
【R2追】

AはBにA所有の甲建物を賃貸し、BはAの承諾を得てCに適法に甲建物を転貸し、Cが甲建物に居住している。BがAに約定の賃料を支払わない場合、Cは、Bの債務の範囲を限度として、Aに対して転貸借に基づく債務を直接履行する義務を負い、Bに賃料を前払いしたことをもってAに対抗することはできない。

★★★

Q167
【H28】

AがBに甲建物を月額10万円で賃貸し、BがAの承諾を得て甲建物をCに適法に月額15万円で転貸している。BがAに対して甲建物の賃料を支払期日になっても支払わない場合、AはCに対して、賃料10万円をAに直接支払うよう請求することができる。

★★★

Q168
【H23】

AがBに甲建物を賃貸し、BがAの承諾を得て甲建物をCに適法に転貸している。Aは、Bの賃料の不払いを理由に甲建物の賃貸借契約を解除するには、Cに対して、賃料支払の催告をして甲建物の賃料を支払う機会を与えなければならない。

A 164 □□

賃借権を譲渡する場合、賃貸人の承諾が必要である。その承諾の相手方について法律上の制限はない。したがって、承諾を賃借人・譲受人のどちらに対して行っても有効である。 ○

A 165 □□

賃貸人に無断で賃借権の譲渡・転貸が行われた場合、賃貸人は、原則として、賃貸借契約を解除することができる。ただし、背信行為と認めるに足りない特段の事情があるときは、解除できない。 ○

A 166 □□

賃借人が適法に賃借物を転貸したときは、転借人は、賃貸人と賃借人との間の賃貸借に基づく賃借人の債務の範囲を限度として、賃貸人に対して転貸借に基づく債務を直接履行する義務を負う。この場合には、賃料の前払いを賃貸人に対抗できない。 ○

A 167 □□

賃借人が賃貸人の承諾を得て賃借物を転貸した場合、転借人は、賃貸人に対しても直接に義務を負う。この場合、賃貸人は、転借人に対して、賃貸料と転貸料のいずれか安いほうを限度に請求することができる。したがって、Aは、Cに対して賃料10万円をAに直接支払うよう請求することができる。 ○

A 168 □□

賃貸人は、賃借人の債務不履行を理由に賃貸借契約を解除する場合、転借人に賃料を支払う機会を与えるために、転借人に対して通知等をする必要はない。 ×

★★★
Q 169 □□
【R2追】

AはBにA所有の甲建物を賃貸し、BはAの承諾を得てCに適法に甲建物を転貸し、Cが甲建物に居住している。Aは、Bとの間の賃貸借契約を合意解除した場合、解除の当時Bの債務不履行による解除権を有していたとしても、合意解除したことをもってCに対抗することはできない。

★★★
Q 170 □□
【予想問題】

賃貸借契約が転貸人の債務不履行を理由とする解除により終了した場合、賃貸人の承諾のある転貸借は、原則として、賃貸人が転借人に対して目的物の返還を請求した時に、転貸人の転借人に対する債務の履行不能により終了する。

★★★
Q 171 □□
【H13】

Aは、BからB所有の建物を賃借し、特段の定めをすることなく、敷金として50万円をBに交付した。この場合、Bは、Aの、賃貸借契約終了時までの未払賃料については、敷金から控除できるが、契約終了後明渡しまでの期間の賃料相当損害額についても、敷金から控除できる。

★★★
Q 172 □□
【R2】

建物の賃貸借契約が期間満了により終了した場合、賃借人は、未払賃料債務があるときには、賃貸人に対し、敷金をその債務の弁済に充てるよう請求することができる。

A 169 □□

賃貸人と賃借人が賃貸借を合意解除しても、原則として、その合意解除を転借人に対抗できない。ただし、その解除の当時、賃貸人が賃借人の債務不履行による解除権を有していたときは、例外的に対抗できる。したがって、Aは、合意解除を転借人Cに対抗することができる。

×

A 170 □□

賃貸借契約が転貸人の債務不履行を理由とする解除により終了した場合、賃貸人の承諾のある転貸借は、原則として、賃貸人が転借人に対して目的物の返還を請求した時に、転貸人の転借人に対する債務の履行不能により終了する。

○

A 171 □□

敷金とは、いかなる名目によるかを問わず、賃料債務その他の賃貸借に基づいて生ずる賃借人の賃貸人に対する金銭の給付を目的とする債務を担保する目的で、賃借人が賃貸人に交付する金銭をいう。したがって、未払賃料だけでなく、契約終了後明渡しまでの期間の賃料相当損害額も敷金の担保の対象となり、控除が認められる。

○

A 172 □□

賃貸人は、賃借人が賃貸借に基づいて生じた債務を履行しないときは、敷金をその債務の弁済に充てることができる。この場合、賃借人は、賃貸人に対し、敷金をその債務の弁済に充てるよう請求することはできない。

×

★★★

Q 173 □□

【R4】

Aは、B所有の甲建物につき、居住を目的として、期間2年、賃料月額10万円と定めた賃貸借契約をBと締結してその日に引渡しを受けた。AがBに対して敷金を差し入れている場合、本件契約が期間満了で終了するに当たり、Bは甲建物の返還を受けるまでは、Aに対して敷金を返還する必要はない。

★★★

Q 174 □□

【H15】

Aは、自己所有の甲建物（居住用）をBに賃貸し、引渡しも終わり、敷金50万円を受領した。その後、Aが甲建物をCに譲渡し、所有権移転登記を経た場合、Bの承諾がなくとも、敷金が存在する限度において、敷金返還債務はAからCに承継される。

★★★

Q 175 □□

【H15】

Aは、自己所有の甲建物（居住用）をBに賃貸し、引渡しも終わり、敷金50万円を受領した。その後BがAの承諾を得て賃借権をCに移転する場合、賃借権の移転合意だけでは、敷金返還請求権（敷金が存在する限度に限る。）はBからCに承継されない。

★★

Q 176 □□

【R4】

Aを貸主、Bを借主として、A所有の甲土地につき、資材置場とする目的で期間を2年として、AB間で、①賃貸借契約又は②使用貸借契約を締結した。Aは、甲土地をBに引き渡す前であれば、①では口頭での契約の場合に限り自由に解除できるのに対し、②では書面で契約を締結している場合も自由に解除できる。

A 173

賃貸人は、賃貸借が終了し、かつ、賃貸物の返還を受けたときは、賃借人に対し、受け取った敷金の額から賃貸借に基づいて生じた賃借人の賃貸人に対する債務の額を控除した残額を返還しなければならない。つまり、賃貸物の返還が先、敷金の返還が後である。したがって、賃貸人は、賃貸物の返還を受けるまでは、敷金を返還する必要はない。

○

A 174

賃貸の目的物が譲渡され、賃貸人が交替した場合は、敷金が存在する限度において、新賃貸人に敷金関係が承継される。

○

A 175

賃借権が譲渡され、賃借人が交替した場合、原則として、敷金返還請求権は承継されない。承継には、旧賃借人が敷金返還請求権を新賃借人に譲渡した等の事情が必要である。したがって、賃借権の移転合意だけでは、敷金返還請求権はCに承継されない。

○

A 176

賃貸借契約では、貸主は、借主が賃借物を受け取る前でも、自由に契約を解除できない（口頭による契約でも同様）。他方、使用貸借契約では、貸主は、借主が借用物を受け取るまで、原則として契約の解除ができるが、書面による使用貸借については例外的に解除できない。

×

★★
Q 177
□□
【H19】

Aが所有者として登記されている甲土地上に、Bが所有者として登記されている乙建物があり、CがAから甲土地を購入した。BがAとの間で甲土地の使用貸借契約を締結していた場合には、Cは、Bに対して建物を収去して土地を明け渡すよう請求できる。

★★★
Q 178
□□
【R4】

Aを貸主、Bを借主として、A所有の甲土地につき、資材置場とする目的で期間を2年として、AB間で、①賃貸借契約又は②使用貸借契約を締結した。Bは、①ではAの承諾がなければ甲土地を適法に転貸することはできないが、②ではAの承諾がなくても甲土地を適法に転貸することができる。

★★
Q 179
□□
【H17】

使用貸借契約において、貸主又は借主が死亡した場合、使用貸借契約は効力を失う。

★★★
Q 180
□□
【H21】

A所有の甲建物につき、Bが一時使用目的ではなく賃貸借契約を締結する場合と、Cが適当な家屋に移るまでの一時的な居住を目的として無償で使用貸借契約を締結する場合において、Bが死亡しても賃貸借契約は終了せず賃借権はBの相続人に相続されるのに対し、Cが死亡すると使用貸借契約は終了するので使用借権はCの相続人に相続されない。

A 177 □□

使用貸借による権利は、第三者には対抗できない。したがって、Bは、Cには使用貸借による権利を対抗できず、Cは、Bに対して建物収去・土地明渡しを請求できる。

○

A 178 □□

賃貸借契約では、賃借人は、賃貸人の承諾を得なければ、賃借権の譲渡または賃借物の転貸ができない。他方、使用貸借契約では、借主は、貸主の承諾を得なければ、第三者に借用物の使用または収益をさせることができない。したがって、Bは、①だけでなく②でも、Aの承諾がなければ甲土地を適法に転貸できない。

×

使用貸借契約において、借主が死亡した場合は契約の効力が失われるが、貸主が死亡しても効力は失われない。

×

賃借権は相続の対象になる。これに対し、使用貸借契約は、借主の死亡により終了し、使用借権は相続の対象にならない。

○

★★
Q 181
□□
【R4】

Ａを貸主、Ｂを借主として、Ａ所有の甲土地につき、資材置場とする目的で期間を２年として、ＡＢ間で、①賃貸借契約又は②使用貸借契約を締結した。Ｂは、①では期間内に解約する権利を留保しているときには期間内に解約の申入れをし解約することができ、②では期間内に解除する権利を留保していなくてもいつでも解除することができる。

15 借地借家法（借家）

★★★
Q 182
□□
【R5】

期間を１年未満とする建物の賃貸借契約は、期間を１年とするものとみなされる。

★★★
Q 183
□□
【R1】

ＡがＢに対し、Ａ所有の甲建物を３年間賃貸する旨の契約をした。ＡがＢに対して、期間満了の３月前までに更新しない旨の通知をしなければ、従前の契約と同一の条件で契約を更新したものとみなされる。

★★★
Q 184
□□
【H26】

Ａが所有する甲建物をＢに対して３年間賃貸する旨の契約をした。ＡがＢに対し、甲建物の賃貸借契約の期間満了の１年前に更新をしない旨の通知をしていれば、ＡＢ間の賃貸借契約は期間満了によって当然に終了し、更新されない。

A 181 □□

賃貸借契約では、当事者が賃貸借の期間を定めた場合でも、期間内に解約する権利を留保した当事者は、いつでも解約申入れができる（土地の賃貸借の場合、解約申入れの日から１年経過で終了）。他方、使用貸借契約では、借主は、期間内に解除する権利を留保していなくても、いつでも契約の解除ができる。

○

A 182 □□

期間を１年未満とする建物の賃貸借は、期間の定めがない建物の賃貸借とみなされる。

×

A 183 □□

期間の定めのある建物賃貸借の場合、期間満了の１年前から６カ月前までの間に更新しない旨の通知等をしなければ、従前の契約と同一の条件で契約を更新したものとみなされる。

×

A 184 □□

更新拒絶の通知の期間は期間満了の１年前から６カ月前までであるが、賃貸人から更新拒絶の通知をする場合には、正当事由が必要である。したがって、Ａが期間満了の１年前に更新拒絶の通知をしても、正当事由がなければ、契約は更新されたものとみなされる。

×

★★★
Q 185
【H14】
期間の定めのない建物賃貸借契約において、賃貸人が、解約の申入れをしたときで、その通知に正当事由がある場合は、解約の申入れの日から３月を経過した日に、建物賃貸借契約は終了する。

★★★
Q 186
【H14】
期間の定めのある建物賃貸借において、賃貸人が、期間満了の10月前に更新しない旨の通知を出したときで、その通知に正当事由がある場合は、期間満了後、賃借人が使用を継続していることについて、賃貸人が異議を述べなくても、建物賃貸借契約は期間満了により終了する。

★★★
Q 187
【H14】
期間の定めのある建物賃貸借契約が法定更新された場合、その後の契約は従前と同一条件となり、従前と同一の期間の定めのある賃貸借契約となる。

★★★
Q 188
【H16】
ＡはＢに対し甲建物を賃貸し、Ｂは、Ａの承諾を得たうえで、甲建物の一部をＣに対し転貸している。賃貸人Ａは、ＡＢ間の賃貸借契約が期間の満了によって終了するときは、転借人Ｃに対しその旨の通知をしなければ、賃貸借契約の終了をＣに対し対抗することができない。

A 185

期間の定めがない契約において、賃貸人から正当事由のある解約申入れが行われると、申入れの日から6カ月経過したときに、契約は終了する。

×

A 186

期間の定めのある建物賃貸借の場合、期間満了の１年前から６カ月前までに、賃貸人から正当事由のある更新拒絶通知が行われても、期間満了後、賃借人が建物の使用を継続すると、賃貸人が遅滞なく異議を述べない限り、契約を更新したものとみなされる（法定更新）。

×

法定更新は、従前の契約と同一条件で契約が更新されるが、期間の定めのない契約として更新される。

×

建物の転貸借がなされている場合に、建物の賃貸借が期間満了または解約の申入れによって終了するとき、賃貸人は、転借人にその旨の通知をしなければ、その終了を転借人に対抗できない。

〇

★★
Q 189
□□
【H18】
AはBとの間で、令和3年4月に、BがCから借りている土地上のB所有の建物について賃貸借契約（期間2年）を締結し引渡しを受け、債務不履行をすることなく占有使用を継続している。令和5年3月に、借地権がBの債務不履行により解除され、Aが建物を退去し土地を明け渡さなければならなくなったときは、Aが解除されることをその1年前までに知らなかった場合に限り、裁判所は、Aの請求により、Aがそれを知った日から1年を超えない範囲内において、土地の明渡しにつき相当の期限を許与することができる。

★★★
Q 190
□□
【R2追】
賃貸人Aと賃借人Bとの間で居住用建物の賃貸借契約を締結した。Bが相続人なしに死亡した場合、Bと婚姻の届出をしていないが事実上夫婦と同様の関係にあった同居者Cは、Bが相続人なしに死亡したことを知った後1月以内にAに反対の意思表示をしない限り、賃借人としてのBの権利義務を承継する。

★★★
Q 191
□□
【H22】
Aは、B所有の甲建物につき、期間2年と定めた賃貸借契約をBと締結して建物の引渡しを受けた。当該契約期間中にBが甲建物をCに売却した場合、Aは甲建物に賃借権の登記をしていなくても、Cに対して甲建物の賃借権があることを主張することができる。

★★★
Q 192
□□
【H28】
AはBと、B所有の甲建物につき、賃貸借契約を締結した。甲建物の適法な転借人であるCが、Bの同意を得て甲建物に造作を付加した場合、期間満了により本件契約が終了するときは、CはBに対してその造作を時価で買い取るよう請求することができる。

A 189

借地権の存続期間満了により建物の賃借人が土地を明け渡すべきときは、本問のとおりの明渡し期限の許与がある。しかし、借地権者の「債務不履行により」借地契約が解除されたため土地を明け渡す必要が生じた場合には、本問のような期限の許与は行われない。

×

居住の用に供する建物の賃借人が相続人なしに死亡した場合、その当時婚姻または縁組の届出をしていないが、建物の賃借人と事実上夫婦または養親子と同様の関係（いわゆる内縁関係）にあった同居者があるときは、その同居者は、相続人なしに死亡したことを知った後１カ月以内に建物の賃貸人に反対の意思を表示したときを除き、建物の賃借人の権利義務を承継する。

○

建物賃借権は、①賃借権の登記か、②建物の引渡しのどちらかを受けていれば、第三者に対抗（主張）することができる。したがって、Aは、建物の引渡しを受けているので、Cに対して賃借権を主張することができる。

○

建物の転貸借が行われている場合、賃貸借が期間満了または解約申入れによって終了するときは、転借人は賃貸人に対して造作買取請求権を行使できる。したがって、CはBに対してその造作を時価で買い取るよう請求することができる。

○

★★★
Q 193
□□
【H27】

ＡがＢとの間で、Ａ所有の甲建物について賃貸借契約を締結した。ＡＢ間の賃貸借契約がＢの賃料不払を理由として解除された場合、ＢはＡに対して、Ａの同意を得てＢが建物に付加した造作の買取りを請求することはできない。

★★★
Q 194
□□
【H23】

ＡＢ間の建物賃貸借契約が借地借家法第38条に規定する定期建物賃貸借契約（以下では定期建物賃貸借契約という）であるか否かにかかわらず、Ｂの造作買取請求権をあらかじめ放棄する旨の特約は有効に定めることができる。

★★★
Q 195
□□
【H９】

家屋の賃貸人Ａと賃借人Ｂの間の賃貸借契約において、一定期間家賃を増額しない旨の特約がある場合でも、その期間内に、建物の価格の上昇その他の経済事情の変動により家賃が不相当に低額となったときは、Ａは、Ｂに対し将来に向かって家賃の増額を請求することができる。

★★★
Q 196
□□
【H15】

契約期間が２年で、更新がないこととする旨を定める建物賃貸借契約は、公正証書によってしなければ，効力を生じない。

A 193 □□

造作買取請求権は、期間の定めがある建物の賃貸借契約が期間の満了により終了した場合、または、期間の定めがない建物の賃貸借契約が解約申入れにより終了した場合に認められる。賃貸借契約が債務不履行解除により終了する場合には、造作買取請求権は認められない。

○

A 194 □□

借地借家法の規定により賃借人に不利な特約は無効になるのが原則だが、例外として、賃借人が造作買取請求権を行使できない旨の特約は有効である。このことは、定期建物賃貸借契約でも同じである。

○

A 195 □□

建物の借賃が、建物の価格の上昇その他の経済事情の変動などにより不相当となったときは、当事者は、将来に向かって建物の借賃の額の増減を請求することができる。ただし、一定の期間建物の借賃を増額しない旨の特約がある場合には、その定めに従う。したがって、Aは、特約に定めた一定期間内は、家賃の増額を請求することはできない。

×

A 196 □□

本問は契約の更新がない旨を定める場合であるから、定期建物賃貸借に関する問題である。定期借家契約は、書面（または電磁的記録）で締結する必要があるが、書面であればよく、公正証書を用いる必要はない。

×

★★★
Q197
【H26】

定期建物賃貸借契約を締結するときは、期間を1年未満としても、期間の定めがない建物の賃貸借契約とはみなされない。

★★★
Q198
【R4】

Aは、B所有の甲建物につき、居住を目的として、期間2年、賃料月額10万円と定めた賃貸借契約をBと締結してその日に引渡しを受けた。BはAに対して、本件契約締結前に、契約の更新がなく、期間の満了により賃貸借が終了する旨を記載した賃貸借契約書を交付して説明すれば、本件契約を定期建物賃貸借契約として締結することができる。

★★★

Q199
【H15】

契約期間が2年の定期建物賃貸借契約を適法に締結した場合、賃貸人は、期間満了日1カ月前までに期間満了により契約が終了する旨通知すれば、その終了を賃借人に対抗できる。

★★★

Q200
【H20】

居住の用に供する建物に係る定期建物賃貸借契約においては、転勤、療養その他のやむを得ない事情により、賃借人が建物を自己の生活の本拠として使用することが困難となったときは、床面積の規模にかかわりなく、賃借人は同契約の有効な解約の申入れをすることができる。

197 建物賃貸借の場合、期間を1年未満と定めると期間の定めのない建物賃貸借になるのが原則である。ただし、定期建物賃貸借契約の場合には、期間を1年未満と定めても、そのままの期間になる。

定期建物賃貸借契約を締結しようとするときは、建物の賃貸人は、あらかじめ、建物の賃借人に対し、契約の更新がなく、期間の満了によって終了することについて、その旨を記載した書面を交付（または、建物賃借人の承諾を得て、当該書面に記載すべき事項を電磁的方法で提供）して説明しなければならない。この書面は、賃貸借契約書とは別個独立の書面でなければならない。 ×

1年以上の期間を有する定期建物賃貸借契約を締結した場合、賃貸人は、期間満了の1年前から6カ月前までの間に、賃借人に対して、期間満了により契約が終了する旨を通知しておかなければ、その終了を対抗できない。 ×

居住用建物の定期建物賃貸借契約について、転勤、療養等のやむを得ない事情により、賃借人が建物を自己の生活の本拠として使用することが困難となったときに、賃借人の側から中途解約を申し入れることができるのは、建物の床面積が200㎡未満の場合だけである。 ×

★★★

Q 201 □□

【R2】

AとBとの間でA所有の甲建物をBに対して、賃料月額10万円で賃貸する旨の定期建物賃貸借契約を締結したが、賃料改定に関する特約がない場合、経済事情の変動により賃料が不相当となったときは、AはBに対し、賃料増額請求をすることができる。

★★★

Q 202 □□

【H25】

Aは、A所有の甲建物につき、Bとの間で期間を10年とする定期建物賃貸借契約を締結した。AB間の賃貸借契約に賃料の改定について特約がある場合には、経済事情の変動によってBのAに対する賃料が不相当となっても、BはAに対して借地借家法第32条第1項に基づく賃料の減額請求をすることはできない。

★★

Q 203 □□

【H23】

Aが所有する甲建物をBに対して賃貸する場合に、法令によって甲建物を2年後には取り壊すことが明らかであるときには、取り壊し事由を記載した書面によって契約を締結するのであれば、建物を取り壊すこととなる2年後には更新なく賃貸借契約が終了する旨の特約を有効に定めることができる。なお、電磁的記録については考慮しないものとする。

A 201

建物の借賃が租税の負担の増減等により不相当となったときは、契約の条件にかかわらず、当事者は、将来に向かって建物の借賃の額の増減を請求することができる（借賃増減請求権）。ただし、定期建物賃貸借契約においては、借賃の改定に係る特約がある場合には、借賃増減請求権の規定は適用されない。本問では、「賃料改定に関する特約がない」ので、賃料の増減請求権を行使できる。

○

A 202

定期建物賃貸借契約において、賃料の改定について特約がある場合には、賃料の増減請求権の規定は適用されない。本問はこれに該当するので、Bは、賃料の減額請求をすることができない。

○

A 203

法令または契約により一定の期間を経過した後に建物を取り壊すべきことが明らかな場合において、建物の賃貸借をするときは、建物を取り壊すこととなる時に賃貸借が終了する旨を定めることができる。この特約は、建物を取り壊すべき事由を記載した書面（または電磁的記録）によってしなければならない。

○

16 借地借家法（借地）

★★★
Q 204
□□
【H20】

Aが所有している甲土地を平置きの駐車場用地として利用しようとするBに貸す場合と、一時使用目的ではなく建物所有目的を有するCに貸す場合、AB間の土地賃貸借契約の期間は、AB間で60年と合意すればそのとおり有効であるのに対して、AC間の土地賃貸借契約の期間は、50年が上限である。

★★★
Q 205
□□
【H20】

Aが所有している甲土地を平置きの駐車場用地として利用しようとするBに貸す場合と、一時使用目的ではなく建物所有目的を有するCに貸す場合、土地賃貸借契約の期間を定めなかったとき、Aは、Bに対しては、賃貸借契約開始から1年が経過すればいつでも解約の申入れをすることができるのに対し、Cに対しては、賃貸借契約開始から30年が経過しなければ解約の申入れをすることができない。

A 204 □□

建物所有を目的としない平置きの駐車場（地面に自動車を置く方式の駐車場）としての土地の賃借権は、民法の規定が適用される。これに対し、建物所有目的の土地の賃借権は、借地借家法が適用される。民法では、賃貸借契約の最長は50年で、50年を超える定めは50年に短縮される。これに対し、借地権では、最長期間の制限はない。したがって、ＡＢ間は50年になり、ＡＣ間は上限がない。

×

A 205 □□

建物所有を目的としない平置きの駐車場としての土地の賃借権は、民法がそのまま適用される。これに対し、建物所有目的の土地の賃借権は、借地借家法が適用される。民法では、期間を定めなかった場合、当事者はいつでも解約申入れをすることができ、土地の場合、解約申入れから１年で契約が終了する。これに対し、借地で期間を定めなかった場合、存続期間は30年となる。したがって、30年の経過により契約は終了し、更新の問題となる。

×

★★★
Q206
【R5】
AがBとの間で、A所有の甲土地につき建物所有目的で期間を50年とする賃貸借契約を締結した。当該契約がBの居住のための建物を所有する目的であり契約の更新がない旨を定めていない契約であって、期間満了する場合において甲土地上に建物があり、Bが契約の更新を請求したとしても、Aが遅滞なく異議を述べ、その異議に更新を拒絶する正当な事由があると認められる場合は、当該契約は更新されない。

★★★
Q207
【R2】
A所有の甲土地につき、Bとの間で居住の用に供する建物の所有を目的として存続期間30年の約定で賃貸借契約が締結された。AとBとが期間満了に当たり当該契約を最初に更新する場合、更新後の存続期間を15年と定めても、20年となる。

★★★
Q208
【H24】
仮設建物を建築するために土地を一時使用として1年間賃借し、借地権の存続期間が満了した場合には、借地権者は、借地権設定者に対し、建物を時価で買い取るように請求することができる。

★★★
Q209
【H28】
Aが居住用の甲建物を所有する目的で、期間30年と定めてBから乙土地を賃借した。Aが地代を支払わなかったことを理由としてBが乙土地の賃貸借契約を解除した場合、契約に特段の定めがないときは、Bは甲建物を時価で買い取らなければならない。

A 206 □□

借地権の存続期間が満了する場合において、借地権者が更新請求したときは、建物がある場合に限り、更新したものとみなされる。ただし、借地権設定者が遅滞なく正当事由ある異議を述べたときは、更新されない。

○

A 207 □□

借地契約を更新する場合、その存続期間は、最初の更新のときは20年、2回目以降の更新のときは10年となる。ただし、当事者がこれより長い期間を定めたときは、その期間となる。したがって、最初の更新において15年と定めたときは、その定めは効力を生じず、存続期間は20年となる。

○

A 208 □□

一時使用目的の借地権には、借地借家法のうち、存続期間、更新、借地権者の建物買取請求権、借地条件の変更・増改築の許可、一般定期借地権、事業用定期借地権、建物譲渡特約付借地権の規定が適用されない。したがって、借地権者は建物買取請求をすることができない。

借地権の存続期間が満了した場合には、借地権者は、建物買取請求権を行使できる。しかし、債務不履行を理由に解除された場合には、借地権者は、建物買取請求権を行使できない。

×

★★
Q 210 □□
【R4】

借地権の存続期間が満了する前に建物の滅失があった場合において、借地権者が借地権の残存期間を超えて存続すべき建物を築造したときは、その建物を築造することにつき借地権設定者の承諾がない場合でも、借地権の期間の延長の効果が生ずる。

★★
Q 211 □□
【H21】

借地権の当初の存続期間中に借地上の建物の滅失があった場合、借地権者は地上権の放棄又は土地の賃貸借の解約の申入れをすることができる。

★★★
Q 212 □□
【R2】

A所有の甲土地につき、7月1日にBとの間で居住の用に供する建物の所有を目的として存続期間30年の約定で賃貸借契約が締結された。Bは、借地権の登記をしていなくても、甲土地の引渡しを受けていれば、甲土地を同年7月2日に購入したCに対して借地権を主張することができる。

★★★
Q 213 □□
【H30】

AとBとの間で、A所有の甲土地につき建物所有目的で賃貸借契約を締結した。Bは、甲土地につき借地権登記を備えなくても、Bと同姓でかつ同居している未成年の長男名義で保存登記をした建物を甲土地上に所有していれば、甲土地の所有者が替わっても、甲土地の新所有者に対し借地権を対抗することができる。

借地権の存続期間が満了する前に建物の滅失があった場合において、借地権者が借地権の残存期間を超えて存続すべき建物を築造したときは、その建物を築造することにつき借地権設定者の承諾がある場合に限り、借地権は、承諾があった日または建物が築造された日のいずれか早い日から20年間（残存期間がこれより長いとき、または当事者がこれより長い期間を定めたときは、その期間）存続する。

×

契約の更新の後に建物の滅失があった場合には、借地権者は、地上権の放棄または土地の賃貸借の解約の申入れをすることができる。これに対し、当初の存続期間中に滅失した場合には、借地権者は、地上権の放棄等をすることはできない。

×

借地権者は、借地権の登記がない場合でも、借地上の建物について自己名義の登記を有するときは、借地権を第三者に対抗することができる。しかし、借地の「引渡し」を受けていても、第三者に対して借地権を対抗できない。

×

借地権者は、借地権の登記がなくても、土地の上に借地権者名義で登記されている建物を所有するときは、借地権を第三者に対抗することができる。しかし、長男名義等の他人名義の登記では借地権を第三者に対抗することはできない。

×

★★★
Q 214 □□
【R2追】

借地権者が借地権の登記をしておらず、当該土地上に所有権の登記がされている建物を所有しているときは、これをもって借地権を第三者に対抗することができるが、建物の表示の登記によっては対抗することができない。

★★★
Q 215 □□
【H24】

建物の所有を目的とする土地の賃貸借契約において、建物が全焼した場合でも、借地権者は、その土地上に滅失建物を特定するために必要な事項等を掲示すれば、借地権を第三者に対抗することができる場合がある。

★★
Q 216 □□
【H23】

借地権者が賃借権の目的である土地の上の建物を第三者に譲渡しようとする場合において、その第三者が賃借権を取得しても借地権設定者に不利となるおそれがないにもかかわらず、借地権設定者がその賃借権の譲渡を承諾しないときは、裁判所は、その第三者の申立てにより、借地権設定者の承諾に代わる許可を与えることができる。

★★
Q 217 □□
【H23】

第三者が賃借権の目的である土地の上の建物を競売により取得した場合において、その第三者が賃借権を取得しても借地権設定者に不利となるおそれがないにもかかわらず、借地権設定者がその賃借権の譲渡を承諾しないときは、裁判所は、その第三者の申立てにより、借地権設定者の承諾に代わる許可を与えることができる。

A 214

借地権は、借地権の登記がなくても、土地の上に借地権者が自己名義で登記されている建物を所有するときは、借地権を第三者に対抗することができる。この借地上の建物の「登記」は、所有権の登記のほか、表題部になされる表示の登記でもよい。したがって、建物の表示の登記によっても、借地権を第三者に対抗することができる。

×

借地権者は、借地上の建物の登記によって借地権の対抗力を備えていた場合には、建物が滅失しても、その建物を特定するために必要な事項等を掲示すれば、滅失の日から２年間、借地権を第三者に対抗することができる。

○

借地権者が賃借権の目的である土地の上の建物を第三者に譲渡しようとする場合において、その第三者が賃借権を取得し、または転借をしても借地権設定者に不利となるおそれがないにもかかわらず、借地権設定者がその賃借権の譲渡または転貸を承諾しないときは、裁判所は、借地権者の申立てにより、借地権設定者の承諾に代わる許可を与えることができる。したがって、「第三者の申立てにより」とする本問は誤り。

×

第三者が賃借権の目的である土地の上の建物を競売等により取得した場合、その第三者が賃借権を取得しても借地権設定者に不利となるおそれがないにもかかわらず、借地権設定者がその賃借権の譲渡を承諾しないときは、裁判所は、その第三者の申立てにより、借地権設定者の承諾に代わる許可を与えることができる。

○

★★
Q 218
【H26】

賃貸人Aから賃借人Bが借りたA所有の甲土地の上に、Bが乙建物を所有し、自己名義で乙建物の保存登記をしている。BがAに無断で乙建物をCに月額10万円の賃料で貸した場合、Aは、借地の無断転貸を理由に、甲土地の賃貸借契約を解除することができる。

★★
Q 219
【H23】

建物の用途を制限する旨の借地条件がある場合において、法令による土地利用の規制の変更その他の事情の変更により、現に借地権を設定するにおいてはその借地条件と異なる建物の所有を目的とすることが相当であるにもかかわらず、借地条件の変更につき当事者間に協議が調わないときは、裁判所は、当事者の申立てにより、その借地条件を変更することができる。

★★★
Q 220
【R2】

A所有の甲土地につき、Bとの間で居住の用に供する建物の所有を目的として存続期間30年の約定で賃貸借契約が締結された。当該契約で「一定期間は借賃の額の増減を行わない」旨を定めた場合には、甲土地の借賃が近傍類似の土地の借賃と比較して不相当となったときであっても、当該期間中は、AもBも借賃の増減を請求することができない。

A 218 □□

借地上の建物を賃貸することは、借地の無断転貸にはあたらない。したがって、Aは、借地の無断転貸を理由に甲土地の賃貸借契約を解除することができない。

×

A 219 □□

建物の種類、構造、規模、用途を制限する旨の借地条件がある場合において、法令による土地利用の規制の変更、付近の土地の利用状況の変化その他の事情の変更により現に借地権を設定するにおいてはその借地条件と異なる建物の所有を目的とすることが相当であるにもかかわらず、借地条件の変更につき当事者間に協議が調わないときは、裁判所は、当事者の申立てにより、その借地条件を変更することができる。

○

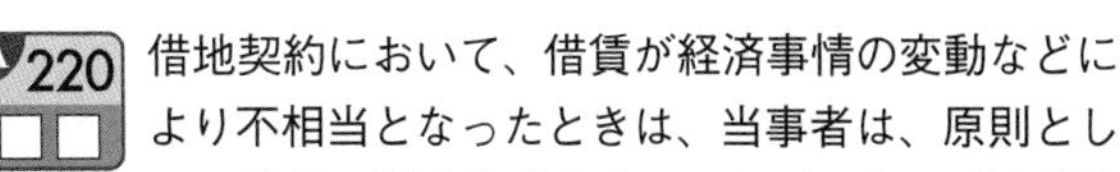

A 220 □□

借地契約において、借賃が経済事情の変動などにより不相当となったときは、当事者は、原則として、借賃の増減請求をすることができる（地代等増減請求権）。ただし、一定期間は借賃を増額しない旨の特約は有効である。したがって、この場合、当該期間中は、借賃の「増」額を請求できない。しかし、一定期間は借賃を減額しない旨の特約がある場合、この特約は、借地権者に不利なものとして、無効となる。したがって、この場合、借賃の「減」額を請求できる。よって、「AもBも借賃の増「減」を請求することができない」というのは誤り。

×

★★★
Q 221 □□
【H22】
存続期間を10年以上20年未満とする短期の事業用定期借地権の設定を目的とする契約は、公正証書によらなくとも、書面又は電磁的記録によって適法に締結することができる。

★★★
Q 222 □□
【H14】
Aが、Bに土地を賃貸し、Bがその土地上に建物を所有している。AB間の借地契約が、公正証書により10年の事業専用の目的で締結された場合には、Bは建物買取請求権を有しない。

★★★
Q 223 □□
【H22】
事業の用に供する建物の所有を目的とする場合であれば、従業員の社宅として従業員の居住の用に供するときであっても、事業用定期借地権を設定することができる。

★★★
Q 224 □□
【H30】
AとBとの間で、A所有の甲土地につき建物所有目的で賃貸借契約を締結する場合、当該契約が居住用の建物の所有を目的とする場合には、借地権の存続期間を20年とし、かつ、契約の更新請求をしない旨を定めても、これらの規定は無効となる。

★★
Q 225 □□
【H12】
Aを賃借人、Bを賃貸人としてB所有の土地に建物譲渡特約付借地権を設定する契約（その設定後30年を経過した日に借地上の建物の所有権がAからBに移転する旨の特約が付いているものとする。）を締結した。Aの借地権は、その設定後30年を経過した日における建物譲渡とともに消滅し、本件契約がABの合意によらずに法定更新されることはない。

A 221 □□
事業用定期借地権の設定契約は、公正証書によってしなければならない。このことは、存続期間の長短に関係ない。
×

A 222 □□
事業用定期借地権は、契約の更新や建物の買取請求を認めない借地権である。したがって、借地権者は、建物買取請求権を有しない。
○

A 223 □□
事業用定期借地権は、専ら事業の用に供する建物(居住の用に供するものを除く)の所有を目的とする場合に設定することができる。したがって、「従業員の社宅として従業員の『居住の用』に供するとき」には、事業用定期借地権を設定することはできない。
×

A 224 □□
「借地権の存続期間を20年」とする旨の特約および「契約の更新請求をしない」旨の特約は、いずれも借地借家法の規定に反する借地権者に不利な特約として無効となる。
○

A 225 □□
建物譲渡特約付借地権は、借地権を消滅させるため、その設定後30年以上を経過した日に借地権の目的である土地の上の建物を借地権設定者に相当の対価で譲渡する旨を定めるものであり、法定更新を否定することを目的とした借地権である。
○

★★
Q 226
□□
【H12】

Aを賃借人、Bを賃貸人としてB所有の土地に建物譲渡特約付借地権を設定する契約（その設定後30年を経過した日に借地上の建物の所有権がAからBに移転する旨の特約が付いているものとする。）を締結した。当該契約における建物譲渡の特約は、必ずしも公正証書によって締結する必要はない。

17 不法行為

★★
Q 227
□□
【H12】

Aが、その過失によってB所有の建物を取り壊し、Bに対して不法行為による損害賠償債務を負担した。Aの不法行為に関し、Bにも過失があった場合でも、Aから過失相殺の主張がなければ、裁判所は、賠償額の算定に当たって、賠償金額を減額することができない。

★★★
Q 228
□□
【H24】

Aに雇用されているBが、勤務中にA所有の乗用車を運転し、営業活動のため得意先に向かっている途中で交通事故を起こし、歩いていたCに危害を加えた。Cが即死であった場合には、Cには事故による精神的な損害が発生する余地がないので、AはCの相続人に対して慰謝料についての損害賠償責任を負わない。

建物譲渡特約付借地権に関する特約は、書面による必要はなく、口頭による特約も認められる。したがって、公正証書によって締結する必要はない。

×

故意または過失によって他人の権利等を侵害した者は、これによって生じた損害を賠償する責任（不法行為責任）を負う。不法行為の被害者にも過失があった場合、公平の観点から、過失相殺により賠償額を減額することができる。そして、この過失相殺をするかどうかは、当事者の主張の有無にかかわらず、裁判官の裁量で行うことができる。

×

即死の場合でも、被害者に損害賠償請求権が発生し、それを相続人が相続する。このことは、財産的損害・精神的損害のどちらでも同様である。したがってＡは、Ｃの相続人に対して慰謝料（＝精神的損害に対する賠償）についての損害賠償責任を負う。

★★★
Q 229
【H25】

Aに雇用されているBが、勤務中にA所有の乗用車を運転し、営業活動のため顧客Cを同乗させている途中で、Dが運転していたD所有の乗用車と正面衝突した(なお、事故についてはBとDに過失がある。)。事故によって損害を受けたDは、Aに対して損害賠償を請求することはできるが、Bに対して損害賠償を請求することはできない。

★★★
Q 230
【H18】

事業者Aが雇用している従業員Bの不法行為がAの事業の執行につき行われたものであり、Aが使用者としての損害賠償責任を負担した場合、A自身は不法行為を行っていない以上、Aは負担した損害額の２分の１をBに対して求償できる。

★★★
Q 231
【R2追】

被用者が使用者の事業の執行について第三者に損害を与え、第三者に対してその損害を賠償した場合には、被用者は、損害の公平な分担という見地から相当と認められる額について、使用者に対して求償することができる。

★★
Q 232
【R3】

Aが１人で居住する甲建物の保存に瑕疵があったため、甲建物の壁が崩れて通行人Bがケガをした。Aが甲建物をCから賃借している場合、Aは甲建物の保存の瑕疵による損害の発生の防止に必要な注意をしなかったとしても、Bに対して不法行為責任を負わない。

A 229

使用者は、被用者が事業の執行について第三者に与えた損害について、賠償責任（使用者責任）を負う。したがって、Aは、Bの使用者として、Dに対して賠償責任を負う。使用者責任が成立する場合でも、被用者は、使用者と連帯して損害賠償責任を負う。したがって、Dは、Bに対しても損害賠償を請求することができる。

×

A 230

使用者責任に基づき使用者が損害賠償責任を負担した場合、これを被用者に求償することができる。その求償額の範囲は、信義則上相当と認められる範囲に制限されるが、その割合はケースバイケースであり一律に２分の１とされるわけではない。

×

A 231

被用者は、使用者の事業の執行について第三者に損害を与え、第三者に対してその損害を賠償した場合、損害の公平な分担という見地から相当と認められる額について、使用者に対して求償することができる（逆求償）。

○

土地の工作物の設置・保存に瑕疵があることによって他人に損害を生じたときは、その工作物の占有者は、被害者に対してその損害を賠償する責任を負う。ただし、占有者が損害の発生を防止するのに必要な注意をしたときは、所有者がその損害を賠償しなければならない。したがって、甲建物の占有者である賃借人Aは、損害の発生の防止に必要な注意をしなかったのであれば、Bに対して不法行為責任を負う。

×

★★
Q 233 □□
【R3】

Aが1人で居住する甲建物の保存に瑕疵があったため、甲建物の壁が崩れて通行人Bがケガをした。Aが甲建物を所有している場合、Aは甲建物の保存の瑕疵による損害の発生の防止に必要な注意をしたとしても、Bに対して不法行為責任を負う。

★★
Q 234 □□
【H12】

Aが、その過失によってB所有の建物を取り壊しBに対して不法行為による損害賠償債務を負担した。その不法行為がAの過失とCの過失による共同不法行為であった場合、Aの過失がCより軽微なときでも、BはAに対して損害の全額について賠償を請求することができる。

★★
Q 235 □□
【H19】

不法行為による損害賠償の支払債務は、催告を待たず、損害発生と同時に遅滞に陥るので、その時以降完済に至るまでの遅延損害金を支払わなければならない。

★★
Q 236 □□
【H19】

人の生命又は身体を害する不法行為による損害賠償請求権は、被害者又はその法定代理人が損害及び加害者を知った時から5年間行使しない場合、時効によって消滅する。

A 233

土地の工作物の設置・保存に瑕疵があることによって他人に損害が生じた場合、その工作物の占有者が損害の発生を防止するのに必要な注意をしたときは、所有者がその損害を賠償する責任を負う。この所有者の責任は、損害の発生を防止するのに必要な注意をしていたとしても、責任を免れることはできない（無過失責任）。したがって、甲建物の所有者Aは、損害の発生の防止に必要な注意をしたとしても、Bに対して不法行為責任を負う。

○

A 234

共同で不法行為が行われた場合、被害者保護の見地から、共同不法行為者は連帯して損害賠償債務を負う。したがって、共同不法行為者の過失の程度にかかわらず、被害者は、各共同不法行為者に対して、全額の賠償を請求できる。

○

A 235

不法行為による損害賠償債務は、損害発生と同時（不法行為の時）に遅滞に陥る。したがって、加害者は、その時以降完済までの遅延損害金を支払わなければならない。

○

A 236

不法行為による損害賠償請求権は、被害者またはその法定代理人が損害および加害者を知った時から３年間（人の生命または身体を害する不法行為による損害賠償請求権の消滅時効については、５年間）行使しない場合には、時効によって消滅する。

○

★★
Q 237
【R3】
Ａが１人で居住する甲建物の保存に瑕疵があったため、甲建物の壁が崩れて通行人Ｂがケガをした。本件事故について、ＡのＢに対する不法行為責任が成立する場合、ＢのＡに対する損害賠償請求権は、Ｂ又はＢの法定代理人が損害又は加害者を知らないときでも、本件事故の時から20年間行使しないときには時効により消滅する。

18 所有権・地役権

★★
Q 238
【R5】
土地の所有者は、隣地の竹木の枝が境界線を越える場合、その竹木の所有者にその枝を切除させることができるが、その枝を切除するよう催告したにもかかわらず相当の期間内に切除しなかったときであっても、自らその枝を切り取ることはできない。

★★
Q 239
【R5】
他の土地に囲まれて公道に通じない土地の所有者は、公道に出るためにその土地を囲んでいる他の土地を自由に選んで通行することができる。

不法行為による損害賠償請求権は、①被害者またはその法定代理人が損害および加害者を知った時から３年間（人の生命・身体を害する不法行為の場合は５年間）行使しないとき、または、②不法行為の時から20年間行使しないときは、時効によって消滅する。したがって、ＢのＡに対する損害賠償請求権は、ＢまたはＢの法定代理人が損害または加害者を知らないときでも、本件事故の時から20年間行使しないときは、前記②にあたり、時効により消滅する。

○

土地の所有者は、隣地の竹木の枝が境界線を越えるときは、原則として、竹木の所有者に、枝を切除させることができるだけである。ただし、①竹木の所有者に枝を切除するよう催告したにもかかわらず、竹木の所有者が相当の期間内に切除しないとき、②竹木の所有者を知ることができず、またはその所在を知ることができないとき、③急迫の事情があるときは、土地の所有者が、自ら枝を切り取ることができる。

×

他の土地に囲まれて公道に通じない土地の所有者は、公道に至るため、その土地を囲んでいる他の土地を通行することができる。ただし、通行の場所・方法は、通行権を有する者のために必要であり、かつ、他の土地のために損害が最も少ないものを選ばなければならない。したがって、その土地を囲んでいる他の土地を自由に選んで通行できるわけではない。

×

★★
Q 240
【R2】
A所有の甲土地が共有物の分割によって公道に通じない土地となっていた場合には、Aは公道に至るために他の分割者の所有地を、償金を支払うことなく通行することができる。

★★
Q 241
【H25】
A所有の甲土地の隣接地の所有者Bが、自らが使用するために当該隣接地内に通路を開設し、Aもその通路を利用し続けると、甲土地が公道に通じていない場合には、Aは隣接地に関して時効によって通行地役権を取得することがある。

★★
Q 242
【H19】
A、B及びCが、持分を各3分の1とする甲土地を共有している。Aがその持分を放棄した場合には、その持分は所有者のない不動産として、国庫に帰属する。

★★
Q 243
【H23】
各共有者は、共有物の不法占拠者に対し、妨害排除の請求を単独で行うことができる。

★★
Q 244
【H23】
各共有者は、いつでも共有物の分割を請求することができるが、5年を超えない期間内であれば、分割をしない旨の契約をすることができる。

A 240 □□

分割によって公道に通じない土地（本問では甲土地）が生じたときは、その土地の所有者は、公道に出るため、他の分割者の所有地のみを通行することができる。この場合は、償金を支払う必要はない。

○

A 241 □□

地役権は、継続的に行使され、かつ、外形上認識することができるものに限り、時効によって取得することができる。この「継続」の要件をみたすには、承役地（本問ではＢ所有地）である土地の上に通路の開設があっただけでは足りず、その開設が要役地所有者（本問ではＡ）によって行われなければならない。本問では、通路を隣接地の所有者Ｂが開設しており、Ａが開設したわけではないので、Ａは時効によって通行地役権を取得することはない。

×

A 242 □□

共有者の１人が持分を放棄した場合、その持分は、他の共有者に帰属する。

×

A 243 □□

共有物の不法占拠者に対する妨害排除請求は、共有物の保存行為にあたる。保存行為は単独で行うことができるので、各共有者は、単独で不法占拠者に対して妨害排除の請求をすることができる。

○

A 244 □□

各共有者はいつでも共有物の分割を請求できるのが原則である。ただし、５年を超えない期間内（＝５年以内）であれば分割をしない旨の契約をすることができる。

○

★★
Q245
【H18改】

Ａ、Ｂ及びＣが、持分を各３分の１として甲土地を共有している。共有物たる甲土地の分割について共有者間に協議が調わず、裁判所に分割請求がなされた場合、裁判所は、甲土地全体をＡの所有とし、ＡからＢ及びＣに対し持分の価格を賠償させる方法により分割することができる。

19 区分所有法

★★
Q246
【R3】

敷地利用権が数人で有する所有権その他の権利である場合には、規約に別段の定めがあるときを除いて、区分所有者は、その有する専有部分とその専有部分に係る敷地利用権とを分離して処分することができない。

★★
Q247
【R2】

一部共用部分は、これを共用すべき区分所有者の共有に属するが、規約で別段の定めをすることにより、区分所有者全員の共有に属するとすることもできる。

★★
Q248
【R3】

各共有者の共用部分の持分は、規約に別段の定めがある場合を除いて、その有する専有部分の床面積の割合によるが、この床面積は壁その他の区画の中心線で囲まれた部分の水平投影面積である。

245
共有物の分割方法としては、共有物を物理的に分割する方法のほか、具体的事情によっては、目的物を売却して代金を分配する方法、目的物を共有者の１人に単独所有させ他の者には持分の適正な価格を賠償させる方法によることも認められている。

○

敷地利用権が数人で有する所有権その他の権利である場合には、区分所有者は、規約で別段の定めがあるときを除き、その有する専有部分とその専有部分に係る敷地利用権とを分離して処分することができない。

○

一部共用部分は、原則として、これを共用すべき区分所有者の共有に属する。ただし、規約で別段の定めをすることができる。したがって、一部共用部分は、規約で別段の定めをすることにより、区分所有者全員の共有に属するとすることもできる。

○

各共有者の共用部分の持分は、規約で別段の定めがある場合を除き、その有する専有部分の床面積の割合による。この床面積は、壁その他の区画の内側線で囲まれた部分の水平投影面積による。中心線ではない。

×

★★★
Q 249
□□
【R5】

共用部分の保存行為は、規約に別段の定めがある場合を除いて、各共有者がすることができるため集会の決議を必要としない。

★★
Q 250
□□
【R2】

共用部分の変更（その形状又は効用の著しい変更を伴わないものを除く。）は、区分所有者及び議決権の各４分の３以上の多数による集会の決議で決するが、この区分所有者の定数は、規約で２分の１以上の多数まで減ずることができる。

★★★
Q 251
□□
【R4】

集会において、管理者の選任を行う場合、規約に別段の定めがない限り、区分所有者及び議決権の各過半数で決する。

★★
Q 252
□□
【H28】

管理者は、自然人であるか法人であるかを問わないが、区分所有者でなければならない。

★★
Q 253
□□
【H28】

管理者は、集会において、毎年２回一定の時期に、その事務に関する報告をしなければならない。

A 249 □□
共用部分の保存行為は、規約に別段の定めがある場合を除いて、各区分所有者が単独ですることができる。
○

A 250 □□
共用部分の変更（その形状または効用の著しい変更を伴わないものを除く。）は、区分所有者および議決権の各3/4以上の多数による集会の決議で決するが、区分所有者の定数は、規約で過半数まで減じることができる。「過半数」は、半数（1/2）ピッタリを含まない。これに対して、「1/2以上」は、1/2ピッタリを含む。規約で減ずることができるのは1/2以上ではない。
×

A 251 □□
集会において、管理者の選任・解任を行う場合、規約に別段の定めがない限り、区分所有者および議決権の各過半数で決する。
○

A 252 □□
管理者になることができる者には、特に制限がない。自然人（＝人間）でも法人でもよく、区分所有者以外の者からも選任できる。
×

A 253 □□
管理者は、集会において、毎年1回一定の時期に、その事務に関する報告をしなければならない。
×

★★
Q 254 □□ 【H21】
他の区分所有者から区分所有権を譲り受け、建物の専有部分の全部を所有することとなった者は、公正証書による規約の設定を行うことができる。

★★
Q 255 □□ 【H18】
規約の保管場所は、建物内の見やすい場所に掲示しなければならないが、集会の議事録の保管場所については掲示を要しない。

★★
Q 256 □□ 【H21】
管理者は、少なくとも毎年1回集会を招集しなければならない。また、招集通知は、会日より少なくとも1週間前に、会議の目的たる事項を示し、各区分所有者に発しなければならない。ただし、この期間は、規約で伸縮することができる。

★★★
Q 257 □□ 【R4】
管理者がないときは、区分所有者の5分の1以上で議決権の5分の1以上を有するものは、集会を招集することができる。ただし、この定数は、規約で減ずることができる。

★★★
Q 258 □□ 【R5】
集会は、区分所有者の4分の3以上の同意があるときは、招集の手続を経ないで開くことができる。

★★
Q 259 □□ 【R1】
集会においては、規約に別段の定めがある場合及び別段の決議をした場合を除いて、管理者又は集会を招集した区分所有者の1人が議長となる。

A 254 □□

最初に建物の専有部分の全部を所有する者は、公正証書により、一定の事項につき、規約を設定することができる。本問の場合、「他の区分所有者から区分所有権を譲り受け」ているので、最初に建物の専有部分の全部を所有する者には該当せず、公正証書による規約の設定を行うことはできない。

×

A 255 □□

規約は、その保管場所を建物内の見やすい場所に掲示しなければならない。議事録も規約と同じく利害関係人の閲覧に供せられるので、保管場所の掲示を同様に行う必要がある。

×

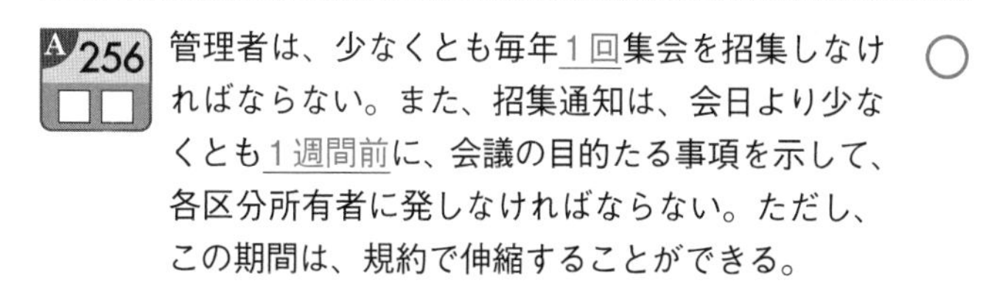

A 256 □□

管理者は、少なくとも毎年1回集会を招集しなければならない。また、招集通知は、会日より少なくとも1週間前に、会議の目的たる事項を示して、各区分所有者に発しなければならない。ただし、この期間は、規約で伸縮することができる。

○

A 257 □□

管理者がないときは、区分所有者の5分の1以上で議決権の5分の1以上を有するものは、集会を招集できる。ただし、この定数は、規約で減ずることができる。

○

A 258 □□

集会は、区分所有者全員の同意があるときは、招集の手続きを経ないで開くことができる。「4分の3以上の同意があるとき」ではない。

×

A 259 □□

集会においては、規約に別段の定めがある場合および別段の決議をした場合を除いて、管理者または集会を招集した区分所有者の1人が議長となる。

○

★★
Q260 □□
【R1】

区分所有者の承諾を得て専有部分を占有する者は、会議の目的たる事項につき利害関係を有する場合には、集会に出席して議決権を行使することができる。

★★
Q261 □□
【H30】

占有者は、建物又はその敷地若しくは附属施設の使用方法につき、区分所有者が規約又は集会の決議に基づいて負う義務と同一の義務を負う。

20 相続

★★★
Q262 □□
【H8】

居住用建物を所有するＡが死亡した場合に、その死亡前１年以内に離婚した元配偶者Ｂと、Ｂとの間の未成年の実子Ｃがいる場合、ＢとＣが相続人となり、ＢとＣの法定相続分はいずれも２分の１となる。

260 ×

区分所有者の承諾を得て専有部分を占有する者（＝賃借人等）は、会議の目的たる事項につき利害関係を有する場合には、集会に出席して意見を述べることができる。しかし、議決権は区分所有者のみが有するので、占有者が議決権を行使することはできない。

261 ○

占有者は、建物またはその敷地・附属施設の使用方法につき、区分所有者が規約または集会の決議に基づいて負う義務と同一の義務を負う。

262 

まず、法定相続人を確定する。被相続人の子は、離婚した元配偶者との間の子も含め、相続人となる。これに対して、被相続人の元配偶者は、相続人とはならない。したがって、子Cのみが相続人となり、元配偶者Bは相続人とならない。以上から、子Cがすべて相続する。

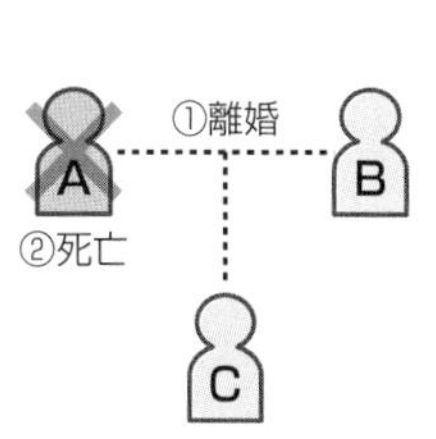

★★★
Q 263 □□
【H24】

Aは未婚で子供がなく、父親Bが所有する甲建物にBと同居している。Aの母親Cは3月末日に死亡している。AにはBとCの実子である兄Dがいて、DはEと婚姻して実子Fがいたが、Dは翌年の3月末日に死亡している。Bが死亡した場合の法定相続分は、Aが2分の1、Eが4分の1、Fが4分の1である。

★★★
Q 264 □□
【R2】

被相続人に相続人となる子及びその代襲相続人がおらず、被相続人の直系尊属が相続人となる場合には、被相続人の兄弟姉妹が相続人となることはない。

263

まず、法定相続人を確定する。Bにはすでに配偶者がいないので、子だけが相続人になるはずであるが、子Dは死亡しているのでその子Fが代襲相続する。配偶者間では代襲相続しないので、EはDを代襲しない。したがって、相続人はAとFである。次に、法定相続分を求める。もしDが生きていればAとDの法定相続分は1/2ずつであり、FはDの相続分を代襲相続する。したがって、法定相続分は、AとFが1/2ずつである。

×

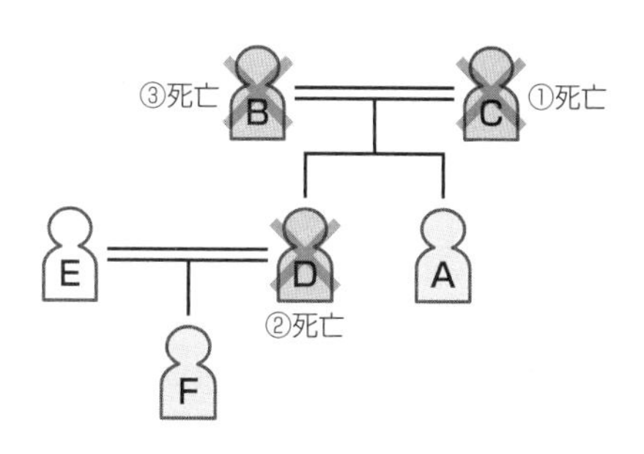

264

配偶者以外の相続人の優先順位は、①子（その代襲相続人）、②直系尊属、③兄弟姉妹（その代襲相続人）である。したがって、被相続人に相続人となる①子およびその代襲相続人がおらず、②被相続人の直系尊属が相続人となる場合、③被相続人の兄弟姉妹が相続人となることはない。

○

★★★
Q265 □□
【H13】

AとBが婚姻中に生まれたAの子Cは、AとBの離婚の際、親権者をBと定められたが、Aがその後再婚して、再婚にかかる配偶者がいる状態で死亡したときは、Cには法定相続分はない。

★★★
Q266 □□
【H14】

被相続人の子が、相続の開始後に相続放棄をした場合、その者の子がこれを代襲して相続人となる。

★★★
Q267 □□
【R2】

被相続人の子が相続開始以前に死亡したときは、その者の子がこれを代襲して相続人となるが、さらに代襲者も死亡していたときは、代襲者の子が相続人となることはない。

Aが離婚したり再婚したりしていても、AとCの親子関係が消滅することはない。また、親権者がBに定められていたとしても、AとCが親子であることには変わりない。したがって、子CはAを相続する。なお、親権とは、父母が未成年の子を一人前の社会人になるまで養育するため、子を監護教育し、子の財産を管理することを内容とする親の権利義務のことをいう。

×

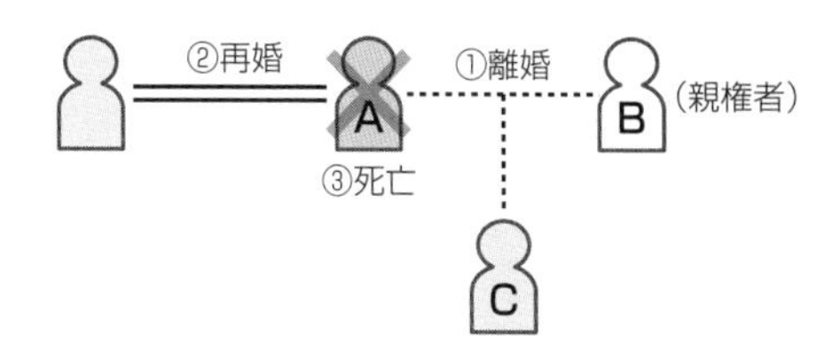

相続放棄の場合は、代襲相続は認められない。

×

被相続人の子が相続開始以前に死亡したときは、その者の子（被相続人の「孫」）がこれを代襲して相続人となる（代襲相続）。さらに、代襲者である被相続人の孫が相続開始以前に死亡していたときは、代襲者の子（被相続人の「ひ孫」）が相続人となる（再代襲）。

×

★★★
Q 268
【H29】

1億2,000万円の財産を有するAが死亡した。Aには、配偶者はなく、子B、C、Dがおり、Bには子Eが、Cには子Fがいる。Bは相続を放棄した。また、Cは生前のAを強迫して遺言作成を妨害したため、相続人となることができない。この場合における法定相続分は、Dが6,000万円、Fが6,000万円となる。

★★★
Q 269
【R5】

相続人が数人あるときは、相続財産は、その共有に属し、各共同相続人は、その相続分に応じて被相続人の権利義務を承継する。

A 268 □□

まず相続人を確定させる。配偶者のないAの場合、本来であれば子B、C、Dが相続人になるはずである。しかし、Bは相続を放棄しており、相続放棄の場合には代襲相続しないので、BとBの子Eは相続人とはならない。これに対して、Cは相続欠格事由に該当し相続人にならないが、相続欠格の場合は代襲相続するので、Cの子Fは相続人となる。したがって、相続人は、DとFである。次に相続分を求める。CとDが相続人であれば、相続分は平等（頭割り）になり、相続分は1/2ずつである。そして、FはCの相続分を相続するので、相続分はDとFが1/2ずつとなる。したがって、法定相続分は、Dが1億2,000万円×1/2＝6,000万円、Fも同様に6,000万円となる。

○

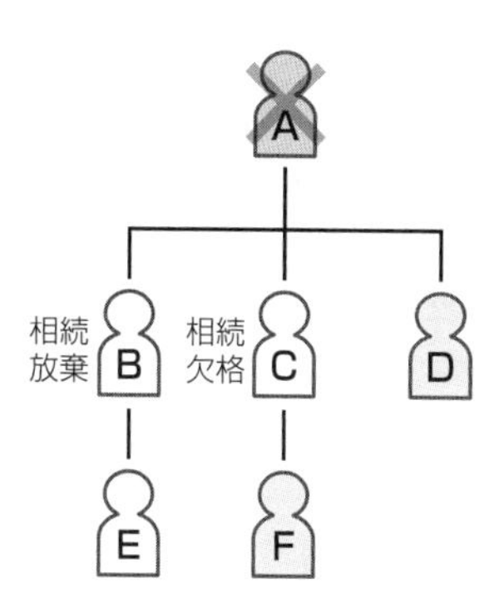

A 269

相続人が数人あるときは、相続財産は、その共有に属し、各共同相続人は、その相続分に応じて被相続人の権利義務を承継する。

○

★★
Q 270 □□
【R1】
遺産に属する預貯金債権は、相続開始と同時に当然に相続分に応じて分割され、共同相続人は、その持分に応じて、単独で預貯金債権に関する権利を行使することができる。

★★
Q 271 □□
【R5】
遺産分割の効力は、相続開始の時にさかのぼって生ずる。ただし、第三者の権利を害することはできない。

★★★
Q 272 □□
【H28】
甲建物を所有するAが死亡し、相続人がそれぞれAの子であるB及びCの２名である場合、Cが単純承認をしたときは、Bは限定承認をすることができない。

★★
Q 273 □□
【H28】
甲建物を所有するAが死亡し、相続人がそれぞれAの子であるB及びCの２名である場合に、Cが甲建物の賃借人Dに対し相続財産である未払賃料の支払いを求め、これを収受領得したときは、Cは単純承認をしたものとみなされる。

★★
Q 274 □□
【H22】
未成年であっても、15歳に達した者は、有効に遺言をすることができる。

★★
Q 275 □□
【H17】
適法な遺言をした者が、その後更に適法な遺言をした場合、前の遺言のうち後の遺言と抵触する部分は、後の遺言により撤回したものとみなされる。

A 270 □□

預貯金債権は、相続時には分割されず、遺産分割の対象となる。したがって、「相続開始と同時に当然に相続分に応じて分割され」とする本問は誤り。

×

A 271 □□

遺産分割は、相続開始の時にさかのぼってその効力を生じる。ただし、第三者（遺産分割前に共同相続人の一人から遺産に属する不動産の持分の譲渡を受けて所有権移転登記を備えた者など）の権利を害することはできない。

○

A 272 □□

共同相続の場合に限定承認を行うときは、共同相続人の全員が共同して行わなければならない。したがって、Cが単純承認をすると、Bは限定承認をすることができない。

○

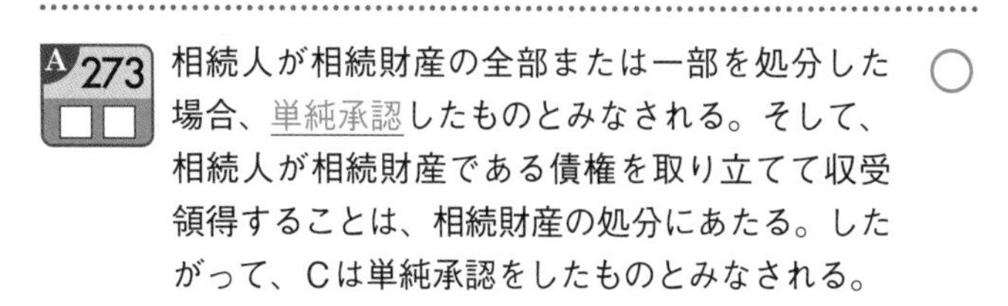

A 273 □□

相続人が相続財産の全部または一部を処分した場合、単純承認したものとみなされる。そして、相続人が相続財産である債権を取り立てて収受領得することは、相続財産の処分にあたる。したがって、Cは単純承認をしたものとみなされる。

○

A 274 □□

15歳に達した者は、単独で有効な遺言をすることができる。

○

A 275 □□

遺言は、いつでも自由に撤回することができる。そして、前の遺言と後の遺言が抵触する場合は、その抵触する部分は後の遺言によって撤回したものとみなされる。

○

★★
Q 276
□□
【R3】

被相続人Aの配偶者Bが、A所有の建物に相続開始の時に居住していたため、遺産分割協議によって配偶者居住権を取得した。遺産分割協議でBの配偶者居住権の存続期間を20年と定めた場合、存続期間が満了した時点で配偶者居住権は消滅し、配偶者居住権の延長や更新はできない。

★★
Q 277
□□
【R5】

甲建物を所有するAが死亡し、Aの配偶者Bが甲建物の配偶者居住権を、Aの子Cが甲建物の所有権をそれぞれ取得する旨の遺産分割協議が成立した。Bが高齢となり、バリアフリーのマンションに転居するための資金が必要になった場合、Bは、Cの承諾を得ずに甲建物を第三者Dに賃貸することができる。

★★
Q 278
□□
【R3】

被相続人Aの配偶者Bが、A所有の建物に相続開始の時に居住していたため、遺産分割協議によって配偶者居住権を取得した。Bが配偶者居住権に基づいて居住している建物が第三者Cに売却された場合、Bは、配偶者居住権の登記がなくてもCに対抗することができる。

★★★
Q 279
□□
【R4】

相続人が被相続人の兄弟姉妹である場合、当該相続人には遺留分がない。

A 276 □□

配偶者居住権の存続期間は、配偶者の終身の間となる。ただし、遺産の分割の協議・遺言に別段の定めがあるときには、その定める期間となる。この場合、配偶者居住権は、その期間が満了することによって消滅し、その延長や更新はできない。

○

A 277 □□

配偶者居住権を取得した配偶者は、居住建物の所有者の承諾を得なければ、第三者に居住建物の使用収益をさせることができない。したがって、Bは、Cの承諾を得ずに甲建物を第三者Dに賃貸することはできない。

×

A 278 □□

配偶者居住権は、その登記がなければ、第三者に対抗することができない。したがって、Bは、配偶者居住権の登記をしなければCに対抗することができない。なお、居住建物の所有者は、配偶者居住権を取得した配偶者に対し、配偶者居住権の設定の登記を備えさせる義務を負う。

×

A 279 □□

相続人のうち兄弟姉妹には、遺留分がない。

○

★★
Q 280
□□
【R4】

相続人が遺留分の放棄について家庭裁判所の許可を受けると、当該相続人は、被相続人の遺産を相続する権利を失う。

A 280 □□

遺留分を放棄した相続人でも、被相続人の遺産を相続する権利を失わない。なお、遺留分の放棄は家庭裁判所の許可を受ければ被相続人の生前にできるが、相続放棄は被相続人の生前にはできない。

×

POINTマスター 権利関係編

Point 1 意思表示（当事者間と第三者）

ケース	当事者間	第三者との関係
詐欺	取消しできる	善意無過失の第三者※1に対抗できない
強迫		第三者※1に対抗できる
錯誤	原則：重要な錯誤であれば取消しできる 例外：表意者に重過失あれば取消しできない（例外あり※2）	善意無過失の第三者※1に対抗できない
虚偽表示	無効	善意の第三者に対抗できない
心裡留保	原則：有効 例外：相手が悪意か善意有過失であれば無効	善意の第三者に対抗できない

※１取消前の第三者のこと
※２①相手方が表意者に錯誤があることを知り、または重過失によって知らなかったとき、②相手方が表意者と同一の錯誤に陥っていたときは取り消すことができる。

Point 2 制限行為能力者（未成年者と成年被後見人）

未成年者

1　未成年者が法定代理人の同意を得ないでした行為は、原則として取り消すことができる。
2　未成年者が取り消すことができない場合
（1）営業の許可を得た場合のその営業上の行為
（2）単に権利を得、または義務を免れる行為など

成年被後見人

1　成年被後見人がした契約は、原則として取り消すことができる。ただし、日用品の購入その他の日常生活に関する行為は、取り消すことができない。
2　成年後見人が、成年被後見人に代わって成年被後見人が居住している建物を売却するためには、家庭裁判所の許可が必要である。

代理

自己契約・双方代理・利益相反行為

原則		例外	
自己契約 双方代理	⇒無権代理行為となる	①本人があらかじめ許諾した場合 ②債務の履行	⇒有効な代理行為となる
利益相反行為		本人があらかじめ許諾した場合	

復代理（任意代理）

原則	復代理人を選任できない。
例外	次のいずれかにあたる場合、復代理人を選任できる。 ①本人の許諾を得たとき ②やむを得ない事由があるとき

制限行為能力者が代理人としてした行為

制限行為能力者が代理人としてした行為は、行為能力の制限によっては取り消すことができない。ただし、制限行為能力者が他の制限行為能力者の法定代理人としてした行為は、取り消すことができる。

無権代理の相手方が主張できること

本人が追認していない間	相手方は、悪意でも催告できる。
	相手方は、善意であれば取消しできる。

無権代理人への責任追及（履行・損害賠償の請求）

相手方の事情	無権代理人の事情	請求
善意※1 無過失	—	できる※3※4
善意※1 有過失	悪意（無権代理人が自己に代理権がないことを知っていた場合）	
	善意（無権代理人が自己に代理権がないことを知らない場合）	できない
悪意※2	—	

※1 代理権がないことを知らない場合。
※2 代理権がないことを知っている場合。
※3 本人が追認していない間。
※4 無権代理人が制限行為能力者である場合には責任追及できない。

表見代理

本人の責任	相手方の事情	効果
本人が実際には代理権を与えていないのに、与えた旨の表示（代理権の授与表示）をした※	善意無過失	表見代理が成立し、本人に効力が生じる
本人が以前代理権を与えていたが、それが消滅した後（代理権消滅後）に代理行為をした※		
本人から与えられた代理権の範囲を越えて、代理人が行為（権限外の行為）をした	代理人の権限があると信ずべき正当な理由がある	

※表示された代理権の範囲内の行為をした場合と、表示された代理権の範囲外の行為をした場合の双方を含む。

無権代理と単独相続

本人が死亡して、無権代理人が本人を単独相続した場合	無権代理行為は、当然に有効な代理行為となる。
無権代理人が死亡して、本人が無権代理人を単独相続した場合	無権代理行為は、当然に有効とはならず、本人は追認拒絶できる。

Point 4 時効

所有権の取得時効

所有の意思をもって平穏公然に占有を継続	占有開始時に善意無過失⇒10年間	所有権を時効取得
	占有開始時に悪意または善意有過失⇒20年間	

消滅時効

債権は、次に掲げる場合には、時効によって消滅する。

① 債権者が権利を行使することができることを知った時から5年間行使しないとき

② 権利を行使することができる時から10年間行使しないとき（人の生命・身体の侵害による損害賠償請求権の場合には、20年間）

時効の完成猶予・更新

事由	効果
裁判上の請求	時効の完成が猶予され、確定判決等によって権利が確定したときは、時効の更新が生じる。
催告（裁判外の請求）	催告から6カ月間時効の完成が猶予されるが、時効の更新の効果を生じない。
権利（債務）の承認	時効の更新が生じる。

時効の援用

1　債務者、保証人、物上保証人、抵当不動産の第三取得者等は、消滅時効の援用ができる。
2　債務者が時効の完成を知らないで権利（債務）の承認をした場合は、時効の援用はできない。

Point 5 弁済・相殺・債権譲渡・債務引受

受領権者としての外観を有する者に対する弁済

原則	受領権者以外の者に弁済しても、その弁済は無効で債権は消滅しない。
例外	以下の者に、善意無過失で弁済した場合、弁済は有効となり債権は消滅する。 ① 債権者の代理人と詐称した者・相続人と詐称した者 ② 預金通帳と届出印を所持して銀行に来た者 ③ 受取証書（＝領収書）を持参して弁済を請求してきた者

第三者の弁済

債務の弁済は、原則、債務者以外の第三者もできる（第三者の弁済）。

「債務者」の意思に反して弁済できるか？	正当な利益を有しない第三者※1は、弁済できない。ただし、債務者の意思に反することを債権者が知らなかったときは、弁済できる。
	正当な利益を有する第三者※2は、弁済できる
「債権者」の意思に反して弁済できるか？	正当な利益を有しない第三者※1は、弁済できない。ただし、その第三者が債務者の委託を受けて弁済をする場合において、そのことを債権者が知っていたときは、弁済できる。
	正当な利益を有する第三者※2は、弁済できる

※1 債務者と親子、兄弟、友人・知人関係にすぎない者など。
※2 物上保証人などのこと。

弁済による代位の要件

弁済することについて正当な利益を有しない者が弁済した場合	債権譲渡の対抗要件⇒必要	代位することについて、債権者の承諾は不要
弁済することについて正当な利益を有する者が弁済した場合	債権譲渡の対抗要件⇒不要	

相殺の要件

原則：当事者間に債権が対立すること 例外：自働債権が時効消滅した後でも、その前に相殺適状になっていれば相殺できる。
原則：両債権が弁済期にあること 例外：自働債権の弁済期が到来すれば相殺できる。

差押えと相殺

差押えを受けた債権の第三債務者は、

① 差押え後に取得した債権による相殺をもって、原則として、差押債権者に対抗することはできない。

② 差押え前に取得した債権による相殺をもって対抗することができる。

債権譲渡・譲渡制限の意思表示

1　債権は、原則として、自由に譲り渡すことができる。当事者が譲渡を禁止・制限する旨の意思表示（譲渡制限の意思表示）はできるが、譲渡制限に反する譲渡も有効である。

2　譲渡制限に反する譲渡がなされた場合に、譲渡制限の意思表示がされたことを知り、または重大な過失によって知らなかった譲受人に対しては、債務者は、履行を拒むことができ、かつ、譲渡人に対する弁済等をもって譲受人に対抗することができる。

債権譲渡の対抗要件

1　債務者との関係

債権譲渡は、譲渡人が債務者に通知をするか、債務者が承諾をしなければ、債務者に対抗することができない。

2　債権の二重譲渡が行われた場合～譲受人相互の関係

通知または承諾は、確定日付のある証書によってしなければ、債務者以外の第三者に対抗することができない。なお、双方ともに確定日付がある通知または承諾があるときは、通知が到達した日時または承諾の日時の先後で決める。

債権の譲渡における債務者の抗弁・相殺権

1　債務者は、対抗要件具備時までに譲渡人に対して生じた事由をもって譲受人に対抗することができる。

2　債務者は、対抗要件具備時より前に取得した譲渡人に対する債権による相殺をもって譲受人に対抗することができる。

Point 6 債務不履行・手付解除

債務不履行を理由とする損害賠償請求

債務不履行を理由とする損害賠償請求権の成立には、原則として、債務者の責めに帰すべき事由（帰責事由）が必要である。

解除の効果（当事者間）

当事者の一方がその解除権を行使したときは、各当事者は、原状回復義務を負う。解除権の行使は、損害賠償の請求を妨げない。

解除と第三者

1　解除権者と解除前の第三者との関係⇒解除前の第三者が登記を備えていれば勝ち（第三者の善意悪意は問わない）。

2　解除権者と解除後の第三者との関係⇒先に登記を備えた人の勝ち（第三者の善意悪意は問わない）。

解約手付による解除

買主が売主に手付を交付したときは、買主はその手付を放棄し、売主は その倍額を現実に提供して、契約の解除をすることができる。ただし、その相手方が契約の履行に着手した後は、契約の解除をすることはできない。

Point 7 売主の担保責任

引き渡された目的物が種類・品質・数量に関して契約内容に適合しない（契約不適合）場合に、買主が、売主に主張できること

① 債務不履行の規定に基づく、損害賠償請求・解除権の行使
② 追完請求　履行の追完（目的物の修補・代替物の引渡し・不足分の引渡し）を請求できる。 ただし、契約不適合が買主の帰責事由による場合は、追完請求できない。
③ 代金減額請求　買主が相当期間を定めて履行の追完の催告をし、その期間内に履行の追完がないときは、買主は、その不適合の程度に応じて代金減額を請求できる。 ただし、①履行の追完が不能、②売主が履行の追完を拒絶する意思を明確に表示したなどの場合には、催告をすることなく、直ちに代金減額を請求できる。なお、契約不適合が買主の帰責事由による場合は、代金減額を請求できない

他人物売買（一部他人物を含む）契約は、有効である

目的物の一部が他人の物である場合	債務不履行の規定に基づく損害賠償請求・契約の解除　追完請求・代金減額請求※
目的物の全部が他人の物である場合	債務不履行の規定に基づく損害賠償請求・契約の解除

※契約不適合が買主（債権者）の帰責事由による場合には、追完請求、代金減額請求はできない。

Point 8 物権変動

登記が問題（対抗問題）となる場面

ケース	「誰」と「誰」の関係	結論
二重譲渡	「第一買主」と「第二買主」	⇒登記を先に備えた者が勝つ
売買と抵当権	「買主」と「抵当権者」	

登記がなくても権利を主張できる場合（不動産の売買）

買主は売主に対して	登記がなくても、所有権の取得を主張できる。
買主は、売主の相続人に対して	
A（前主）⇒B⇒C（買主）と譲渡された場合、買主は前主に対して	
背信的悪意者に対して	
不法占有者、無権利者に対して	

取消し・解除・時効完成と第三者

	～前の第三者との関係	～後の第三者との関係
取消し	・詐欺による取消しは、善意無過失の第三者に主張できない ・強迫による取消しは、善意無過失の第三者に主張できる	登記を先に備えた者が勝つ。第三者の善意悪意は関係なし
解除	第三者が登記を備えると、解除を主張できない	
時効完成	時効取得者は、登記がなくても、時効による取得を主張できる（時効取得者が勝つ）	

Point 9 不動産登記法

表示に関する登記と権利に関する登記

表示に関する登記	① 当事者の申請または官庁もしくは公署の嘱託に基づく登記 ② 登記官の職権に基づく登記	一定の場合に申請義務あり
権利に関する登記	当事者の申請または官庁もしくは公署の嘱託に基づく登記	相続登記を除き、申請義務なし

申請義務が課せられる場合（表示に関する登記）

新たに生じた土地または表題登記がない土地の所有権を取得した	所有権を取得した者が、所有権の取得の日から1カ月以内に申請しなければならない
新築した建物または区分建物以外の表題登記がない建物の所有権を取得した	
建物が滅失した	表題部所有者または所有権の登記名義人が、滅失・変更の日から1カ月以内に申請しなければならない
・地目（たとえば、田から宅地に）、地積について変更があった ・建物の種類、構造および床面積について変更があった	

Point 10 抵当権

物上代位

抵当権者は、保険金請求権、賃料債権等に対して、物上代位することができる。ただし、その払渡しの前に差押えをしなければならない。
抵当権者による物上代位権に基づく賃料債権の差押えがあった後に、賃貸借契約が終了し目的物が明け渡された場合、敷金が当然に賃借人の債務（未払賃料）に充当される。

法定地上権の成立要件

① 抵当権設定当時、土地の上に建物が存在すること
② 抵当権設定当時、土地と建物の所有者が同一であること
③ 抵当権の実行により土地と建物の所有者が異なるに至ったこと

普通抵当権と根抵当権の比較

	普通抵当権	根抵当権
被担保債権	特定の債権を担保するために設定	一定の範囲に属する不特定の債権を極度額の限度において担保するために設定
利息等	原則として、満期となった最後の２年分についてのみ担保	極度額を限度として担保
被担保債権を取得した者	抵当権を行使できる	元本確定前の場合、根抵当権を行使できない

Point 11 保証・連帯債務

普通の保証と連帯保証の違い

	普通の保証	連帯保証
催告の抗弁権	あり	なし
検索の抗弁権	あり	なし
分別の利益	あり	なし

主たる債務者に生じた事由と保証人に生じた事由

・主たる債務者に生じた事由は、原則、保証人に影響する。
・保証人に生じた事由は、原則、主たる債務者に影響しない。ただし、保証人が債権者に弁済した場合などは影響する。

主たる債務者に生じた事由と連帯保証人に生じた事由

・主たる債務者に生じた事由は、原則、連帯保証債務にも影響する。

原則	連帯保証人に生じた事由は、主たる債務に影響しない。
例外	主たる債務者に影響しない事由であっても、債権者と主たる債務者の特約によって、主たる債務者に影響すると定めることができる。 ：連帯保証人による弁済等の効果は、主たる債務に影響する。

連帯債務の相対効・絶対効

原則	連帯債務者の１人について生じた事由は、他の債務者に影響しない（相対効）。なお、債権者および他の連帯債務者が特約をしたときは、当該他の連帯債務者に対する効力は、その特約に従う。
例外	連帯債務者の１人について、①弁済等、②更改、③相殺、④混同があったときは、他の連帯債務者に影響する（絶対効）。

Point 12 賃貸借・使用貸借

賃貸借契約の期間と終了・更新

期間の定めのある賃貸借※	期間の定めのない賃貸借
期間が満了すると終了する。	当事者はいつでも解約申入れをすることができる。
期間満了後①合意による更新②黙示の更新をすることができる。	解約を申入れた場合①土地については1年②建物については3カ月が経過した時に終了する。

※賃貸借契約の存続期間は50年を超えることはできない。

賃貸人たる地位の移転

賃借権の登記（または借地借家法の規定による賃貸借の対抗要件）を備えた不動産が譲渡された場合、不動産の賃貸人たる地位は、その譲受人に移転する。ただし、不動産の譲渡人および譲受人が、賃貸人たる地位を譲渡人に留保する旨およびその不動産を譲受人が譲渡人に賃貸する旨の合意をしたときは、賃貸人たる地位は、譲受人に移転しない。
賃貸人たる地位の移転について、賃借人の承諾は不要である。
賃貸人たる地位の移転を、賃借人に対抗するためには、賃貸物である不動産について所有権移転登記をしなければならない。

敷金

賃借人が賃貸借に基づいて生じた債務を履行しない場合 ⇒賃貸人は、敷金をその債務の弁済に充てることができる。 ⇒賃借人は、賃貸人に対し、敷金をその債務の弁済に充てることを請求できない。
賃貸人は、賃貸借が終了し、かつ、賃貸物の返還を受けたときに、敷金（賃借人の債務を控除した残額）を返還しなければならない。
賃借権の譲渡の場合（賃借人が替わった場合） ⇒敷金は、原則として、新賃借人に承継されない。賃貸人は、敷金（賃借人の債務を控除した残額）を返還しなければならない。 賃貸人たる地位の移転の場合（賃貸人が替わった場合） ⇒敷金は、新賃貸人に承継される。

不動産賃貸借と使用貸借

不動産賃貸借	使用貸借
① 無断で賃借権の譲渡・転貸が行われた場合、原則として賃貸人は賃貸借契約を解除できる ② 賃借権の登記があれば第三者に対抗できる ③ 賃借人が死亡した場合、賃借権は相続の対象となる ④ 借地借家法の適用がある	① 無断で使用借権の譲渡・転貸が行われた場合、貸主は使用貸借契約を解除できる ② 使用借権を第三者に対抗できない ③ 借主の死亡により終了し、使用借権は相続の対象にならない ④ 借地借家法の適用がない

Point 13 借地借家法（借家）

借地借家法が適用される場合と適用されない場合

建物の賃貸借契約	⇒適用される
一時使用のために建物を賃借したことが明らかな場合	⇒適用されない

借家契約の存続期間

期間を定める	最長	制限なし
	最短	1年未満の期間を定めたときは期間の定めのないものとなる。ただし、定期建物賃貸借は定めた期間となる。
期間を定めない	可能	

期間の定めがある借家契約の更新

当事者が期間の満了の1年前から6カ月前までの間に更新をしない（条件を変更しなければ更新をしない）旨の通知をしなかった場合⇒更新したものとみなす⇒賃貸人による更新拒絶の通知には、正当事由が必要
更新拒絶の通知をした場合でも、期間満了後に賃借人が使用を継続し、賃貸人が遅滞なく異議を述べなかった場合⇒更新したものとみなす
更新後の契約条件（家賃等）は従前と同一⇒存続期間は、期間の定めがないものとなる

期間の定めのない借家契約の解約申入れ

当事者はいつでも解約申入れができる（賃貸人には正当事由必要）。賃貸人からの場合、解約申入れ後6カ月経過で契約が終了する。ただし、6カ月経過後、賃借人が使用を継続し、賃貸人が遅滞なく異議を述べなかった場合、更新したものとみなされる。

造作買取請求権

建物の賃貸借が期間満了・解約申入れで終了	賃借人 適法な転借人	⇒造作買取請求できる。定期建物賃貸借においても同じ。
建物の賃貸借が賃借人の債務不履行で終了	賃借人⇒造作買取請求できない。	

造作買取請求を認めない旨の特約は有効

借賃の増減請求

建物の借賃が不相当になった場合、当事者は、将来に向かって、借賃の額の増減（増額や減額）を請求することができる。

一定期間は借賃を「増額」しない旨の特約がある場合※	その期間内の借賃の増額請求はできない。
一定期間は借賃を「減額」しない旨の特約がある場合※	この特約は、無効となる。⇒借賃の減額請求ができる。

※定期建物賃貸借では、借賃の改定に係る特約がある場合には、借賃増減請求権の規定は適用されない。

定期建物賃貸借における借主の保護

賃貸人による説明	あらかじめ、賃借人に対し、契約の更新がなく期間満了により契約が終了する旨を記載した書面を交付（電磁的方法による提供）して説明しなければならない。⇒説明しなかった場合、更新がない旨の定めは無効となる
契約終了の通知	期間が1年以上である場合、賃貸人は、期間満了の1年前から6カ月前までの間に、期間満了により契約が終了する旨の通知をしなければ、その終了を賃借人に対抗することができない。
賃借人からの解約申入れ（中途解約）	居住用建物（床面積が200㎡未満のもの）の定期建物賃貸借において、転勤、療養、親族の介護等のやむを得ない事情により、賃借人が建物を自己の生活の本拠として使用することが困難となったときは、賃借人は、解約申入れをすることができる。⇒賃貸借は、解約申入れの日から1カ月で終了する

Point 14 借地借家法（借地）

借地借家法が適用される場合と適用されない場合

建物所有を目的とする地上権または土地の賃借権	⇒適用される
一時使用のために借地権を設定したことが明らかな場合	⇒適用されない

借地権の存続期間

借地権の存続期間⇒ 30 年
契約で 30 年より長い期間を定めたとき⇒その期間となる
契約で 30 年より短い期間を定めたとき⇒ 30 年となる
期間を定めないとき⇒ 30 年となる

借地契約の法定更新

- 借地権者が更新請求したときは、建物がある場合に限り、更新したものとみなされる。※
- 借地権の存続期間が満了した後、借地権者が土地の使用を継続するときも、建物がある場合に限り、更新したものとみなされる。※

※ただし、借地権設定者が遅滞なく正当事由ある異議を述べたときは、更新されない。

- 更新後の借地権の存続期間は、1 回目の更新は 20 年、2 回目以降は 10 年となる。

建物買取請求権

存続期間が満了し更新がない場合⇒建物買取請求できる。
債務不履行解除により契約が終了する場合⇒建物買取請求できない。

契約更新後に借地上の建物が滅失した場合

借地権者は、賃貸借の解約申入れ（地上権の放棄）ができる。
借地権者が、借地権設定者の承諾を得ないで建物を築造した場合⇒借地権設定者は、賃貸借の解約申入れ（地上権の消滅請求）ができる。

借地権の対抗要件

- 借地権の登記か借地権者名義の建物の登記がある場合、借地権を第三者に対抗できる。ただし、借地権者の長男名義や配偶者名義など他人の名義で登記していた場合には対抗できない。
- 借地上の借地権者名義の登記のある建物が滅失した場合、一定事項を掲示すれば、2 年間、借地権を第三者に対抗できる。

普通借地権と定期借地権等

	普通借地権	事業用定期借地権	一般定期借地権	建物譲渡特約付き借地権
存続期間	30年以上	10年以上50年未満	50年以上	30年以上
更新	認める	認めない	認めない	※
建物買取請求権	認める	認めない	認めない	―
書面の要否	不要	公正証書が必要	必要（または電磁的記録）	不要
建物の用途	制限なし	専ら事業用（居住の用に供するものを除く）	制限なし	制限なし

※建物譲渡により借地権が消滅するので更新なし

Point 15 不法行為

使用者責任

- 使用者責任が成立すれば、被害者は、被用者と使用者双方に損害賠償を請求することができる。

- 被害者に損害を賠償した使用者は、被用者に信義則上相当と認められる範囲で求償することができる。
- 被害者に損害を賠償した被用者は、使用者に相当と認められる額について求償することができる（逆求償）。

土地の工作物による責任を負う者

占有者が、第一次的な責任を負う	必要な注意をしたときは、責任を免れる
所有者が、第二次的な責任を負う	必要な注意をしても、責任を免れない（所有者は無過失責任を負う。）

不法行為による損害賠償債務の時効消滅

① 被害者または法定代理人が損害および加害者を知った時から3年（人の生命・身体を害する不法行為の場合は5年）を経過→時効消滅

② 不法行為の時から20年を経過→時効消滅

Point 16 区分所有法

管理者

選任・解任	・規約に別段の定めがない限り、集会の決議による。 ・区分所有者以外の者から選任できる。
管理者の権限	・管理者は、その職務に関し区分所有者を代理する。 ・管理者は、規約または集会の決議により、その職務に関し、区分所有者のために、原告または被告となることができる。
管理所有事務の報告	・管理者は、規約に特別の定めがあるときは、共用部分を所有することができる。 ・管理者は、集会において、毎年1回一定の時期に、その事務に関する報告をしなければならない。

集会

集会の招集	管理者は、少なくとも毎年1回集会を招集しなければならない。
通知期間	原則：会日より少なくとも1週間前（規約で伸縮できる） 建替え決議目的の場合：会日より少なくとも2月前（規約で伸長できる）
手続き	区分所有者全員の同意がある場合、手続きを省略できる

Point 17 相続

相続人と相続順

配偶者※1 ＝常に相続人となる	① 第一順位　子※2
	② 第二順位　直系尊属（父母・祖父母）
	③ 第三順位　兄弟姉妹

※1 法律上の婚姻関係がある場合に限る。したがって、離婚をした者やいわゆる内縁関係にある者は相続人とはならない。
※2 嫡出子、嫡出でない子、胎児、養子（養子の人数に制限なし）は子に含まれる。ただし、配偶者の連れ子は含まない。

相続分

相続人	相続分			
	配偶者	子	直系尊属	兄弟姉妹
配偶者のみ	全て	―	―	―
配偶者と子	1/2	1/2	―	―
配偶者と直系尊属	2/3	―	1/3	―
配偶者と兄弟姉妹	3/4	―	―	1/4

※配偶者がいない場合は、優先順位の高い相続人がすべて相続する。たとえば、配偶者がいない場合で子のみがいるとき、子がすべて相続する。
※子が複数いる場合、子の相続分は平等。
※直系尊属が複数いる場合、直系尊属の相続分は平等。
※兄弟姉妹が複数いる場合、兄弟姉妹の相続分は平等。ただし、父母の一方のみを同じくする兄弟姉妹の相続分は、父母の双方を同じくする兄弟姉妹の相続分の2分の1となる。

遺留分

遺留分を侵害する遺贈も有効であるが、遺留分権利者は、遺留分侵害額に相当する金銭の支払いを請求することができる
兄弟姉妹および甥・姪には、遺留分はない
直系尊属以外の遺留分⇒被相続人の財産の1/2

第2章

宅建業法

一問一答 230問

1 宅建業・宅建業者とは

★★★
Q 281 □□
【R1】

都市計画法に規定する準工業地域内において、建築資材置場の用に供されている土地は、宅地建物取引業法第2条第1号に規定する宅地である。

★★★
Q 282 □□
【R1】

宅地建物取引業とは、宅地又は建物の売買等をする行為で業として行うものをいうが、建物の一部の売買の代理を業として行う行為は、宅地建物取引業に当たらない。

★★★
Q 283 □□
【H26】

宅地建物取引業者Cが、Dを代理して、Dの所有するマンション（30戸）を不特定多数の者に反復継続して分譲する場合、Dは免許を受ける必要はない。

★★★
Q 284 □□
【H30】

B社は、所有するビルの一部にコンビニエンスストアや食堂など複数のテナントの出店を募集し、その募集広告を自社のホームページに掲載したほか、多数の事業者に案内を行った結果、出店事業者が決まった。B社の行為には、宅地建物取引業の免許を要する業務が含まれる。

★★★
Q 285 □□
【H22】

他人の所有する複数の建物を借り上げ、その建物を自ら貸主として不特定多数の者に反復継続して転貸する場合は、免許が必要となるが、自ら所有する建物を貸借する場合は、免許を必要としない。

A 281 □□
用途地域内の土地は、原則として宅地である。ただし、現に道路・公園・河川・広場・水路である土地は除かれる。本肢の土地は準工業地域内（＝用途地域内）の建築資材置場なので、宅地である。 ○

A 282 □□
宅建業とは、宅地または建物（建物の一部を含む）の売買等をする行為で業として行うものをいう。したがって、建物の一部の売買の代理を業として行う行為も、宅建業に当たる。 ×

A 283 □□
Dが宅建業者に分譲の代理を依頼しても、法律的には、Dが自ら分譲をしたことになる。したがって、Dは、マンションを不特定多数の者に反復継続して分譲しているので、免許を受ける必要がある。 ×

A 284 □□
自ら貸借を行うことは宅建業にあたらないので、そのための募集広告をすること等は、宅建業にあたらず、免許を要しない。 ×

A 285 □□
自ら貸借を行うことは宅建業にあたらない。したがって、他人の所有する複数の建物を借りることや、その建物を自ら貸主として転貸することは宅建業にあたらず、免許は不要である。なお、本問の後半も自ら貸借にあたり、免許は不要である。 ×

★★★
Q286
【R3】
農業協同組合Cが、組合員が所有する宅地の売却の代理を業として営む場合、免許は必要ない。

★★
Q287
【H22】
破産管財人が、破産財団の換価のために自ら売主となり、宅地又は建物の売却を反復継続して行う場合において、その媒介を業として営む者は、免許を必要としない。

★★★
Q288
【R2】
信託業法第3条の免許を受けた信託会社が宅地建物取引業を営もうとする場合には、国土交通大臣の免許を受けなければならない。

★★★
Q289
【H17】
宅地建物取引業者であるE（個人）が死亡し、その相続人FがEの所有していた土地を20区画に区画割りし、不特定多数の者に宅地として分譲する場合、Fは免許を受ける必要はない。

A 286 □□

宅地の売却の代理を業として営むことは宅建業にあたり、免許が必要である。このことは、農業協同組合が組合員の所有する宅地の売却の代理を行う場合でも変わりがない。

×

A 287 □□

宅地または建物の売却の媒介を業として営むことは宅建業にあたり、免許が必要である。このことは、破産管財人が破産財団の換価のために行う売却（債権者に配当する財産をつくるために、破産者の財産を売却すること）の媒介をする場合でも変わりがない。

×

A 288 □□

信託会社は、宅建業を営む場合でも、宅建業の免許を受ける必要はない。なお、宅建業を営む旨を国土交通大臣に届け出る必要がある。

×

A 289 □□

宅建業者の免許が失効したり取り消されたりした場合であっても、その宅建業者や一般承継人（相続人、合併でできた会社）は、その宅建業者が締結した契約に基づく取引を結了する目的の範囲内においては宅建業者とみなされる。しかし、Fは、新たに宅地の分譲をしているので、上記の場合にあたらず、免許を受ける必要がある。

×

2 免許の申請、免許の基準

★★★
Q 290 【H19】

甲県に本店を、乙県に支店をそれぞれ有するA社が、乙県の支店でのみ宅地建物取引業を営もうとするときは、A社は、乙県知事の免許を受けなければならない。

★★★
Q 291 【H21】

宅地建物取引業に係る営業に関し成年者と同一の行為能力を有する未成年者Dは、その法定代理人が禁錮以上の刑に処せられ、その刑の執行が終わった日から5年を経過しなければ、免許を受けることができない。

★★★
Q 292 【R2】

免許を受けようとするE社の取締役について、破産手続開始の決定があった場合、復権を得た日から5年を経過しなければ、E社は免許を受けることができない。

★★★
Q 293 【H19】

宅地建物取引業者C社が業務停止処分に違反したとして、免許を取り消され、その取消しの日から5年を経過していない場合、C社は免許を受けることができない。

A 290 □□

本店は、そこで宅建業を営んでいなくても事務所にあたる。したがって、A社は、甲県内（本店）と乙県内（支店）に事務所を有している。そして、２以上の都道府県に事務所を設けて宅建業を営もうとする者は、国土交通大臣の免許を受けなければならない。したがって、「乙県知事」とする本問は誤り。

×

A 291 □□

成年者と同一の行為能力を有しない未成年者は、未成年者自身または法定代理人（法人の場合、その役員を含む）が欠格要件に該当する場合は、免許を受けることができない。しかし、Dは成年者と同一の行為能力を有する未成年者なので、法定代理人が欠格要件に該当することは、関係がない。

×

A 292 □□

破産手続開始の決定を受けて復権を得ない者は欠格要件に該当するが、復権を得ればすぐに欠格要件に該当しなくなる。E社の取締役が復権を得ていれば、E社は免許を受けることができる。

×

A 293 □□

①不正の手段により宅建業の免許を受けた、②業務停止事由に該当し、情状が特に重い、③業務停止処分に違反した、のいずれかに該当することにより免許を取り消された者は、取消しの日から5年間、免許を受けることができない。

○

★★
Q 294
□□
【H27】

C社の政令で定める使用人Dは、刑法第234条（威力業務妨害）の罪により、懲役１年執行猶予２年の刑に処せられた後、C社を退任し、新たにE社の政令で定める使用人に就任した。この場合においてE社が免許を申請しても、Dの執行猶予期間が満了していなければ、E社は免許を受けることができない。

★★★
Q 295
□□
【H18】

B社は不正の手段により免許を取得したとして甲県知事から免許を取り消されたが、B社の取締役Cは、当該取消に係る聴聞の期日及び場所の公示の日の30日前にB社の取締役を退任した。B社の免許取消の日から５年を経過していない場合、Cは免許を受けることができない。

★★★
Q 296
□□
【H21】

宅地建物取引業者Cは、業務停止処分の聴聞の期日及び場所が公示された日から当該処分をする日又は当該処分をしないことを決定する日までの間に、相当の理由なく廃業の届出を行った。この場合、Cは、当該届出の日から５年を経過しなければ、免許を受けることができない。

★★
Q 297
□□
【R3】

免許を受けようとするC社の役員Dが刑法第211条（業務上過失致死傷等）の罪により地方裁判所で懲役１年の判決を言い渡された場合、当該判決に対してDが高等裁判所に控訴し裁判が係属中であっても、C社は免許を受けることができない。

A 294

執行猶予付きの禁錮以上の刑を受け、その執行猶予期間が経過していない者は免許欠格要件にあたり、そのような者を役員や政令で定める使用人にしている法人は免許を受けることができない。本問では、Dの執行猶予期間が満了していなければ、E社は、免許欠格要件に該当する者を政令で定める使用人にしていることになるので、免許を受けることができない。

○

A 295

不正の手段により免許を取得したとして、法人が免許を取り消された場合、その取消しに係る聴聞の期日および場所の公示の日前60日以内にその法人の役員であった者は、取消しの日から5年間免許を受けることができない。

○

A 296

免許の不正取得等の理由で免許取消処分の聴聞の期日および場所が公示された日から、その処分をする日またはその処分をしないことを決定する日までの間に相当の理由なく廃業・解散の届出をした者は、届出の日から5年間免許を受けることができない。しかし、Cは業務停止処分の聴聞の公示をされているので、これに該当しない。

×

刑に処せられたとは、刑が確定したことをいう。高等裁判所に控訴して裁判が係属中の場合には、刑が確定していないので、その時点では欠格要件に該当しない。

×

宅建業法

★★★
Q 298
【R2】

免許を受けようとするA社の取締役が刑法第204条（傷害）の罪により懲役1年執行猶予2年の刑に処せられた場合、刑の執行猶予の言渡しを取り消されることなく猶予期間を満了し、その日から5年を経過しなければ、A社は免許を受けることができない。

★★★
Q 299
【R3】

免許を受けようとするE社の役員に、宅地建物取引業法の規定に違反したことにより罰金の刑に処せられた者がいる場合、その刑の執行が終わって5年を経過しなければ、E社は免許を受けることができない。

★★
Q 300
【H27】

H社の取締役Iが、暴力団員による不当な行為の防止等に関する法律に規定する暴力団員に該当することが判明し、宅地建物取引業法第66条第1項第3号の規定に該当することにより、H社の免許は取り消された。その後、Iは退任したが、当該取消しの日から5年を経過しなければ、H社は免許を受けることができない。

★★
Q 301
【R1】

免許を受けようとする法人の代表取締役が、刑法第231条（侮辱）の罪により拘留の刑に処せられ、その刑の執行が終わった日から5年を経過していない場合、当該法人は免許を受けることができない。

A 298 □□

禁錮以上の刑に処せられた場合、免許の欠格要件にあたる。ただし、執行猶予付の場合、執行猶予期間が満了すれば欠格要件にあたらなくなる。A社の取締役が執行猶予期間を満了すれば欠格要件にあたらず、A社は免許を受けることができる。

×

A 299 □□

宅建業法の規定に違反して罰金刑に処せられた者は、刑の執行を終え、または刑の執行を受けることがなくなった日から5年間、欠格要件に該当する。したがって、役員がそのような者である間は、E社は免許を受けることができない。

○

A 300 □□

暴力団員による不当な行為の防止等に関する法律に規定する暴力団員であることは免許取消事由に該当し、そのような者を役員にしている法人は免許を取り消される。しかし、その法人が取消しの日から5年間免許を受けられない旨の規定はない。また、IがH社の取締役を退任しているので、その後は、H社は免許欠格要件に該当する者を役員または政令で定める使用人にしている場合にも該当しない。したがって、H社は直ちに免許を受けることができる。

×

A 301 □□

拘留は、罰金よりも軽い刑であり、拘留に処せられたことは欠格要件に該当しない。したがって、法人の代表取締役が拘留の刑に処せられていても、当該法人は免許を受けることができる。

×

3 免許の効力等

★★★
Q 302
【H23】
宅地建物取引業を営もうとする者が、国土交通大臣又は都道府県知事から免許を受けた場合、その有効期間は、国土交通大臣から免許を受けたときは5年、都道府県知事から免許を受けたときは3年である。

★★★
Q 303
【H30】
いずれも宅地建物取引士ではないDとEが宅地建物取引業者F社の取締役に就任した。Dが常勤、Eが非常勤である場合、F社はDについてのみ役員の変更を免許権者に届け出る必要がある。

★★
Q 304
【H29】
宅地建物取引業者Cは、宅地又は建物の売買に関連し、兼業として、新たに不動産管理業を営むこととした。この場合、Cは兼業で不動産管理業を営む旨を、免許権者である国土交通大臣又は都道府県知事に届け出なければならない。

★★★
Q 305
【H21】
免許の更新を受けようとする宅地建物取引業者Bは、免許の有効期間満了の日の2週間前までに、免許申請書を提出しなければならない。

★★
Q 306
【H29】
宅地建物取引業者Aは、免許の更新を申請したが、免許権者である甲県知事の申請に対する処分がなされないまま、免許の有効期間が満了した。この場合、Aは、当該処分がなされるまで、宅地建物取引業を営むことができない。

A 302 ☐☐ 宅建業の免許の有効期間は、国土交通大臣免許と都道府県知事免許のどちらであるかに関係なく、5年間である。 ×

A 303 ☐☐ 法人である宅建業者は、役員または政令で定める使用人の氏名に変更があった場合、30日以内にその旨を免許権者に届け出なければならない（変更の届出）。役員には、非常勤の取締役も含まれるので、Eについても届け出なければならない。 ×

A 304 ☐☐ 宅建業以外に行っている事業の種類は、宅建業者名簿には記載されるが、変更の届出の対象事由に含まれていない。 ×

A 305 ☐☐ 免許の更新を受けようとする者は、有効期間満了の日の90日前から30日前までに免許申請書を提出しなければならない。 ×

A 306 ☐☐ 宅建業者が免許の更新申請をしたにもかかわらず、従前の免許の有効期間の満了の日までに、その申請について処分がなされないときは、従前の免許は、有効期間の満了後もその処分がなされるまでの間は、効力を有する。つまり、新たな免許を与えるかどうかが決まるまで、前の免許の有効期間が延びるのである。したがって、Aは、当該処分がなされるまで宅建業を営むことができる。 ×

★★★
Q 307
【H20】
A社（国土交通大臣免許）は、甲県に本店、乙県に支店を設置している。Aは、乙県の支店を廃止し、本店を含むすべての事務所を甲県内にのみ設置して事業を営むこととした場合、甲県知事へ免許換えの申請をしなければならない。

★★★
Q 308
【R2追】
宅地建物取引業者（甲県知事免許）は、乙県内で一団の建物の分譲を行う案内所を設置し、当該案内所において建物の売買の契約を締結し、又は契約の申込みを受ける場合、国土交通大臣に免許換えの申請をしなければならない。

★★★
Q 309
【R3追】
個人である宅地建物取引業者A（甲県知事免許）が死亡した場合、Aの相続人は、Aの死亡の日から30日以内に、その旨を甲県知事に届け出なければならない。

★★★
Q 310
【H24】
宅地建物取引業者G社（甲県知事免許）は、宅地建物取引業者H社（国土交通大臣免許）に吸収合併され、消滅した。この場合、H社を代表する役員Iは、当該合併の日から30日以内にG社が消滅したことを国土交通大臣に届け出なければならない。

★★★
Q 311
【H26】
法人である宅地建物取引業者が株主総会の決議により解散することとなった場合、その法人を代表する役員であった者は、その旨を当該解散の日から30日以内に免許を受けた国土交通大臣又は都道府県知事に届け出なければならない。

A 307 □□

国土交通大臣の免許を受けた者が、1つの都道府県内にのみ事務所を有することとなったときは、その都道府県の知事の免許を受けなければならない（免許換え）。A社は、甲県内にのみ事務所を有することになるので、甲県知事へ免許換えの申請をしなければならない。

○

A 308 □□

誰の免許を受けるべきかは、事務所の場所で決まり、案内所は関係ない。したがって、案内所を設置しても、免許換えの申請は必要ない。

×

A 309 □□

宅建業者が死亡した場合、その相続人は、死亡の事実を知った日から30日以内に、免許権者に届け出なければならない（廃業等の届出）。「死亡の日から」ではない。なお、免許は死亡時に失効する。

×

A 310 □□

法人が合併により消滅した場合、その合併消滅した法人を代表する役員であった者は、30日以内に免許権者に届け出なければならない（廃業等の届出）。本問では「H社を代表する役員I」ではなく、G社を代表する役員であった者である。

×

A 311 □□

法人である宅建業者が合併・破産手続開始の決定以外の理由により解散した場合、その清算人は、その日から30日以内に、その旨を免許権者に届け出なければならない。「その法人を代表する役員であった者」ではない。

×

★★
Q 312
【H28】

個人である宅地建物取引業者E（丙県知事免許）が死亡した場合、Eの一般承継人Fがその旨を丙県知事に届け出た後であっても、Fは、Eが生前締結した売買契約に基づく取引を結了する目的の範囲内においては、なお宅地建物取引業者とみなされる。

★★★
Q 313
【R2】

宅地建物取引業者D社について破産手続開始の決定があった場合、D社を代表する役員は廃業を届け出なければならない。また、廃業が届け出られた日にかかわらず、破産手続開始の決定の日をもって免許の効力が失われる。

4 宅建士登録

★★
Q 314
【H27】

宅地建物取引業法には「宅地建物取引士は、宅地建物取引業の業務に従事するときは、宅地建物取引士の信用又は品位を害するような行為をしてはならない」との規定がある。

★★★
Q 315
【R2】

甲県で宅地建物取引士資格試験に合格した後１年以上登録の申請をしていなかった者が宅地建物取引業者（乙県知事免許）に勤務することとなったときは、乙県知事あてに登録の申請をしなければならない。

A 312 □□

宅建業者の免許が失効したり取り消されたりした場合であっても、その宅建業者や一般承継人は、その宅建業者が締結した契約に基づく取引を結了する目的の範囲内においては宅建業者とみなされる。

○

A 313 □□

宅建業者が破産手続開始の決定を受けた場合、破産管財人は、30日以内にその旨を免許権者に届け出なければならず（廃業等の届出）、届出のときに免許の効力が失われる。「代表する役員」「破産手続開始の決定の日」ではない。

×

A 314 □□

宅建業法は「宅地建物取引士は、宅地建物取引士の信用又は品位を害するような行為をしてはならない」と規定している。「宅地建物取引業の業務に従事するときは」という限定はない。

×

A 315 □□

宅建試験に合格した者は、自らが合格した試験を行った都道府県知事の登録を受けることができる。本問では、甲県で行われた宅建試験に合格しているので、「乙県知事」ではなく甲県知事に登録を申請することができる。

×

★★★
Q 316
【H20】

宅地建物取引士資格試験に合格した者で、宅地建物の取引に関し２年以上の実務経験を有するもの、又は都道府県知事がその実務経験を有するものと同等以上の能力を有すると認めたものは、登録を受けることができる。

★★★
Q 317
【R1】

宅地建物取引士資格試験に合格した者は、宅地建物取引に関する実務の経験を有しない場合でも、合格した日から１年以内に登録を受けようとするときは、登録実務講習を受講する必要はない。

★★★
Q 318
【H18】

宅地建物取引士Ａは、不正の手段により登録を受けたとして、登録の消除の処分の聴聞の期日及び場所が公示された後、自らの申請によりその登録が消除された場合、当該申請に相当の理由がなくとも、登録が消除された日から５年を経ずに新たに登録を受けることができる。

★★★
Q 319
【R3】

宅地建物取引士（甲県知事登録）が宅地建物取引士としての事務禁止処分を受け、その禁止の期間中に本人の申請により登録が消除された場合は、その者が乙県で宅地建物取引士資格試験に合格したとしても、当該期間が満了していないときは、乙県知事の登録を受けることができない。

A 316 □□

宅建試験に合格した者が登録をするためには、2年以上の実務経験を有するか、または、その者と同等以上の能力を有すると国土交通大臣が認めた場合（たとえば、国土交通大臣の登録を受けた登録実務講習を修了した者）でなければならない。「都道府県知事」ではない。

×

A 317 □□

宅建試験に合格した者が登録をするためには、A316で述べたとおり、実務経験等が必要である。合格から1年以内であれば登録実務講習を受講しなくてよいとの規定はない。合格から1年以内であれば免除されるのは、宅建士証の交付を受ける際の講習である。

×

A 318 □□

不正登録等の理由で登録消除処分の聴聞の期日および場所を公示された日から処分をするかしないかを決定する日までの間に、登録の消除の申請をした者（相当の理由がある者を除く）で、登録が消除された日から5年を経過しない者は、登録を受けることができない。

×

A 319 □□

事務の禁止の処分を受け、その禁止の期間中に申請により登録が消除された者は、当該期間中は、登録を受けることができない。このことは、別の都道府県で試験に合格して登録を受ける場合でも変わりがない。

○

★★★
Q320
□□
【R3】
宅地建物取引士（甲県知事登録）が本籍を変更した場合、遅滞なく、甲県知事に変更の登録を申請しなければならない。

★★★
Q321
□□
【R1】
宅地建物取引業者Ａ（甲県知事免許）に勤務する宅地建物取引士（甲県知事登録）が、宅地建物取引業者Ｂ（乙県知事免許）に勤務先を変更した場合は、乙県知事に対して、遅滞なく勤務先の変更の登録を申請しなければならない。

★★★
Q322
□□
【R1】
甲県知事登録を受けている者が、甲県から乙県に住所を変更した場合は、宅地建物取引士証の交付を受けていなくても、甲県知事に対して、遅滞なく住所の変更の登録を申請しなければならない。

★★★
Q323
□□
【R3追】
甲県知事の登録を受けている宅地建物取引士は、乙県に主たる事務所を置く宅地建物取引業者の専任の宅地建物取引士となる場合、乙県知事に登録の移転を申請しなければならない。

★★★
Q324
□□
【R3】
宅地建物取引士（甲県知事登録）が甲県から乙県に住所を変更したときは、乙県知事に対し、登録の移転の申請をすることができる。

A 320 □□

登録を受けている者は、登録を受けている事項に変更があったときは、遅滞なく、登録をしている都道府県知事に変更の登録を申請しなければならない。本籍は登録事項なので、変更の登録の対象である。

○

A 321 □□

宅建士登録を受けている者は、勤務先の宅建業者の商号・名称・免許証番号に変更があったときは、遅滞なく、登録をしている都道府県知事に変更の登録を申請しなければならない。本問では、甲県知事に対して申請しなければならない。

×

A 322 □□

登録を受けている者は、住所に変更があったときは、遅滞なく、登録をしている都道府県知事に変更の登録を申請しなければならない。このことは、宅建士証の交付を受けているかどうかに関係ない。

○

A 323 □□

登録を受けている者は、登録を受けている都道府県以外の都道府県に所在する宅建業者の事務所の業務に従事し、または従事しようとするときは、登録の移転を申請することができる。「することができる」という任意的なものなので、「しなければならない」とする本問は誤り。

×

A 324 □□

登録を受けている者は、登録を受けている都道府県以外の都道府県に所在する宅建業者の事務所の業務に従事し、または従事しようとするときは、登録の移転を申請することができる。しかし、本問では、住所を移転しているだけなので、登録の移転を申請することはできない。

×

★★★
Q 325
【R4】

丙県知事登録の宅地建物取引士が、事務の禁止の処分を受けた場合、丁県に所在する宅地建物取引業者の事務所の業務に従事しようとするときでも、その禁止の期間が満了するまで、宅地建物取引士の登録の移転を丁県知事に申請することができない。

★★★
Q 326
【R2追】

登録を受けている者が精神の機能の障害により宅地建物取引士の事務を適正に行うに当たって必要な認知、判断及び意思疎通を適切に行うことができない者となった場合、本人がその旨を登録をしている都道府県知事に届け出ることはできない。

5 宅建士証、設置義務

★★★
Q 327
【R5】

宅地建物取引士とは、宅地建物取引士資格試験に合格し、都道府県知事の登録を受けた者をいう。

★★★
Q 328
【R4】

宅地建物取引士は、有効期間の満了日が到来する宅地建物取引士証を更新する場合、国土交通大臣が指定する講習を受講しなければならず、また、当該宅地建物取引士証の有効期間は５年である。

事務禁止処分の期間中は、登録の移転の申請をすることができない。

A 326
登録を受けている者が精神の機能の障害により宅建士の事務を適正に行うに当たって必要な認知、判断および意思疎通を適切に行うことができない者（心身の故障により宅建士の事務を適正に行うことができない者として国土交通省令で定めるもの）になったときは、本人、法定代理人または同居の親族は、その日から30日以内にその旨を登録を受けている都道府県知事に届け出なければならない。したがって、本人が届け出ることもできる。

×

宅建士とは、宅建士証の交付を受けた者をいう。宅建試験に合格して登録を受けただけでは、宅建士ではない。

宅建士証の有効期間の更新を受けようとする者は、登録をしている都道府県知事が指定する講習で、申請前6カ月以内に行われるものを受講しなければならない。「国土交通大臣が指定する講習」ではない。なお、有効期間が5年である点は正しい。

×

★★★
Q 329
【H20】

甲県知事から宅地建物取引士証の交付を受けている宅地建物取引士は、その住所を変更したときは、遅滞なく、変更の登録の申請をするとともに、宅地建物取引士証の書換え交付の申請を甲県知事に対してしなければならない。

★★★
Q 330
【R3】

宅地建物取引士（甲県知事登録）が事務禁止処分を受けた場合、宅地建物取引士証を甲県知事に速やかに提出しなければならず、速やかに提出しなかったときは10万円以下の過料に処せられることがある。

★★★
Q 331
【R2】

宅地建物取引士は、重要事項の説明をするときは説明の相手方からの請求の有無にかかわらず宅地建物取引士証を提示しなければならず、また、取引の関係者から請求があったときにも宅地建物取引士証を提示しなければならない。

★★★
Q 332
【R2追】

宅地建物取引士（甲県知事登録）が、乙県に所在する宅地建物取引業者の事務所の業務に従事することとなったため、乙県知事に登録の移転の申請とともに宅地建物取引士証の交付の申請をしたときは、乙県知事から、有効期間を５年とする宅地建物取引士証の交付を受けることとなる。

★★
Q 333
【H19】

宅地建物取引業者である法人Ｆの取締役Ｇは宅地建物取引士であり、本店において専ら宅地建物取引業に関する業務に従事している。この場合、Ｆは、Ｇを本店の専任の宅地建物取引士の数のうちに算入することはできない。

A 329 □□
宅建士は、その氏名または住所を変更したときは、遅滞なく、変更の登録の申請とあわせて、宅建士証の書換え交付の申請を、登録を受けている都道府県知事（宅建士証の交付を受けた都道府県知事）に対してしなければならない。
○

A 330 □□
宅建士は、事務禁止処分を受けた場合、宅建士証をその交付を受けた都道府県知事に速やかに提出しなければならない。これに違反したときは、10万円以下の過料に処せられることがある。
○

A 331 □□
宅建士は、重要事項の説明をするときは説明の相手方からの請求の有無にかかわらず宅建士証を提示しなければならない。また、取引の関係者から請求があったときには、宅建士証を提示しなければならない。
○

A 332 □□
登録の移転の申請とともに宅建士証の交付の申請をしたときは、登録の移転前の宅建士証の有効期間が経過するまでの期間（前の宅建士証の有効期間の残り）を有効期間とする宅建士証が交付される。「5年」ではない。
×

A 333 □□
宅建業者やその役員が宅建士であるときは、その者が自ら主として業務に従事する事務所等については、その者は、その事務所等に置かれる成年者である専任の宅建士とみなされる。したがって、Fは、Gを本店の専任の宅建士の数のうちに算入することができる。
×

★★★
Q 334 □□
【R2追】
宅地建物取引業者は、事務所に置く唯一の専任の宅地建物取引士が退任した場合、その日から30日以内に新たな専任の宅地建物取引士を設置し、その設置の日から２週間以内に、専任の宅地建物取引士の変更があった旨を免許権者に届け出なければならない。

6 営業保証金

★★★
Q 335 □□
【H18】
宅地建物取引業の免許を受けた者は、事業を開始した日から３月以内に営業保証金を供託し、その旨を免許を受けた国土交通大臣又は都道府県知事に届け出なければならない。

★★★
Q 336 □□
【H24】
宅地建物取引業者Ａ社は、営業保証金を本店及び支店ごとにそれぞれ最寄りの供託所に供託しなければならない。

★★★
Q 337 □□
【R5】
宅地建物取引業者Ａ（甲県知事免許）が免許を受けた日から６か月以内に甲県知事に営業保証金を供託した旨の届出を行わないとき、甲県知事はその届出をすべき旨の催告をしなければならず、当該催告が到達した日から１か月以内にＡが届出を行わないときは、その免許を取り消すことができる。

A 334 □□

宅建業者は、専任の宅建士設置義務に抵触する（専任の宅建士が不足する）こととなった場合は、2週間以内に必要な措置をとらなければならない。そして、宅建業者は、事務所に置かれる専任の宅建士の氏名に変更があったときは、30日以内にその旨を免許権者に届け出なければならない（変更の届出）。本問は「2週間」と「30日」が逆である。

×

A 335 □□

宅建業者は、営業保証金を主たる事務所の最寄りの供託所に供託し、供託した旨の届出をした後でなければ、事業を開始してはならない。事業を開始した日から3カ月以内に届け出るのではない。

×

A 336 □□

宅建業者は、営業保証金を、主たる事務所の最寄りの供託所に供託しなければならない。「本店及び支店ごとにそれぞれ最寄りの供託所」ではない。

×

A 337 □□

免許権者は、宅建業者が免許を受けた日から3カ月以内に営業保証金を供託した旨の届出をしないときは、その届出をすべき旨の催告をしなければならず、その催告が到達した日から1カ月以内に当該宅建業者が届出をしないときは、その免許を取り消すことができる。「6か月」ではない。

×

★★★
Q338
【H17】
宅地建物取引業者Ａ（甲県知事免許、事務所数１）は、甲県の区域内に新たに二つの支店を設け宅地建物取引業を営もうとする場合、額面金額1,000万円の地方債証券を供託して営業保証金に充てれば足りる。

★★★
Q339
【R2追】
宅地建物取引業者は、事業の開始後、新たに従たる事務所を設置したときは、その従たる事務所の最寄りの供託所に政令で定める額の営業保証金を供託し、その旨を免許権者に届け出なければならない。

★★★
Q340
【H19】
宅地建物取引業者Ａ（甲県知事免許）は、マンション３棟を分譲するための現地出張所を甲県内に設置した場合、営業保証金を追加して供託しなければ、当該出張所でマンションの売買契約を締結することはできない。

A 338 □□

営業保証金の額は、主たる事務所につき1,000万円、その他の事務所につき事務所ごとに500万円の合計額なので、２つの支店を設けた場合には、1,000万円の営業保証金を供託しなければならない。そして、有価証券で供託する場合、国債証券は額面金額の100%、地方債証券・政府保証債証券は額面金額の90%、その他の有価証券は額面金額の80%に評価される。額面金額1,000万円の地方債証券は900万円に評価されるので、本問では額が不足する。

×

A 339 □□

宅建業者は、事業の開始後新たに事務所を設置したときは、当該事務所についての営業保証金を主たる事務所の最寄りの供託所に供託し、供託した旨の届出をした後でなければ、新設した事務所での事業を開始してはならない。「その従たる事務所の最寄りの供託所」ではない。

×

A 340 □□

営業保証金の額は、主たる事務所について1,000万円、その他の事務所について１カ所あたり500万円の合計額である。したがって、出張所を設置しても、営業保証金を追加して供託する必要はない。

×

★★★
Q 341
□□
【H28】

宅地建物取引業者A（甲県知事免許）は、甲県に本店と支店を設け、営業保証金として1,000万円の金銭と額面金額500万円の国債証券を供託し、営業している。Aは、本店を移転したため、その最寄りの供託所が変更した場合は、遅滞なく、移転後の本店の最寄りの供託所に新たに営業保証金を供託しなければならない。

★★★
Q 342
□□
【R3】

宅地建物取引業者と宅地建物取引業に関し取引をした者は、その取引により生じた債権に関し、当該宅地建物取引業者が供託した営業保証金について、その債権の弁済を受ける権利を有するが、取引をした者が宅地建物取引業者に該当する場合は、その権利を有しない。

★★★
Q 343
□□
【R2】

宅地建物取引業者A（甲県知事免許）から建設工事を請け負った建設業者は、Aに対する請負代金債権について、営業継続中のAが供託している営業保証金から弁済を受ける権利を有する。

★★★
Q 344
□□
【H25】

宅地建物取引業者は、その免許を受けた国土交通大臣又は都道府県知事から、営業保証金の額が政令で定める額に不足することとなった旨の通知を受けたときは、供託額に不足を生じた日から２週間以内に、その不足額を供託しなければならない。

A 341 □□

宅建業者は、主たる事務所を移転したため最寄りの供託所が変更した場合、①金銭のみをもって営業保証金を供託しているときは、遅滞なく、営業保証金を供託している供託所に対し、移転後の主たる事務所の最寄りの供託所への営業保証金の保管替えを請求し、②その他のときは、遅滞なく、営業保証金を移転後の主たる事務所の最寄りの供託所に新たに供託しなければならない。本問は②に該当するので、新たに供託しなければならない。

○

A 342 □□

宅建業者と宅建業に関し取引をした者は、その取引によって生じた債権に関し、営業保証金から弁済を受けることができるが、例外として、宅建業者に該当する者は、営業保証金から弁済を受けることができない。

○

A 343 □□

営業保証金から還付を受けることができるのは、宅建業者との宅建業に関する取引により生じた債権である。建設業者の請負代金債権は、宅建業に関する取引により生じた債権ではないので、当該建設業者は、営業保証金から弁済を受ける権利を有しない。

×

A 344 □□

宅建業者は、営業保証金が還付されたため不足額を供託すべき旨の通知書の送付を受けたときは、その送付を受けた日から２週間以内に不足額を供託しなければならない。「不足を生じた日」からではない。

×

★★★
Q345 □□
【R2追】
宅地建物取引業者は、免許の有効期間満了に伴い営業保証金を取り戻す場合は、還付請求権者に対する公告をすることなく、営業保証金を取り戻すことができる。

★★★
Q346 □□
【H25】
宅地建物取引業者は、不正の手段により宅地建物取引業法第３条第１項の免許を受けたことを理由に免許を取り消された場合であっても、営業保証金を取り戻すことができる。

★★★
Q347 □□
【R5】
宅地建物取引業者Ａ（甲県知事免許）が免許失効に伴い営業保証金を取り戻す際、供託した営業保証金につき還付を受ける権利を有する者に対し、３か月を下らない一定期間内に申し出るべき旨を公告し、期間内にその申出がなかった場合でなければ、取り戻すことができない。

★★★
Q348 □□
【R1】
保証協会の社員となった宅地建物取引業者が、保証協会に加入する前に供託していた営業保証金を取り戻すときは、還付請求権者に対する公告をしなければならない。

★★
Q349 □□
【H19】
宅地建物取引業者Ａ（甲県知事免許）は、免許の有効期間の満了に伴い、営業保証金の取戻しをするための公告をしたときは、遅滞なく、その旨を甲県知事に届け出なければならない。

A 345 □□

免許の有効期間が満了したことを理由に営業保証金を取り戻す場合には、原則として公告をする必要がある。

×

A 346 □□

免許が取り消されたことは、取戻し事由の１つである。したがって、原則として、公告をしたうえで営業保証金を取り戻すことができる。

○

A 347 □□

営業保証金の取戻しは、原則として、還付請求権者に対し６カ月を下らない一定期間内に申し出るべき旨を公告し、その期間内にその申出がなかった場合でなければすることができない。「３か月」ではない。

×

A 348 □□

保証協会の社員になったことを理由に営業保証金を取り戻す場合には、公告をする必要がない。

×

A 349 □□

宅建業者は、営業保証金の取戻しをするための公告をしたときは、遅滞なく、その旨を免許を受けた国土交通大臣または都道府県知事に届け出なければならない。

○

7 弁済業務保証金

★★★
Q 350 □□
【H28】

保証協会に加入することは宅地建物取引業者の任意であり、一の保証協会の社員となった後に、宅地建物取引業に関し取引をした者の保護を目的として、重ねて他の保証協会の社員となることができる。

★★★
Q 351 □□
【R1】

宅地建物取引業者で保証協会に加入した者は、その加入の日から２週間以内に、弁済業務保証金分担金を保証協会に納付しなければならない。

★★★
Q 352 □□
【R2追】

本店と３つの支店を有する宅地建物取引業者が保証協会に加入しようとする場合、当該保証協会に、110万円の弁済業務保証金分担金を納付しなければならない。

★★★
Q 353 □□
【H23】

宅地建物取引業者が保証協会に加入しようとするときは、当該保証協会に弁済業務保証金分担金を金銭又は有価証券で納付することができるが、保証協会が弁済業務保証金を供託所に供託するときは、金銭でしなければならない。

★★
Q 354 □□
【H22】

保証協会は、新たに宅地建物取引業者がその社員として加入しようとするときは、あらかじめ、その旨を当該宅地建物取引業者が免許を受けた国土交通大臣又は都道府県知事に報告しなければならない。

A 350 □□

保証協会に加入するかどうかは、宅建業者の任意である（保証協会に加入しなくても、営業保証金を供託して宅建業を営むことができる）。しかし、宅建業者は、同時に複数の保証協会の社員になることができない。

×

A 351 □□

保証協会に加入しようとする場合、加入しようとする日までに、弁済業務保証金分担金を保証協会に納付しなければならない。「加入の日から２週間以内」ではない。

×

A 352 □□

弁済業務保証金分担金の額は、主たる事務所（本店）につき60万円、その他の事務所（支店）１カ所につき30万円である。本問では、本店60万円＋支店30万円×３＝150万円である。

×

A 353 □□

弁済業務保証金分担金は金銭で納付しなければならないが、弁済業務保証金の供託は、金銭または有価証券で行うことができる。本問は、逆の記述である。

×

A 354 □□

保証協会は、新たに社員が加入し、または社員がその地位を失ったときは、その旨をその社員が免許を受けた国土交通大臣または都道府県知事に報告しなければならない。「あらかじめ」ではない。

×

★★★
Q355
【R4】

保証協会の社員が弁済業務保証金分担金を納付した後に、新たに事務所を設置したときは、その日から２週間以内に保証協会に納付すべき弁済業務保証金分担金について、国債証券をもって充てることができる。

★★★
Q356
【R4】

宅地建物取引業者と宅地の売買契約を締結した買主（宅地建物取引業者ではない。）は、当該宅地建物取引業者が保証協会の社員となる前にその取引により生じた債権に関し、当該保証協会が供託した弁済業務保証金について弁済を受ける権利を有する。

★★★
Q357
【H29】

宅地建物取引業者Ａは、宅地建物取引業者Ｂに手付金500万円を支払い、宅地の売買契約を締結した。宅地の引渡しの前にＢが失踪し、宅地の引渡しを受けることができなくなったときは、Ａは、手付金について、弁済業務保証金から弁済を受けることができる。

★★★
Q358
【R2追】

保証協会の社員（甲県知事免許）と宅地建物取引業に関し取引をした者が、その取引により生じた債権に関し、当該保証協会が供託した弁済業務保証金について弁済を受ける権利を実行しようとするときは、弁済を受けることができる額について甲県知事の認証を受ける必要がある。

A 355 □□

保証協会の社員は、新たに事務所を設置したときは、その日から2週間以内に、その事務所の分に相当する弁済業務保証金分担金を保証協会に納付しなければならない。この点は正しい。しかし、弁済業務保証金分担金は、金銭で納付しなければならず、有価証券で納付することはできない。

×

A 356 □□

弁済業務保証金から弁済を受けることができる者には、社員が社員となる前に（当該宅建業者が保証協会に加入する前に）宅建業に関し取引をした者が含まれる。

○

A 357 □□

宅建業者は、弁済業務保証金から弁済を受けることができない。したがって、Aは、弁済業務保証金から弁済を受けることができない。

×

A 358 □□

弁済業務保証金から弁済を受けようとする者は、その弁済を受けることができる額について保証協会の認証を受けなければならない。免許権者である都道府県知事（甲県知事）の認証ではない。

×

★★★
Q 359 □□ 【H20】

300万円の弁済業務保証金分担金を保証協会に納付して当該保証協会の社員となった者と宅地建物取引業に関し取引をした者（宅地建物取引業者でないものとする。）は、その取引により生じた債権に関し、6,000万円を限度として、当該保証協会が供託した弁済業務保証金から弁済を受ける権利を有する。

★★★
Q 360 □□ 【R2】

保証協会は、弁済業務保証金の還付があったときは、当該還付に係る社員又は社員であった者に対し、当該還付額に相当する額の還付充当金を主たる事務所の最寄りの供託所に供託すべきことを通知しなければならない。

★★
Q 361 □□ 【R3】

保証協会の社員である宅地建物取引業者は、当該宅地建物取引業者と宅地建物取引業に関し取引をした者の有するその取引により生じた債権に関し弁済業務保証金の還付がなされたときは、その日から２週間以内に還付充当金を保証協会に納付しなければならない。

★★★
Q 362 □□ 【H20】

宅地建物取引業者は、保証協会の社員の地位を失ったときは、当該地位を失った日から２週間以内に、営業保証金を主たる事務所の最寄りの供託所に供託しなければならない。

A 359 □□

弁済業務保証金からの還付限度額は、営業保証金の場合と同じである。300万円の弁済業務保証金分担金を納付しているということは、主たる事務所1カ所とその他の事務所8カ所を有していることになるので（60万円＋30万円×8＝300万円）、営業保証金であれば5,000万円である（1,000万円＋500万円×8）。したがって、還付限度額は5,000万円になる。

×

A 360 □□

弁済業務保証金の還付があった場合、補充供託は保証協会が行わなければならず、社員は還付充当金を保証協会に納付しなければならない。したがって、保証協会は、供託所に供託すべき旨を社員に通知するのではなく、還付充当金を保証協会に納付すべきことを通知する。

×

A 361 □□

保証協会から還付充当金の納付の通知を受けた社員は、その通知を受けた日から2週間以内に、その通知された額の還付充当金を保証協会に納付しなければならない。還付がなされた日からではない。

×

A 362 □□

宅建業者は、保証協会の社員の地位を失ったときは、地位を失った日から1週間以内に、営業保証金を主たる事務所の最寄りの供託所に供託しなければならない。「2週間以内」ではない。

×

★★★
Q 363
【R5】
保証協会は、社員がその一部の事務所を廃止したことに伴って弁済業務保証金分担金を当該社員に返還しようとするときは、弁済業務保証金の還付請求権者に対し、一定期間内に認証を受けるため申し出るべき旨の公告を行わなければならない。

★★★
Q 364
【H21】
保証協会は、その社員の地位を失った宅地建物取引業者が地位を失った日から1週間以内に営業保証金を供託した場合は、当該宅地建物取引業者に対し、直ちに弁済業務保証金分担金を返還することが義務付けられている。

8 媒介契約

★★★
Q 365
【H17】
宅地建物取引業者Aが、B所有の宅地の売却の媒介依頼を受け、Bと専属専任媒介契約を締結した場合、Bは、Aが探索した相手方以外の者と売買契約を締結することができない。

★★★
Q 366
【R1】
宅地建物取引業者Aが、BからB所有の既存のマンションの売却に係る媒介を依頼され、Bと専任媒介契約（専属専任媒介契約ではないものとする。）を締結した場合において、当該専任媒介契約の有効期間を6月とした場合、その媒介契約は無効となる。

保証協会の社員である宅建業者が一部の事務所を廃止したため、保証協会が弁済業務保証金分担金を返還しようとするときは、公告を行う必要がない。

宅建業法

保証協会は、社員でなくなったことを理由とする弁済業務保証金分担金の返還の場合には、還付請求権者に対し、6カ月を下らない一定期間内に申し出るべき旨を公告しなければならない。このことは、宅建業者が営業保証金を供託した場合でも変わりがない。したがって、「直ちに」とする本問は誤り。

専属専任媒介契約を締結した場合、依頼者は、宅建業者が探索した相手方以外の者と契約を締結することができない。

専任媒介契約においては、当初の有効期間や更新後の有効期間は3カ月を超えてはならない。しかし、3カ月を超える定めをしたときは3カ月となるのであり、媒介契約そのものが無効になるのではない。

★★★
Q 367
□□
【H26】

宅地建物取引業者Aが、BからB所有の宅地の売却について媒介の依頼を受け、Bとの間で有効期間を３月とする専任媒介契約を締結した場合、期間満了前にBから当該契約の更新をしない旨の申出がない限り、当該期間は自動的に更新される。

★★★
Q 368
□□
【H27】

宅地建物取引業者Aは、Bが所有する宅地の売却を依頼され、専任媒介契約を締結する際、当該契約に係る業務の処理状況の報告日を毎週金曜日とする旨の特約をした。この特約は、宅地建物取引業法の規定に違反する。

★★★
Q 369
□□
【H29】

宅地建物取引業者Aが、BからB所有の中古マンションの売却の依頼を受け、Bと専任媒介契約（専属専任媒介契約ではない媒介契約）を締結した場合、Aは、２週間に１回以上当該専任媒介契約に係る業務の処理状況をBに報告しなければならないが、これに加え、当該中古マンションについて購入の申込みがあったときは、遅滞なく、その旨をBに報告しなければならない。

★★★
Q 370
□□
【H28】

宅地建物取引業者Aは、宅地建物取引業者でないEから宅地の売却についての依頼を受け、専属専任媒介契約を締結したときは、当該宅地について宅地建物取引業法で規定されている事項を、契約締結の日から休業日数を含め５日以内に指定流通機構へ登録する義務がある。

A 367 □□

専任媒介契約の有効期間は、依頼者の申出により更新することができ、自動的に更新されることはない。なお、更新の申出は有効期間満了の時点で行われなければならず、事前に自動更新する旨の特約をしても無効である。

×

A 368 □□

宅建業者は、非専属型の専任媒介契約の場合には2週間に1回以上、専属専任媒介契約の場合は1週間に1回以上、依頼者に対し、業務の処理状況を報告しなければならない。本問は単に「専任媒介契約」としているので両方の場合が含まれるが、どちらにしても、報告日を毎週金曜日とすれば1週間に1回報告をすることになるので、宅建業法に違反しない。

×

A 369 □□

宅建業者は、非専属型の専任媒介契約を締結した場合には2週間に1回以上、依頼者に対し、業務の処理状況を報告しなければならない。また、媒介契約を締結した宅建業者は、当該媒介契約の目的物である宅地・建物の売買・交換の申込みがあったときは、遅滞なく、その旨を依頼者に報告しなければならない。

○

A 370 □□

宅建業者は、専属専任媒介契約を締結したときは、その日から5日以内（宅建業者の休業日を除く）に指定流通機構に登録しなければならない。「休業日数を含め5日以内」ではない。

×

★★
Q 371
【H27】

宅地建物取引業者Aは、Cが所有する乙アパートの売却に係る媒介の依頼を受け、Cと専任媒介契約を締結した場合、乙アパートの所在、規模、形質、売買すべき価額、依頼者の氏名、都市計画法その他の法令に基づく制限で主要なものを指定流通機構に登録しなければならない。

★★
Q 372
【R4】

宅地建物取引業者Aは、BからB所有の宅地の売却を依頼され、Bと専属専任媒介契約を締結し、所定の事項を指定流通機構に登録した場合、Bから引渡しの依頼がなければ、その登録を証する書面をBに引き渡さなくてもよい。

（なお、Q424まで、特に断りのない限り、書面の交付に代えて電磁的方法により提供する場合については考慮しないものとする。）

★★
Q 373
【H25】

宅地建物取引業者A社が、Bから自己所有の甲宅地の売却の媒介を依頼され、Bとの間に専任媒介契約を締結し、甲宅地の売買契約を成立させたときは、A社は、遅滞なく、登録番号、取引価格、売買契約の成立した年月日、売主及び買主の氏名を指定流通機構に通知しなければならない。

★★★
Q 374
【H28】

宅地建物取引業者Aが、BからB所有の宅地の売却に係る媒介を依頼され、一般媒介契約を締結した場合、当該宅地の売買の媒介を担当するAの宅地建物取引士は、宅地建物取引業法第34条の2第1項に規定する書面に記名する必要はない。

A 371 □□

指定流通機構への登録事項は、①所在、②規模、③形質、④売買すべき価額、⑤当該宅地・建物に係る都市計画法その他の法令に基づく制限で主要なもの、⑥当該専任媒介契約が宅地・建物の交換の契約に係るものである場合にあっては、当該宅地・建物の評価額、⑦当該専任媒介契約が専属専任媒介契約である場合にあっては、その旨である。依頼者の氏名は含まれていない。

×

A 372 □□

専任媒介契約を締結した場合、指定流通機構へ登録をした宅建業者は、登録を証する書面を遅滞なく依頼者に引き渡さなければならない。引渡しの依頼の有無は関係がない。

×

A 373 □□

宅建業者は、専任媒介契約を締結したときは、指定流通機構へ登録しなければならない。そして、宅建業者は、指定流通機構へ登録した宅地・建物の売買・交換契約が成立したときは、遅滞なく、①登録番号、②取引価格、③契約成立年月日を、指定流通機構へ通知しなければならないが、売主および買主の氏名は、通知する必要はない。

×

A 374 □□

媒介契約書面には、宅建業者の記名押印は必要であるが、宅建士の記名は必要ない。

○

★★★
Q 375
【H30】

宅地建物取引業者Aは、Bから、Bが所有し居住している甲住宅の売却について媒介の依頼を受け、甲住宅について、宅地建物取引業法第34条の2第1項第4号に規定する建物状況調査の制度概要を紹介したが、Bが同調査を実施する者のあっせんを希望しなかった場合、Aは、同項の規定に基づき交付すべき書面に同調査を実施する者のあっせんに関する事項を記載する必要はない。

★★★
Q 376
【H28】

宅地建物取引業者Aが、BからB所有の宅地の売却に係る媒介を依頼され、一般媒介契約を締結した場合、当該一般媒介契約が国土交通大臣が定める標準媒介契約約款に基づくものであるか否かの別を、宅地建物取引業法第34条の2第1項に規定する書面に記載する必要はない。

★★★
Q 377
【R2】

宅地建物取引業者Aが、BからB所有の甲住宅の売却に係る媒介の依頼を受けて、一般媒介契約を締結した場合において、甲住宅の価額について意見を述べるときは、Bに対してその根拠を口頭ではなく書面で明示しなければならない。

★★
Q 378
【H27】

宅地建物取引業者Aは、Dが所有する丙宅地の貸借に係る媒介の依頼を受け、Dと専任媒介契約を締結した場合、Dに宅地建物取引業法第34条の2第1項に規定する書面を交付しなければならない。

既存建物の場合、媒介契約書面に、依頼者に対する建物状況調査を実施する者のあっせんに関する事項を記載しなければならない。このことは、依頼者があっせんを希望したかどうかに関係ない。 ×

A 376

宅建業者は、媒介契約が国土交通大臣が定める標準媒介契約約款に基づくものであるか否かの別を、宅建業法34条の２第１項の規定に基づき交付すべき書面（媒介契約書面）に記載しなければならない。このことは、一般媒介契約であるか専任媒介契約であるかを問わない。 ×

宅建業者は、媒介契約書面に記載した宅地・建物を売買すべき価額またはその評価額について意見を述べる場合には、その根拠を明らかにしなければならない。方法については制限がないので、口頭で明示してもかまわない。 ×

媒介契約の規制（専任媒介契約の規制や媒介契約書面の作成義務等）は、売買・交換の媒介に関するものであり、貸借の媒介には適用されない。したがって、貸借の媒介を依頼された場合には、媒介契約書面の作成・交付を行わなくてもよい。 ×

9 広告に関する規制

★★★
Q379
【H30】

宅地建物取引業者がその業務に関して広告をするときは、実際のものより著しく優良又は有利であると人を誤認させるような表示をしてはならないが、宅地又は建物に係る現在又は将来の利用の制限の一部を表示しないことによりそのような誤認をさせる場合は、宅地建物取引業法第32条に規定する誇大広告等の禁止に違反しない。

★★★
Q380
【H30】

宅地の売買に関する広告をインターネットで行った場合において、当該宅地の売買契約成立後に継続して広告を掲載していたとしても、当該広告の掲載を始めた時点で当該宅地に関する売買契約が成立していなかったときは、宅地建物取引業法第32条に規定する誇大広告等の禁止に違反しない。

★★★
Q381
【R2追】

テレビやインターネットを利用して行う広告は、新聞の折込チラシや配布用のチラシと異なり、規制の対象とならない。

★★★
Q382
【H29】

宅地建物取引業者が、顧客を集めるために売る意思のない条件の良い物件を広告することにより他の物件を販売しようとした場合、取引の相手方が実際に誤認したか否か、あるいは損害を受けたか否かにかかわらず、監督処分の対象となる。

A 379 □□
宅建業者は、実際のものよりも著しく優良または有利であると人を誤認させる表示（誇大広告）をしてはならないが、誤認させる方法には限定がなく、利用の制限の一部を表示しないことにより誤認させることも誇大広告等の禁止に違反する。
×

A 380 □□
取引する意思のない物件の広告（おとり広告）や虚偽の物件の広告は、誇大広告にあたる。したがって、売買契約成立後に継続して広告を掲載することは、誇大広告等の禁止に違反する可能性がある。
×

A 381 □□
誇大広告等の規制対象となる広告は、新聞の折込チラシ、配布用のチラシ、新聞、雑誌、テレビ、ラジオ、インターネットのホームページ等種類を問わない。
×

A 382 □□
販売する意思のない物件の広告（おとり広告）は、誇大広告にあたる。誇大広告をすること自体が宅建業法違反であり、相手方が実際に誤認したか否かや損害を受けたか否かにかかわらず、監督処分の対象となる。
○

★★★
Q 383
□□
【H30】

宅地建物取引業者は、販売する宅地又は建物の広告に著しく事実に相違する表示をした場合、監督処分の対象となるほか、6月以下の懲役及び100万円以下の罰金を併科されることがある。

★★★
Q 384
□□
【H27】

宅地建物取引業者は、建築確認が必要とされる建物の建築に関する工事の完了前において、建築確認の申請中である場合は、その旨を表示すれば、自ら売主として当該建物を販売する旨の広告をすることができる。

★★★
Q 385
□□
【R5】

これから建築工事を行う予定である建築確認申請中の建物については、当該建物の売買の媒介に関する広告をしてはならないが、貸借の媒介に関する広告はすることができる。

★★★
Q 386
□□
【R2】

宅地建物取引業者は、建物の売却について代理を依頼されて広告を行う場合、取引態様として、代理であることを明示しなければならないが、その後、当該物件の購入の注文を受けたときは、広告を行った時点と取引態様に変更がない場合を除き、遅滞なく、その注文者に対し取引態様を明らかにしなければならない。

A 383 □□

誇大広告を行った宅建業者は、指示処分・業務停止処分（情状が特に重いときは免許取消処分）の対象となるほか、6カ月以下の懲役もしくは100万円以下の罰金またはこれらの併科に処せられることがある。

○

A 384 □□

宅建業者は、工事の完了前においては、当該工事に必要とされる開発許可・建築確認等の処分があった後でなければ広告をすることができない（広告開始時期制限）。建築確認の申請中である旨を表示したとしても、同様である。

×

A 385 □□

広告開始時期制限は、貸借の媒介・代理にも適用される。したがって、貸借の媒介の場合でも、建築確認を受けていない建築工事完了前の建物について広告をしてはならない。

×

A 386 □□

宅建業者は、①宅地・建物の売買・交換・貸借に関する広告をするとき、②宅地・建物の売買・交換・貸借に関する注文を受けたときに遅滞なく、取引態様の別を明示しなければならない。これらは別々の義務なので、広告をするときに明示していても、注文を受けたときに改めて明示しなければならない。取引態様に変更がない場合には明示しなくてよい旨の規定はない。

×

10 重要事項の説明等

★★★
Q387 □□
【R4】
宅地建物取引業者が、宅地建物取引業者ではない個人から媒介業者の仲介なしに土地付建物を購入する場合、買主である宅地建物取引業者は重要事項説明書を作成しなくても宅地建物取引業法違反とはならない。

★★★
Q388 □□
【R2】
重要事項説明書に記名する宅地建物取引士は専任の宅地建物取引士でなければならないが、実際に重要事項の説明を行う者は専任の宅地建物取引士でなくてもよい。

★★★
Q389 □□
【H25】
宅地建物取引業者は、宅地又は建物の売買について売主となる場合、買主が宅地建物取引業者であっても、重要事項説明は行わなければならないが、重要事項を記載した書面の交付は省略してよい。

★★★
Q390 □□
【R3追】
宅地建物取引士は、テレビ会議等のITを活用して重要事項の説明を行うときは、相手方の承諾があれば宅地建物取引士証の提示を省略することができる。

★★
Q391 □□
【R5】
重要事項説明書の電磁的方法による提供については、重要事項説明を受ける者から電磁的方法でよいと口頭で依頼があった場合、改めて電磁的方法で提供することについて承諾を得る必要はない。

A 387 ○
重要事項の説明は、物件を取得し、または借りようとしている者に対して行わなければならない。売主に対しては説明をする必要がないので、本問の宅建業者は、重要事項の説明義務や重要事項説明書の作成義務を負わない。

A 388 ×
重要事項説明書への記名や重要事項の説明をするのは、宅建士であればよく、専任の宅建士でなくてもかまわない。

A 389 ×
相手方が宅建業者である場合は、重要事項を記載した書面を交付すれば足り、説明は行わなくてよい。本問は逆の記述である。

A 390 ×
ITを活用して重要事項の説明を行うときは、宅建士が、宅建士証を提示し、説明を受けようとする者が当該宅建士証を画面上で視認できたことを確認していることが必要である。

A 391 ×
重要事項説明書を電磁的方法によって提供するには、書面等による承諾を得る必要がある。

★★★
Q392 □□
【R3】
宅地建物取引業者Aは、自ら売主として建物の売却を行う場合における重要事項の説明において、買主Bに対し、建物の上に存する登記された権利の種類及び内容だけでなく、移転登記の申請の時期についても説明しなければならない。

（なお、Q408まで、特に断りのない限り、説明の相手方は宅地建物取引業者ではないものとする。）

★★★
Q393 □□
【H28】
建物の売買の媒介を行う場合、当該建物の売買代金の額並びにその支払の時期及び方法について説明する義務はないが、売買代金以外に授受される金銭があるときは、当該金銭の額及び授受の目的について説明しなければならない。

★★★
Q394 □□
【H29】
建物の貸借の媒介を行う場合、重要事項の説明において、私道に関する負担について、説明しなければならない。

★★★
Q395 □□
【R2】
宅地建物取引業者は、建物の売買の媒介を行う場合、当該建物が既存の住宅であるときは、建物状況調査を実施しているかどうかを説明しなければならないが、実施している場合その結果の概要を説明する必要はない。

★★★
Q396 □□
【R1】
既存住宅の貸借の媒介を行う場合、建物の建築及び維持保全の状況に関する書類の保存状況について説明しなければならない。

A 392 □□

宅地・建物の上に存する登記された権利の種類・内容等は、重要事項の説明の内容であるが、移転登記の申請の時期は、重要事項の説明の内容ではない。

×

A 393 □□

代金の額・支払時期・支払方法は、重要事項として説明する必要がない。これに対し、代金以外に授受される金銭の額・授受目的は、重要事項として説明する必要がある。

○

A 394 □□

建物の貸借以外の場合は、私道に関する負担に関する事項を説明しなければならない。本問は建物の貸借なので、説明する必要はない。

×

A 395 □□

既存建物の売買・交換・貸借の場合、建物状況調査を実施しているかどうか、およびこれを実施している場合におけるその結果の概要を重要事項として説明しなければならない。

×

A 396 □□

既存建物の売買・交換においては、設計図書、点検記録その他の建物の建築および維持保全の状況に関する書類で国土交通省令で定めるものの保存の状況を重要事項として説明しなければならない。しかし、本問は、貸借の媒介なので、説明する必要はない。

×

★★★
Q 397
【R1】

建物の売買又は貸借の媒介を行う場合、当該建物が津波防災地域づくりに関する法律第53条第１項により指定された津波災害警戒区域内にあるときは、その旨を、売買の場合は説明しなければならないが、貸借の場合は説明しなくてよい。

★★★
Q 398
【R1】

宅地建物取引業者は、既存建物の貸借の媒介を行う場合において、石綿使用の有無の調査結果の記録がないときは、石綿使用の有無の調査を自ら実施し、その結果について説明しなければならない。

★★★
Q 399
【R4】

建物の売買の媒介において、当該建物（昭和56年５月31日以前に新築の工事に着手したもの）が指定確認検査機関、建築士、登録住宅性能評価機関又は地方公共団体による耐震診断を受けたものであるときは、その旨を説明しなければならない。

★★★
Q 400
【H30】

建物の売買においては、その建物が種類又は品質に関して契約の内容に適合しない場合におけるその不適合を担保すべき責任の履行に関し保証保険契約の締結などの措置を講ずるかどうか、また、講ずる場合はその概要を重要事項説明書に記載しなければならない。

★★★
Q 401
【H25】

宅地建物取引業者は、分譲マンションの売買の媒介を行う場合、建物の区分所有等に関する法律第２条第４項に規定する共用部分に関する規約の定めが案の段階であっても、その案の内容を説明しなければならない。

A 397 □□

宅地・建物の売買・交換・貸借において、宅地・建物が津波災害警戒区域内にあるときはその旨を説明しなければならない。この規定は貸借の場合にも適用されるので、説明しなくてよいとする本問は誤り。

×

A 398 □□

建物の売買・交換・貸借の場合、石綿の使用の有無の調査の結果が記録されているときは、その内容を重要事項として説明しなければならない。この規定は、記録がされているときにその内容を説明する義務を定めたものであって、記録がないときに宅建業者に自ら調査・説明する義務を負わせるものではない。

×

A 399 □□

建物の場合、当該建物（昭和56年6月1日以降に新築の工事に着手したものを除く）が一定の耐震診断を受けたものであるときは、その内容を重要事項として説明しなければならない。「その旨」ではない。

×

A 400 □□

重要事項の説明においては、宅地・建物の契約不適合を担保すべき責任の履行に関し保証保険契約の締結その他の措置を講ずるかどうか、およびその措置を講ずる場合におけるその措置の概要を重要事項説明書に記載しなければならない。

○

A 401 □□

共用部分に関する規約の定め（案を含む）があるときは、その内容を重要事項として説明しなければならない。したがって、案の段階であるときはその案の内容を説明しなければならない。

○

★★★
Q 402
【H26】
区分所有権の目的である建物の貸借の媒介を行う場合、その専有部分の用途その他の利用制限に関する規約の定めがあるときはその内容を重要事項として説明する必要があるが、１棟の建物又はその敷地の専用使用権に関する規約の定めについては説明する必要がない。

★★★
Q 403
【H20】
宅地建物取引業者Ａが、マンションの分譲に際して行う重要事項の説明において、当該マンションの建物又はその敷地の一部を特定の者にのみ使用を許す旨の規約の定めがある場合、Ａは、その内容だけでなく、その使用者の氏名及び住所について説明しなければならない。

★★★
Q 404
【H20】
宅地建物取引業者Ａが、マンションの分譲に際して行う重要事項の説明において、当該マンションの建物の計画的な維持修繕のための費用を特定の者にのみ減免する旨の規約の定めがある場合、Ａは、買主が当該減免対象者であるか否かにかかわらず、その内容を説明しなければならない。

★★★
Q 405
【R2】
宅地建物取引業者は、区分所有建物の売買の媒介を行う場合、一棟の建物の計画的な維持修繕のための費用の積立てを行う旨の規約の定めがあるときは、その内容を説明しなければならないが、既に積み立てられている額について説明する必要はない。

A 402 □□

区分所有建物の場合、専有部分の用途その他の利用の制限に関する規約の定め（案を含む）があるときは、その内容を重要事項として説明しなければならない。また、区分所有建物の売買・交換の場合、１棟の建物またはその敷地の一部を特定の者にのみ使用を許す旨（専用使用権）の規約の定め（案を含む）があるときは、その内容を重要事項として説明しなければならないが、本問は貸借なので、説明する必要はない。

○

A 403 □□

区分所有建物の売買・交換において、一棟の建物またはその敷地の一部を特定の者のみに使用を許す旨の規約の定め（案を含む）があるときは、その内容を重要事項として説明しなければならないが、「その使用者の氏名及び住所」まで説明する必要はない。

×

A 404 □□

区分所有建物の売買・交換において、一棟の建物の計画的な維持修繕のための費用、通常の管理費用その他の当該建物の所有者が負担しなければならない費用を特定の者にのみ減免する旨の規約の定め（案を含む）があるときは、その内容を、重要事項として説明しなければならない。このことは、買主が減免対象者であるか否かに関係ない。

○

A 405 □□

区分所有建物の売買・交換において、一棟の建物の計画的な維持修繕のための費用の積立てを行う旨の規約の定め（案を含む）があるときは、その内容およびすでに積み立てられている額を、重要事項として説明しなければならない。

×

★★★
Q 406
【H22】

中古マンションの売買の媒介における重要事項の説明において、当該マンションに係る維持修繕積立金については説明したが、管理組合が保管している維持修繕の実施状況についての記録の内容については説明しなかった場合、宅地建物取引業法の規定に違反しない。

★★★
Q 407
【H27】

宅地の貸借の媒介を行う場合、当該宅地について借地借家法第22条に規定する定期借地権を設定しようとするときは、その旨を重要事項として説明しなければならない。

★★★
Q 408
【R3】

宅地の貸借の媒介を行う場合における、「敷金その他いかなる名義をもって授受されるかを問わず、契約終了時において精算することとされている金銭の精算に関する事項」は、宅地建物取引業法の規定に重要事項の説明において少なくとも説明しなければならない事項として掲げられていない。

★★
Q 409
【H30】

営業保証金を供託している宅地建物取引業者が、売主として、宅地建物取引業者との間で宅地の売買契約を締結しようとする場合、営業保証金を供託した供託所及びその所在地について、買主に対し説明をしなければならない。

406 

区分所有建物の売買・交換において、当該一棟の建物の計画的な維持修繕のための費用の積立てを行う旨の規約の定めがあるときは、その内容およびすでに積み立てられている額を説明しなければならない。また、当該一棟の建物の維持修繕の実施状況が記録されているときは、その内容を説明しなければならない。本問は、後者を説明していないので、宅建業法の規定に違反する。

407 

宅地の貸借の媒介を行う場合、当該宅地について定期借地権を設定しようとするときは、その旨を重要事項として説明しなければならない。

408 ×

宅地・建物の貸借においては、敷金その他いかなる名義をもって授受されるかを問わず、契約終了時において精算することとされている金銭の精算に関する事項を、重要事項として説明しなければならない。したがって、「少なくとも説明しなければならない事項として掲げられていない」、すなわち説明の必要がないとする本問は誤り。

409 

宅建業者は、相手方等（宅建業者を除く）に対して、契約が成立するまでの間に、供託所等に関する説明をするようにしなければならない。本問では、買主が宅建業者なので、説明をする必要はない。

★★
Q 410 □□
【R5】

宅地建物取引業者Aの従業員Eが、Fが所有する戸建住宅の買取りを目的とした電話勧誘をFに対して行った際に、不実のことと認識しながら「今後5年以内にこの一帯は再開発されるので、急いで売却した方がよい。」と説明した場合、宅地建物取引業法の規定に違反しない。

11 37条書面等

★★★
Q 411 □□
【H26】

宅地建物取引業者Aは、新築分譲マンションを建築工事の完了前に販売しようとする場合、建築基準法第6条第1項の確認を受ける前において、当該マンションの売買契約の締結をすることはできないが、当該販売に関する広告をすることはできる。

★★★
Q 412 □□
【H27】

宅地建物取引業者は、建築確認が必要とされる建物の建築に関する工事の完了前においては、建築確認を受けた後でなければ、当該建物の貸借の媒介をしてはならない。

★★★
Q 413 □□
【H28】

宅地建物取引業者Aは、貸主Fと借主Gの間で締結される建物賃貸借契約について、Fの代理として契約を成立させたときは、FとGに対して37条書面を交付しなければならない。

A 410

宅建業者は、契約の勧誘に際し、現在・将来の利用の制限、環境に関する事項であって相手方等の判断に重要な影響を及ぼすこととなるものについて、故意に事実を告げず、または不実のことを告げる行為をしてはならない。

×

宅建業法

A 411

宅建業者は、宅地の造成または建物の建築に関する工事の完了前においては、当該工事に必要とされる開発許可・建築確認等の処分があった後でなければ、その宅地・建物について、①広告をすることができず（広告開始時期制限）、また、②自ら売買・交換をすることや、売買・交換の代理・媒介をすることもできない（契約締結時期制限）。したがって、Aは、広告と契約締結のどちらもすることができない。

×

A 412

貸借の代理・媒介には、契約締結時期制限は適用されない。したがって、建築確認を受けていなくても、貸借の媒介をすることができる。

×

A 413

宅建業者は、37条書面を契約の当事者に交付しなければならない。したがって、Aは、貸主Fと借主Gに交付しなければならない。

○

★★★
Q 414
【R4】
宅地建物取引業者Aが、その媒介により建物の貸借の契約を成立させ、37条書面を借主に交付するに当たり、37条書面に記名した宅地建物取引士が不在であったことから、宅地建物取引士ではないAの従業員に書面を交付させた場合、宅地建物取引業法の規定に違反する。

★★
Q 415
【R5】
宅地建物取引業者が自ら売主として締結する売買契約において、当該契約の相手方から宅地建物取引業法施行令第3条の4第1項に規定する承諾を得なければ、37条書面の電磁的方法による提供をすることができない。

★★
Q 416
【R1】
宅地建物取引業者は、その媒介により契約を成立させ、37条書面を作成したときは、宅地建物取引業法第35条に規定する書面に記名した宅地建物取引士をして、37条書面に記名させなければならない。

★★
Q 417
【R3】
宅地建物取引業者Aが自ら売主として建物を売却する場合、宅地建物取引業者Bに当該売却の媒介を依頼したときは、Bは宅地建物取引士をして37条書面に記名させなければならず、Aも宅地建物取引士をして37条書面に記名させなければならない。

★★★
Q 418
【R2】
宅地建物取引業者Aは、自ら売主として宅地の売買契約を締結した場合、専任の宅地建物取引士をして、37条書面の内容を当該契約の買主に説明させなければならない。

A 414 □□

37条書面には宅建士の記名が必要であるが、その交付をする者については特に制限がない。したがって、宅建士でない従業員が交付してもかまわない。

×

A 415 □□

37条書面の電磁的方法による提供を行うには、あらかじめ相手方から書面等による承諾を得る必要がある。

○

A 416 □□

37条書面と35条書面（重要事項説明書）には宅建士の記名が必要であるが、同一の者である必要はない。

×

A 417 □□

複数の宅建業者が取引に関わった場合、それぞれの宅建業者が37条書面の作成・交付義務を負う。したがって、ＢもＡも、宅建士をして37条書面に記名させなければならない。

○

A 418 □□

宅建業者は、37条書面に所定の事項を記載し、宅建士をして記名させたうえで、当事者に対して交付すれば足り、内容を説明する必要はない。

×

★★★
Q 419
【H27】

宅地建物取引業者Aが媒介により中古戸建住宅の売買契約を締結させた場合、Aは、引渡しの時期又は移転登記の申請の時期のいずれかを37条書面に記載しなければならず、売主及び買主が宅地建物取引業者であっても、当該書面を交付しなければならない。

★★★
Q 420
【R2追】

損害賠償額の予定又は違約金に関する定めがない場合、定めがない旨を37条書面に記載しなければならない。

★★★
Q 421
【R1】

宅地建物取引業者Aがその媒介により契約を成立させた場合において、契約の解除に関する定めがあるときは、当該契約が売買、貸借のいずれに係るものであるかを問わず、37条書面にその内容を記載しなければならない。

★★★
Q 422
【H28】

天災その他不可抗力による損害の負担に関して定めなかった場合には、その旨を37条書面に記載しなければならない。

419 37条書面には、引渡しの時期を記載しなければならず、売買・交換の37条書面には、移転登記の申請時期を記載しなければならない。したがって、いずれかを記載しなければならないとする本問は誤り。なお、売主と買主が宅建業者であっても37条書面を交付しなければならない点は正しい。 ×

420 すべての取引態様において、損害賠償額の予定または違約金に関する定めがあるときは、その内容を37条書面に記載する必要がある。本問のように定めがないときは、その旨を記載する必要はない。 ×

421 すべての取引態様において、契約の解除に関する定めがあるときは、その内容を37条書面に記載する必要がある。 ○

422 すべての取引態様において、天災その他不可抗力による損害の負担に関する定めがあるときは、その内容を37条書面に記載しなければならない。定めをしたときにその内容を記載する義務があるだけで、定めがない場合にその旨を記載する必要はない。 ×

宅建業法

★★★
Q 423
【R5】
既存住宅の貸借の媒介を行う宅地建物取引業者は、宅地建物取引業法第37条の規定により交付すべき書面に建物の構造耐力上主要な部分等の状況について当事者の双方が確認した事項を記載しなければならない。

★★★
Q 424
【H22】
宅地建物取引業者が建物の貸借の媒介を行う場合、借賃以外に金銭の授受があるときは、その額及び授受の目的について、宅地建物取引業法第35条に規定する重要事項を記載した書面に記載しているのであれば、37条書面に記載する必要はない。

12 その他の業務上の規制

★★★
Q 425
【H17】
宅地建物取引業者の従業者である宅地建物取引士は、本人の同意がある場合を除き、正当な理由がある場合でも、宅地建物取引業の業務を補助したことについて知り得た秘密を他に漏らしてはならない。

★★★
Q 426
【R5】
宅地建物取引業者Aが、売主としてマンションの売買契約を締結するに際して、買主が手付として必要な額を今すぐには用意できないと申し出たので、手付金の分割払いを買主に提案した場合、宅地建物取引業法の規定に違反する。

A 423 □□

既存建物の売買・交換においては、建物の構造耐力上主要な部分等の状況について当事者の双方が確認した事項を37条書面に記載しなければならない。しかし、本問は貸借なので、記載する必要はない。

×

A 424 □□

貸借の媒介・代理において、借賃以外の金銭の授受に関する定めがあるときは、その額、授受時期、授受目的について37条書面に記載する必要がある。重要事項説明書への記載の有無は関係ない。なお、代金・交換差金・借賃以外に授受される金銭の額・授受目的は、重要事項説明書の記載事項である。

×

宅建業法

A 425 □□

宅建業者の従業者は、正当な理由がある場合でなければ、宅建業の業務を補助したことについて知り得た秘密を他に漏らしてはならないが、この「正当な理由」は、本人の同意がある場合に限られない。したがって、正当な理由がある場合には、本人の同意がなくても、秘密を他に漏らすことができる。

×

A 426 □□

宅建業者は、手付について貸付けその他の信用の供与をすることにより契約の締結を誘引してはならない（手付貸与等の禁止）。本問では、分割払いの提案により契約の締結を誘引しているので、宅建業法の規定に違反する。

○

★★★
Q 427 □□
【H24】
宅地建物取引業者A社による投資用マンションの販売の勧誘に際して、A社の従業員は、「将来、南側に5階建て以上の建物が建つ予定は全くない。」と告げ、将来の環境について誤解させるべき断定的判断を提供したが、当該従業員には故意に誤解させるつもりはなかった場合、宅地建物取引業法の規定に違反する。

★★
Q 428 □□
【R5】
宅地建物取引業者Aの従業員Gは、Hが所有する戸建住宅の買取りを目的とした電話勧誘をHに対して行おうと考え、23時頃にHの自宅に電話をかけ、勧誘を行い、Hの私生活の平穏を害し、Hを困惑させた。この場合、宅地建物取引業法の規定に違反する。

★★★
Q 429 □□
【H29】
宅地建物取引業者Aの従業者Cは、投資用マンションの販売において、勧誘に先立ちAの名称を告げず、自己の氏名及び契約締結の勧誘が目的であることを告げたうえで勧誘を行ったが、相手方から関心がない旨の意思表示があったので、勧誘の継続を断念した場合、宅地建物取引業法の規定に違反しない。

★★★
Q 430 □□
【H27】
新築分譲マンションの買主Aが「昨日、申込証拠金10万円を支払ったが、都合により撤回したいので申込証拠金を返してほしい。」と述べたのに対し、宅地建物取引業者である売主Bが「お預かりした10万円のうち、社内規程上、お客様の個人情報保護のため、申込書の処分手数料として、5,000円はお返しできませんが、残金につきましては法令に従いお返しします」と発言した場合、Bの発言は宅地建物取引業法の規定に違反しない。

A 427 □□

宅建業者等（＝宅建業者やその従業員等）は、勧誘に際して、宅地・建物の将来の環境または交通その他の利便について誤解させるべき断定的判断を提供してはならない。この規定には「故意に」という言葉がないので、故意に誤解させるつもりがなかったときでも、宅建業法に違反する。

○

A 428 □□

勧誘に際して、深夜または長時間の勧誘その他の私生活または業務の平穏を害するような方法によりその者を困惑させることは、宅建業法に違反する。

○

A 429 □□

宅建業者等は、勧誘に先立って、宅建業者の商号・名称、当該勧誘を行う者の氏名、当該契約の締結について勧誘をする目的である旨を告げなければ、勧誘を行ってはならない。本問では、宅建業者Aの名称を告げていないので、宅建業法に違反する。

×

A 430 □□

宅建業者は、相手方等が契約の申込みの撤回を行うに際し、すでに受領した申込証拠金等の預り金を返還することを拒んではならない。したがって、5,000円分の返還を拒んだ本問は、宅建業法に違反する。

×

★★★
Q 431
【R4】
宅地建物取引業者の従業者である宅地建物取引士は、取引の関係者から事務所で従業者証明書の提示を求められたときは、この証明書に代えて従業者名簿又は宅地建物取引士証を提示することで足りる。

★★★
Q 432
【R3】
宅地建物取引業者は、その事務所ごとに従業者の氏名、従業者証明書番号その他国土交通省令で定める事項を記載した従業者名簿を備えなければならず、当該名簿を最終の記載をした日から５年間保存しなければならない。

★★
Q 433
【R2】
宅地建物取引業者は、その業務に従事させる者に従業者証明書を携帯させなければならないが、その者が非常勤の役員や単に一時的に事務の補助をする者である場合には携帯させなくてもよい。

★★★
Q 434
【R3】
宅地建物取引業者は、その業務に関する帳簿を備え、取引のあったつど、その年月日、その取引に係る宅地又は建物の所在及び面積その他国土交通省令で定める事項を記載しなければならないが、支店及び案内所には備え付ける必要はない。

★★★
Q 435
【H29】
宅地建物取引業者Ａは、宅地建物取引業法第49条に規定されている業務に関する帳簿について、業務上知り得た秘密が含まれているため、当該帳簿の閉鎖後、遅滞なく、専門業者に委託して廃棄した場合、宅地建物取引業法の規定に違反しない。

A 431

宅建業者の従業者は、取引の関係者から従業者証明書の提示の請求があったときは、従業者証明書を提示しなければならない。従業者が宅建士であっても、従業者名簿や宅建士証の提示をもって従業者証明書の提示に代えることはできない。

×

A 432

宅建業者は、その事務所ごとに従業者の氏名、従業者証明書番号等を記載した従業者名簿を備えなければならず、当該名簿を最終の記載をした日から10年間保存しなければならない。「５年間」ではない。

×

A 433

従業者名簿に記載すべき者や従業者証明書を携帯させるべき者には、非常勤の役員や、単に一時的に事務の補助をする者も含まれる。

×

A 434

宅建業者は、その事務所ごとに、その業務に関する帳簿を備え、取引のあったつど、その年月日、その取引に係る宅地・建物の所在、面積等を記載しなければならない。宅建業を営む支店は事務所に当たるので、支店には備え付ける必要がないとする本問は誤り。なお、案内所には備え付ける必要がない。

×

A 435

宅建業者は、その事務所ごとに、その業務に関する帳簿を備えなければならず、その帳簿は各事業年度の末日をもって閉鎖し、閉鎖後５年間（当該宅建業者が自ら売主となる新築住宅に係るものにあっては、10年間）保存しなければならない。遅滞なく廃棄した本問は、宅建業法に違反する。

×

★★
Q 436
【H28】

宅地建物取引業者Ａは、宅地建物取引業法第49条の規定によりその事務所ごとに備えるべきこととされている業務に関する帳簿について、取引関係者から閲覧の請求を受けたが、閲覧に供さなかった場合、宅地建物取引業法の規定に違反する。

★★★
Q 437
【R3】

宅地建物取引業者が、一団の宅地の分譲を行う案内所において宅地の売買の契約の締結を行う場合、その案内所には国土交通大臣が定めた報酬の額を掲示しなければならない。

★★★
Q 438
【R3】

宅地建物取引業者は、事務所以外の継続的に業務を行うことができる施設を有する場所であっても、契約（予約を含む。）を締結せず、かつ、その申込みを受けない場合、当該場所に専任の宅地建物取引士を置く必要はない。

★★★
Q 439
【R5】

宅地建物取引業者Ｇ（丁県知事免許）が、その業務に関し展示会を丁県内で実施する場合、展示会を実施する場所において売買契約の締結（予約を含む。）又は売買契約の申込みの受付を行うときは、Ｇは展示会での業務を開始する日の５日前までに展示会を実施する場所について丁県知事に届け出なければならない。

A 436 □□

宅建業者は、その事務所ごとに、その業務に関する帳簿を備えなければならないが、従業者名簿と異なり、閲覧の規定はない。したがって、閲覧に供する必要はない。

×

A 437 □□

報酬額の掲示は、事務所のみに義務付けられており、案内所には必要ない。

×

A 438 □□

宅建業者は、事務所以外の継続的に業務を行うことができる施設を有する場所において、契約を締結しまたは契約の申込みを受ける場合には、専任の宅建士を置かなければならない。したがって、契約締結等を行わない場合には、専任の宅建士を置く必要はない。

○

A 439 □□

案内所等の届出は、業務を開始する日の10日前までに、免許権者と案内所等の所在地を管轄する都道府県知事に対して行わなければならない。「5日前」ではない。

×

★★★

Q 440

【H26】

宅地建物取引業者B（国土交通大臣免許）がマンション（100戸）の販売について媒介の依頼を受け、当該マンションの所在する場所の隣接地（乙県内）に案内所を設置し、売買契約の申込みを受ける業務を行う場合、Bは、その設置した案内所の業務に従事する者の数５人に対して１人以上の割合となる数の専任の宅地建物取引士を当該案内所に置かなければならない。

★★★

【H21】

宅地建物取引業者C（国土交通大臣免許）は、宅地建物取引業法第50条第２項の規定により同法第31条の３第１項の国土交通省令で定める場所について届出をする場合、国土交通大臣及び当該場所の所在地を管轄する都道府県知事に、それぞれ直接届出書を提出しなければならない。

★★★

【R3】

宅地建物取引業者は、一団の宅地の分譲を行う案内所において宅地の売買の契約の締結を行わない場合、その案内所には国土交通省令で定める標識を掲示しなくてもよい。

★★★

【H24】

宅地建物取引業者A社（国土交通大臣免許）が行う宅地建物取引業者B社（甲県知事免許）を売主とする分譲マンション（100戸）に係る販売代理について、A社が単独で当該マンションの所在する場所の隣地に案内所を設けて売買契約の締結をしようとする場合、A社は、マンションの所在する場所に宅地建物取引業法第50条第１項の規定に基づく標識を掲げなければならないが、B社は、その必要がない。

A 440 □□

宅建業者は、他の宅建業者が行う一団の宅地・建物の分譲の代理・媒介を案内所を設置して行う場合において、そこで契約を締結し、または契約の申込みを受けるときは、当該案内所に専任の宅建士を置かなければならない。しかし、その数は1人以上で足り、従業者数5人に対して1人以上である必要はない。

×

A 441 □□

宅建業法50条2項の届出（案内所等の届出）は、免許権者と案内所等の所在地を管轄する都道府県知事に対して行うが、国土交通大臣へは「直接届出書を提出」するのではなく、案内所等の所在地を管轄する都道府県知事を経由して行う。

×

A 442 □□

宅建業者は、一団の宅地・建物の分譲を行うための案内所には、公衆の見やすい場所に標識を掲示しなければならない。このことは、その場所で契約の締結や申込みの受付を行うか否かに関係ない。

×

A 443 □□

宅建業者は、一団の宅地・建物の分譲をする場合における当該宅地・建物の所在場所に、標識を掲示しなければならないが、この義務は売主である宅建業者に課されている。当該マンションの所在する場所に標識を掲示しなければならないのはB社であり、本問は逆の記述である。

×

★★
Q 444 □□
【R4】
宅地建物取引業者は、主たる事務所については、免許証、標識及び国土交通大臣が定めた報酬の額を掲げ、従業者名簿及び帳簿を備え付ける義務を負う。

13 クーリング・オフ制度

★★★
Q 445 □□
【H26】
宅地建物取引業者Aが、自ら売主として宅地建物取引業者でない買主Bとの間で宅地の売買契約を締結するに際し、Bは、Aの仮設テント張りの案内所で買受けの申込みをし、その3日後にAの事務所でクーリング・オフについて書面で告げられた上で契約を締結した。この場合、Aの事務所で契約を締結しているので、Bは、クーリング・オフによる契約の解除をすることができない。

★★
Q 446 □□
【H22】
宅地建物取引業者Aが、自ら売主となり、宅地建物取引業者でない買主Bとの間で宅地の売買契約を締結するに際し、Bは、自ら指定した知人の宅地建物取引業者C（CはAから当該宅地の売却について代理又は媒介の依頼を受けていない。）の事務所で買受けの申込みをし、その際にAからクーリング・オフについて何も告げられず、翌日、Cの事務所で契約を締結した場合、Bは売買契約をクーリング・オフにより解除することができない。

★★★
Q 447 □□
【H29】
宅地建物取引業者Aが、自ら売主として、宅地建物取引業者でないBとの間でマンションの売買契約を締結しようとする場合、Bは自ら指定した自宅においてマンションの買受けの申込みをしたときでも、宅地建物取引業法第37条の2の規定に基づき、書面により買受けの申込みの撤回を行うことができる。

免許証を掲示する義務はない。なお、事務所に標識・報酬額の掲示や従業者名簿・帳簿の備付けが必要である点は正しい。 ×

A 445

クーリング・オフができるかどうかは、買受けの申込みの場所を基準に判断する。本問では、買受けの申込みが仮設テント張りの案内所で行われているので、クーリング・オフ制度が適用される。 ×

A 446

売主である宅建業者から代理・媒介の依頼を受けた宅建業者の事務所で買受けの申込みをした場合には、クーリング・オフ制度が適用されない。しかし、本問では売主から代理・媒介の依頼を受けていない宅建業者の事務所で買受けの申込みをしているので、クーリング・オフ制度の適用がある。 ×

A 447

買主の自宅や勤務先は、買主が申し出た場合には事務所等にあたる。したがって、そこで申込みや契約締結が行われた場合には、クーリング・オフ制度は適用されない。 ×

★★
Q 448
□□
【H30】

宅地建物取引業者である売主Aが、宅地建物取引業者Bの媒介により宅地建物取引業者ではない買主Cと新築マンションの売買契約を締結した場合、クーリング・オフについて告げる書面には、Bの商号又は名称及び住所並びに免許証番号を記載しなければならない。

★★★
Q 449
□□
【R2追】

宅地建物取引業者Aが自ら売主として宅地建物取引業者ではない買主Bとの間で宅地の売買契約を締結するに際し、Bは、Aの仮設テント張りの案内所で買受けの申込みをし、2日後、Aの事務所で契約を締結した上で代金全額を支払った。その5日後、Bが、宅地の引渡しを受ける前に当該契約についてクーリング・オフによる解除の書面を送付した場合、Aは代金全額が支払われていることを理由に契約の解除を拒むことができる。

★★★
Q 450
□□
【R2】

宅地建物取引業者Aが自ら売主となる宅地の売買契約において、宅地建物取引業者でないBは、喫茶店で当該宅地の買受けの申込みをし、売買契約を締結した。Bが、Aからクーリング・オフについて書面で告げられた日の翌日から起算して8日目にクーリング・オフによる契約の解除の書面を発送し、10日目にAに到達したとき、Bはクーリング・オフにより契約の解除を行うことができる

クーリング・オフについて告げる書面には、売主である宅建業者の商号または名称、住所、免許証番号を記載しなければならない。本問の場合、BではなくAである。

×

「テント張りの案内所」は事務所等にあたらないので、本問の売買契約には、クーリング・オフ制度の適用がある。もっとも、①クーリング・オフできる旨とその方法を書面で告げられた日から8日間経過したとき、または、②宅地・建物の引渡しを受け、かつ代金の全部を支払ったときは、クーリング・オフできなくなる。本問の場合、Bが引渡しを受けていないので②にあたらず、Aは契約の解除を拒むことができない。

×

クーリング・オフ期間は、クーリング・オフできる旨とその方法を書面で告げられた日から起算して8日間である。したがって、告げられた日の「翌日」から起算して8日目（＝告げられた日から起算すると9日目）にクーリング・オフする旨の書面を発しても、解除することはできない。

×

★★★
Q 451
【R5】

宅地建物取引業者Aが、自ら売主として、宅地建物取引業者ではない買主Bから、仮設テント張りの案内所で宅地の買受けの申込みを受けた場合、Bは、クーリング・オフについて告げられた日から8日以内に電磁的方法により当該申込みの撤回を申し出れば、申込みの撤回を行うことができる。

★★★
Q 452
【H27】

宅地建物取引業者Aは、自ら売主として、宅地建物取引業者でないBとの間で建物の売買契約を締結した。Bが、宅地建物取引業法第37条の2の規定に基づくクーリング・オフについてAより書面で告げられた日から7日目にクーリング・オフによる契約の解除の書面を発送し、9日目にAに到達した場合は、クーリング・オフによる契約の解除をすることができない。

★★★
Q 453
【R1】

宅地建物取引業者Aは、自ら売主として、宅地建物取引業者ではないBとの間で宅地の売買契約を締結した。Bがクーリング・オフにより当該売買契約を解除した場合、当該契約の解除に伴う違約金について定めがあるときは、Aは、Bに対して違約金の支払を請求することができる。

クーリング・オフは、書面で行わなければならない。電磁的方法によることはできない。　×

A 452

クーリング・オフは、クーリング・オフできる旨とその方法を書面で告げられた日から8日間経過したときはできなくなるが、クーリング・オフの効力は、その旨の書面を発したときに生ずる。本問では、7日目に書面を発送しているので、その時点でクーリング・オフの効力が生じている。　×

宅建業者は、クーリング・オフに伴う損害賠償または違約金の請求をすることができない。これに反する特約で申込者等に不利なものは無効となる。したがって、違約金についての定めがあっても、Aは、Bに対して違約金の支払を請求することができない。　×

★★★
Q 454
□□
【H24】

宅地建物取引業者A社が、自ら売主として宅地建物取引業者でない買主Bとの間で建物の売買契約を締結するに際し、Bは、ホテルのロビーにおいて買受けの申込みをし、その際にA社との間でクーリング・オフによる契約の解除をしない旨の合意をした上で、後日、売買契約を締結した。この場合、仮にBがクーリング・オフによる当該契約の解除を申し入れたとしても、A社は、当該合意に基づき、Bからの契約の解除を拒むことができる。

14 自己の所有に属しない宅地・建物の契約制限、担保責任の特約の制限、損害賠償額の予定等の制限

★★★
Q 455
□□
【H21】

宅地建物取引業者Aが自ら売主として、B所有の甲宅地を、宅地建物取引業者でない買主Cに売却する場合において、Aは、甲宅地の造成工事の完了後であれば、Bから甲宅地を取得する契約の有無にかかわらず、Cとの間で売買契約を締結することができる。

★★★
Q 456
□□
【H21】

宅地建物取引業者Aが自ら売主として、B所有の甲宅地を、宅地建物取引業者でない買主Cに売却する場合において、Aは、Bから甲宅地を取得する契約が締結されているときであっても、その取得する契約に係る代金の一部を支払う前であれば、Cとの間で売買契約を締結することができない。

「ホテルのロビー」は事務所等にあたらないので、本問の契約には、クーリング・オフ制度の適用がある。そして、クーリング・オフについて買主等に不利な特約は無効なので、クーリング・オフしない旨の特約は無効になる。したがって、A社は、原則としてBからの契約の解除を拒むことはできない。 ×

A 455

宅建業者は、自己の所有に属しない宅地・建物については、自ら売主となる売買契約（予約を含む）を締結できないのが原則である。ただし、宅建業者が当該宅地・建物を取得する契約（予約を含み、停止条件付きのものを除く）を締結しているとき等は、自己の所有に属しない宅地・建物の売買契約を締結することができる。したがって、「Bから甲宅地を取得する契約の有無にかかわらず」とする本問は誤り。 ×

A 456

A 455で述べたとおり、当該宅地・建物を取得する契約を締結しているときは、自己の所有に属しない宅地・建物の売買契約を締結することができる。代金の支払があるかどうかは関係ない。 ×

★★★
Q 457
【R1】

宅地建物取引業者Aは、宅地建物取引業者ではないBが所有する宅地について、Bとの間で確定測量図の交付を停止条件とする売買契約を締結した。その後、停止条件が成就する前に、Aが自ら売主として、宅地建物取引業者ではないCとの間で当該宅地の売買契約を締結した場合、宅地建物取引業法の規定に違反する。

★★
Q 458
【H21】

宅地建物取引業者Aが自ら売主として、B所有の甲宅地を、宅地建物取引業者でない買主Cに売却する場合において、Aは、甲宅地の売買が宅地建物取引業法第41条第1項に規定する手付金等の保全措置が必要な売買に該当するとき、Cから受け取る手付金について当該保全措置を講じておけば、Cとの間で売買契約を締結することができる。

★★★
Q 459
【H15】

宅地建物取引業者Eは、Fの所有する宅地を取得することを停止条件として、宅地建物取引業者Gとの間で自ら売主として当該宅地の売買契約を締結した場合、宅地建物取引業法の規定に違反しない。

★★★
Q 460
【H26】

宅地建物取引業者Aが、自ら売主として宅地建物取引業者ではない買主Bとの間で宅地の売買契約を締結した場合、Aが宅地又は建物が種類又は品質に関して契約の内容に適合しない場合におけるその不適合を担保すべき責任（以下Q465まで「契約不適合責任」という）の通知期間を売買契約に係る宅地の引渡しの日から3年間とする特約は、無効である。

A 457 □□

Bの所有する宅地について、AはBと売買契約を締結しているが、その契約には停止条件が付いているので、A 455で述べた例外にあたらない。したがって、AがCと売買契約を締結したことは、宅建業法に違反する。

○

A 458 □□

A 455で述べた原則に対するもう1つの例外として、未完成物件について手付金等の保全措置が講じられている場合は自己の所有に属しない宅地・建物の売買契約を締結することができる。宅建業法41条1項に規定する手付金等の保全措置とは、未完成物件についての手付金等の保全措置なので、それが講じられている本問では、AC間の売買契約を締結することができる。

○

A 459 □□

自己の所有に属しない物件の売買制限は自ら売主制限の1つなので、本問のように買主が宅建業者の場合には適用されない。

○

A 460 □□

宅建業者が自ら売主となる売買契約においては、通知期間を引渡しの日から2年以上とするものを除き、契約不適合責任につき買主に不利な特約は無効となる。本問のような引渡しの日から3年とする特約は、引渡しの日から2年以上なので有効である。

×

★★
Q 461 □□
【H29】

宅地建物取引業者Aが、自ら売主として宅地建物取引業者でない買主Bとの間で締結した宅地の売買契約において、Aが契約不適合責任を負う期間内は、Bは損害賠償の請求をすることはできるが、契約を解除することはできないとする特約を定めた場合、その特約は有効である。

★★★
Q 462 □□
【H24】

宅地建物取引業者A社が、自ら売主として、宅地建物取引業者でない買主Bの売買を代理する宅地建物取引業者C社との間で新築戸建住宅の売買契約を締結するに際して、当該住宅の契約不適合責任の通知期間についての特約を定めなかった場合、宅地建物取引業法の規定に違反する。

★★
Q 463 □□
【H21】

宅地建物取引業者Aが、自ら売主として、宅地建物取引業者でない買主Bとの間で締結した中古住宅の売買契約において、当該住宅を現状有姿で引き渡すとする特約と、Aが契約不適合責任を負わないこととする特約とを定めた場合、その特約はいずれも有効である。

A 461 □□

民法の規定によれば、買主は、契約不適合責任に基づき、損害賠償請求、解除、履行追完請求、代金減額請求をすることができる。そして、民法の規定より買主に不利な特約は、通知期間を引渡しの日から２年以上とするものを除き、無効になる。したがって、本問の特約は無効である。

×

A 462 □□

契約不適合責任の特約の制限は、特約をする場合の内容の制限であり、特約をすることを義務づけるものではない。したがって、特約をしないことは宅建業法に違反しない。

×

A 463 □□

契約不適合責任について、民法の規定より買主に不利な特約は、原則として無効である。したがって、Aが契約不適合責任を負わないとする特約は無効であり、有効とする本問は誤り。なお、現状有姿（現状のまま）で引き渡す旨の特約は、特に禁止されていないので、有効である。

×

★★
Q 464
【R1】

宅地建物取引業者は、自ら売主となる宅地又は建物の売買契約（取引の相手方は宅地建物取引業者でない者とする。）において、契約不適合責任に関し、取引の相手方が同意した場合に限り、当該責任の通知期間を当該宅地又は建物の引渡しの日から1年とする特約を有効に定めることができる。

★★★
Q 465
【R2】

宅地建物取引業者Aが、自ら売主として、宅地建物取引業者ではないEとの間で締結する建物の売買契約において、Aは当該建物の種類又は品質に関して契約の内容に適合しない場合におけるその不適合を担保すべき責任を一切負わないとする特約を定めた場合、この特約は無効となり、Aが当該責任を負う期間は当該建物の引渡日から2年となる。

★★★
Q 466
【H25】

宅地建物取引業者A社は、自ら売主として宅地建物取引業者でない買主Bとの間で新築分譲マンションの売買契約（代金3,500万円）を締結するに際して、当事者の債務の不履行を理由とする契約の解除に伴う損害賠償の予定額と違約金の合計額を700万円とする特約を定めることができる。

民法の規定では、種類・品質に関する不適合の場合、買主は、不適合を知った時から1年以内にその旨を売主に通知しないと、担保責任（契約不適合責任）を追及することができなくなる。そして、宅建業者が自ら売主となる宅地・建物の売買契約においては、通知期間を引渡しの日から2年以上とする特約を除き、民法の規定よりも買主に不利な特約は無効となる。したがって、本問の「引渡しの日から1年」とする特約は無効となる。このことは、相手方（買主）が同意をしていても変わりがない。

×

契約不適合責任を負わない旨の特約は、買主に不利な特約なので無効となり、民法の規定どおりの責任（通知期間は不適合を知った時から1年）となる。すなわち、自ら売主制限においては「引渡しの日から2年以上」という特約が許されるというだけであり、特約がなければ「引渡日から2年」にはならない。

×

宅建業者が自ら売主となる売買契約において損害賠償額の予定や違約金の定めをするときには、それらの合計額が代金額の2割を超えてはならない。本問の特約は、合計額を代金3,500万円の2割である700万円とするものなので、そのような特約を定めることができる。

○

★★★
Q 467
【H27】

宅地建物取引業者Aが、自ら売主として、宅地建物取引業者でないBとの間で建物（代金2,400万円）の売買契約を締結する際、当事者の債務の不履行を理由とする契約の解除に伴う損害賠償の予定額を480万円とし、かつ、違約金の額を240万円とする特約を定めた。この場合、当該特約は全体として無効となる。

★★★
Q 468
【R3】

宅地建物取引業者Aが、自ら売主として宅地建物取引業者ではないBを買主とする土地付建物の売買契約を締結するに際して、当事者の債務の不履行を理由とする契約の解除に伴う損害賠償の予定額を定めていない場合、債務の不履行による損害賠償の請求額は売買代金の額の10分の2を超えてはならない。

★★
Q 469
【H22】

宅地建物取引業者Aが、自ら売主として宅地建物取引業者でない買主Bとの間で宅地の売買契約を締結した際に、当事者の債務不履行を理由とする契約の解除に伴う損害賠償の予定額を定めていない場合、損害賠償の請求額は売買代金の額を超えてはならない。

15 手付額の制限等、手付金等の保全措置、その他の自ら売主制限

★★★
Q 470
【H19】

宅地建物取引業者Fが自ら売主となって、宅地建物取引業者でないGと宅地の売買契約を締結するに際して手付金を受領する場合において、その手付金が解約手付である旨の定めがないときは、Fが契約の履行に着手していなくても、Gは手付金を放棄して契約の解除をすることができない。

A 467 □□

宅建業者が自ら売主となる売買契約において損害賠償額の予定や違約金の定めをするときには、それらの合計額が代金額の２割を超えてはならない。２割を超える定めは、超える部分につき無効になる。「全体として無効」となるのではない。

×

A 468 □□

宅建業者が自ら売主となる売買契約において、損害賠償額の予定や違約金を定めるときは、あわせて代金額の２割を超えてはならない。しかし、損害賠償額の予定がない場合の請求額は、この制限とは無関係であり、代金額の２割に制限されない。

×

A 469 □□

損害賠償額の予定額を定めていない場合に請求額が売買代金の額を超えてはならないとの規定はない。

×

A 470 □□

宅建業者が自ら売主となる売買契約において手付が支払われたときは、契約の相手方が履行に着手するまでは、買主は手付を放棄して、売主は手付の倍額を現実に提供して、契約を解除することができる（解約手付）。このことは、当事者の間で手付が解約手付であると定めたかどうかに関係ない。

×

★★★
Q 471
【H22】
宅地建物取引業者Aが、自ら売主として宅地建物取引業者でないBとの間で宅地（代金2,000万円）の売買契約を締結する場合、Aは、Bの承諾がある場合においても、「Aが契約の履行に着手した後であっても、Bは手付を放棄して、当該売買契約を解除することができる」旨の特約をすることができない。

★★
Q 472
【R1】
宅地建物取引業者Aが、自ら売主として、宅地建物取引業者ではないBとの間で締結したマンションの売買契約において、手付金を受領している場合、Bが契約の履行に着手する前であっても、Aは、契約を解除することについて正当な理由がなければ、手付金の倍額を現実に提供して契約を解除することができない。

★★
Q 473
【H22】
宅地建物取引業者Aが、自ら売主として宅地建物取引業者でない買主Bとの間で宅地の売買契約を締結した際に、Aは、当該売買契約の締結日にBから手付金を受領し、翌日、Bから内金を受領した。その2日後、AがBに対して、手付の倍額を現実に提供することにより契約解除の申出を行った場合、Bは、契約の履行に着手しているとしてこれを拒むことができる。

★★★
Q 474
【H27】
宅地建物取引業者Aは、自ら売主として、宅地建物取引業者でないBとの間で建物（代金2,400万円）の売買契約を締結する場合、原則として480万円を超える手付金を受領することができない。ただし、あらかじめBの承諾を得た場合に限り、720万円を限度として、480万円を超える手付金を受領することができる。

A 470で述べた解約手付について、買主に不利な特約は無効である。しかし、本問の特約は、買主が解除できる時期を延ばすものであって、買主に不利ではないので有効である。

×

宅建業者が自ら売主となる売買契約において手付が支払われたときは、相手方が履行に着手するまでは、買主は手付を放棄して、売主は手付の倍額を現実に提供して、契約を解除することができる。この場合、「正当な理由」は必要ない。

×

内金とは、代金の一部として支払われる金銭のことである。代金を支払うことは契約の履行にあたるので、Bが内金を支払っている本問では、Bは契約の履行に着手しており、Aは手付の倍額の現実の提供によって契約を解除することができない。

宅建業者は、自ら売主となる売買契約の締結に際して、代金の2割を超える額の手付を受領することはできない。このことは、買主の承諾を得たかどうかには関係がない。したがって、承諾を得ても480万円を超える手付金を受領することはできない。

×

★★★
Q 475
【H28】

宅地建物取引業者Aが、自ら売主として、宅地建物取引業者でないBとの間で、建築工事完了前のマンション（代金4,000万円）の売買契約を締結した。Aは、Bから手付金200万円を受領し、さらに建築工事中に200万円を中間金として受領した後、当該手付金と中間金について宅地建物取引業法第41条に定める保全措置を講じた場合、宅地建物取引業法の規定に違反する。

★★★
Q 476
【R5】

宅地建物取引業者Aが、自ら売主として、宅地建物取引業者ではない個人Bとの間で宅地の売買契約を締結する場合、Aは、Bから手付金を受領した後に、速やかに手付金の保全措置を講じなければならない。なお、当該契約に係る手付金は保全措置が必要なものとする。

★★★
Q 477
【H22】

宅地建物取引業者Aが、自ら売主として宅地建物取引業者でない買主Bとの間で、建築工事完了前のマンションの売買契約を締結するに当たり、手付金の受領後遅滞なく保全措置を講じる予定である旨を、Aがあらかじめ Bに対して説明したときは、Aは、保全措置を講じることなく当該マンションの代金の額の10％に相当する額を手付金として受領することができる。

475 宅建業者は、自ら売主となる売買契約においては、原則として、保全措置を講じた後でなければ、手付金等を受領してはならない。ただし、①買主が登記をしたとき、または、②受領しようとする手付金等の額が、工事完了前に売買契約を締結した場合は、代金額の5%以下かつ1,000万円以下、工事完了後に売買契約を締結した場合は、代金額の10%以下かつ1,000万円以下のときは、保全措置を講じなくても手付金等を受領することができる。そして、保全措置の要否は、すでに受領した額も含めた額で判断する。本問では、中間金を受領する段階で合計額が代金額の5%である200万円を超える。したがって、中間金を受領するまでに保全措置を講じなければならない。

○

476 宅建業者は、必要な保全措置を講じた後でなければ、手付金等を受領してはならない。受領後に保全措置を講じるのではない。

477 保全措置は、手付金等を受領するまでに講じなければならない。したがって、受領後遅滞なく保全措置を講じる予定である旨を説明しても、代金額の10%相当額の手付金を受領することはできない。

×

★★★
Q 478 □□
【H22】

宅地建物取引業者Aが、自ら売主として宅地建物取引業者でない買主Bとの間で、建築工事完了前のマンションの売買契約を締結するに当たり、当該マンションの代金の額の10%に相当する額の中間金を支払う旨の定めをした。Aが保全措置を講じないことを理由に、Bが当該中間金を支払わないときは、Aは、Bの当該行為が債務不履行に当たるとして契約を解除することができる。

★★★
Q 479 □□
【H23】

宅地建物取引業者A社が、自ら売主として宅地建物取引業者でない買主Bと建築工事完了前のマンション（代金3,000万円）の売買契約を締結し、Bから手付金200万円を受領した。Bが売買契約締結前に申込証拠金5万円を支払っており、当該契約締結後、当該申込証拠金が代金に充当されるときは、A社は、その申込証拠金に相当する額についても保全措置を講ずる必要がある。

★★★
Q 480 □□
【H21】

宅地建物取引業者Aは、自ら売主として、宅地建物取引業者でないBとの間で、建築工事完了前の建物に係る売買契約（代金5,000万円）を締結した。Aは、宅地建物取引業法第41条に定める手付金等の保全措置を講じた上で、Bから2,000万円を手付金として受領した場合、宅地建物取引業法の規定に違反しない。

宅建業者が保全措置を講じないときは、買主は、手付金等を支払わないことができる。したがって、Bが中間金を支払わないことは債務不履行にあたらず、Aは契約を解除することができない。

手付金等とは、代金として授受されるか代金に充当される金銭であって、契約締結日以後宅地・建物の引渡し前に支払われるものをいう。したがって、契約締結後、申込証拠金が代金に充当されるときは、当該申込証拠金も手付金等に含まれ、保全措置の対象となる。

○

宅建業者は、自ら売主となる売買契約の締結に際して、代金の２割を超える額の手付を受領することはできない。このことは、保全措置を講じるかどうかには関係ない。したがって、代金5,000万円の２割（1,000万円）を超える2,000万円の手付金を受領したことは、宅建業法に違反する。

×

★★★
Q 481 □□
【H30】

宅地建物取引業者である売主は、宅地建物取引業者ではない買主との間で、戸建住宅の売買契約（所有権の登記は当該住宅の引渡し時に行うものとする。）を締結した。当該住宅が建築工事の完了前で、売主が買主から保全措置が必要となる額の手付金を受領する場合、売主は、事前に、国土交通大臣が指定する指定保管機関と手付金等寄託契約を締結し、かつ、当該契約を証する書面を買主に交付した後でなければ、買主からその手付金を受領することができない。

★★
Q 482 □□
【R5】

宅地建物取引業者Ａが、自ら売主として、宅地建物取引業者ではない個人Ｂとの間で宅地の売買契約を締結する場合、Ａは、手付金の保全措置を保証委託契約を締結することにより講ずるときは、保証委託契約に基づいて銀行等が手付金の返還債務を連帯して保証することを約する書面のＢへの交付に代えて、Ｂの承諾を得ることなく電磁的方法により講ずることができる。

★★
Q 483 □□
【R2】

宅地建物取引業者Ａが、自ら売主として、宅地建物取引業者ではないＢとの間で締結した建物の割賦販売の契約において、Ｂからの賦払金が当初設定していた支払期日までに支払われなかった場合、Ａは直ちに賦払金の支払の遅滞を理由として当該契約を解除することができる。

工事完了前に売買契約を締結した場合、保全措置の方法は、①銀行等による保証、②保険事業者による保証保険の２つである。本問のような指定保管機関による保管の方法により保全措置を講じることはできない。

×

本問の書面の交付に代えて、電磁的方法により措置を講ずるには、買主から書面等による承諾を得る必要がある。

×

宅建業者は、自ら売主となる割賦販売契約について賦払金の支払の義務が履行されない場合においては、30日以上の相当の期間を定めてその支払を書面で催告し、その期間内にその義務が履行されないときでなければ、賦払金の支払の遅滞を理由として、契約を解除し、または支払時期の到来していない賦払金の支払を請求することができない。したがって、支払がないときでも、直ちに解除することはできない。

×

★★
Q 484
□□
【R3】
宅地建物取引業者Aが、自ら売主として宅地建物取引業者ではないBを買主とする土地付建物の割賦販売契約（代金3,200万円）を締結し、当該土地付建物を引き渡した場合、Aは、Bから800万円の賦払金の支払を受けるまでに、当該土地付建物に係る所有権の移転登記をしなければならない。

16 報酬に関する制限（売買・交換）

★★★
Q 485
□□
【H26】
宅地建物取引業者A（消費税課税事業者）は売主から代理の依頼を、宅地建物取引業者B（消費税課税事業者）は買主から媒介の依頼を、それぞれ受けて、代金4,000万円の宅地の売買契約を成立させた場合、Aは売主から277万2,000円、Bは買主から138万6,000円の報酬をそれぞれ受けることができる。

★★★
Q 486
□□
【H16】
宅地建物取引業者A（消費税課税事業者）が売主B（消費税課税事業者）からB所有の土地付建物の媒介依頼を受け、買主Cとの間で売買契約を成立させた場合、AがBから受領できる報酬の限度額（消費税額及び地方消費税額を含む。）は、162万円である。なお、土地付建物の代金は5,200万円（消費税額及び地方消費税額を合算した額200万円を含む。）とする。

A 484 □□

宅建業者は、自ら売主となる割賦販売を行った場合において、引渡しまでに代金額の3/10を超える額の支払を受けているときは、原則として、引渡しまでに登記その他引渡し以外の売主の義務を履行しなければならない。本問では、3,200万円の3/10である960万円を超える支払を受けるまでに、所有権の移転登記をしなければならない。「800万円」ではない。

×

A 485 □□

4,000万円の売買を媒介・代理した場合、報酬合計額の上限額（税抜き）は、4,000万円×3％＋6万円＝126万円の2倍である252万円で、消費税10％を上乗せすれば、277万2,000円である。したがって、本問のように合計で415万8,000円の報酬を受けることはできない。

×

A 486 □□

報酬計算のもとになるのは、本体価格（税抜価格）である。本問では、代金5,200万円から消費税・地方消費税200万円を除いた5,000万円がもとになる。したがって、AがBから受領できる報酬の限度額は、5,000万円×3％＋6万円＝156万円に消費税10％を上乗せした171万6,000円となる。

×

★★★
Q 487
【R3】

宅地建物取引業者A（消費税課税事業者）は、宅地（代金300万円。消費税等相当額を含まない。）の売買の媒介について、通常の媒介と比較して現地調査等の費用が6万円（消費税等相当額を含まない。）多く要した場合、依頼者双方から合計で44万円を上限として報酬を受領することができる。

★★★
Q 488
【H18】

宅地建物取引業者A（消費税課税事業者）は、BからB所有の宅地の売却について代理の依頼を受け、Cを買主として代金3,000万円で売買契約を成立させた。その際、Bから報酬として、132万円を受領した場合、宅地建物取引業法の規定に違反しない。なお、この場合の取引の関係者は、A、B及びCのみとする。

400万円以下の宅地・建物の売買の媒介の場合、一定の要件を満たせば、売主からは、通常の報酬額に費用を加えた額（合計で税抜き18万円が限度）を受領することができる。本問では、300万円×４％＋２万円＝14万円に費用６万円を足すと20万円であるが、合計で18万円が限度なので、これに消費税10％を上乗せした19万8,000円が売主からの限度額になる。買主から受領する報酬には費用を上乗せできないので、買主からの限度額は、14万円に消費税10％を上乗せした15万4,000円になる。したがって、合計額の限度は、19万8,000円 ＋15万4,000円 ＝35万2,000円である。

×

売買の代理の場合、当事者の一方から媒介の場合の２倍の額まで受領することができるので、Aは、3,000万円×３％＋６万円＝96万円の２倍である192万円に課税事業者なので10％を上乗せした211万2,000円まで受領することができる。

○

宅建業法

17 報酬に関する制限（貸借・要求制限等）

★★★
Q 489 □□
【H26】

宅地建物取引業者A（消費税課税事業者）は貸主から、宅地建物取引業者B（消費税課税事業者）は借主から、それぞれ媒介の依頼を受けて、共同して居住用建物の賃貸借契約を成立させた場合、貸主及び借主の承諾を得ていれば、Aは貸主から、Bは借主からそれぞれ借賃の1.1か月分の報酬を受けることができる。

★★
Q 490 □□
【R2】

宅地建物取引業者A（消費税課税事業者）が単独で行う居住用建物の貸借の媒介に関して、Aが依頼者の一方から受けることができる報酬の上限額は、当該媒介の依頼者から報酬請求時までに承諾を得ている場合には、借賃の1.1か月分である。

★★★
Q 491 □□
【H23】

宅地建物取引業者A社（消費税課税事業者）は貸主Bから建物の貸借の代理の依頼を受け、宅地建物取引業者C社（消費税課税事業者）は借主Dから媒介の依頼を受け、BとDの間で賃貸借契約を成立させた。なお、1か月分の借賃は10万円である。建物を店舗として貸借する場合、A社がBから110,000円の報酬を受領するときは、C社はDから報酬を受領することはできない。

A 489

賃貸借を課税事業者が媒介した場合、報酬の合計の上限額は借賃の1.1カ月分（1カ月分に10%上乗せ）なので、「それぞれ借賃の1.1か月分」を受けることはできない。なお、居住用建物の賃貸借を課税事業者が媒介した場合、依頼者の一方からの上限額は、依頼を受けるにあたって承諾を得ているときを除き、借賃の0.55カ月分（0.5カ月分に10%上乗せ）である。承諾を得ても一方からの上限額の制限がなくなるだけであり、合計で1.1カ月分という規制はなくならない。

×

A 490

居住用建物の賃貸借を課税事業者が媒介した場合、依頼者の一方から受けることができる報酬の上限額は、依頼を受けるにあたって承諾を得ているときを除き、借賃の0.55カ月分（0.5カ月分に10%上乗せ）である。依頼を受けたときに承諾を得なければ、その後「報酬請求時までに承諾を得」たとしても、上限額は借賃の0.55カ月分である。

×

宅地・建物の賃貸借を課税事業者が媒介した場合、依頼者の双方から受けることができる報酬の上限額は、借賃の1.1カ月分（1カ月分に10%上乗せ）である。本問では、合計の限度額が借賃10万円の1.1カ月分である11万円である。したがって、A社が11万円の報酬を受領すれば、C社は報酬を受領することができない。

○

★★
Q 492 □□
【H28】

居住用の建物の貸借の媒介に係る報酬の額は、借賃の1月分の1.1倍に相当する額以内であるが、権利金の授受がある場合は、当該権利金の額を売買に係る代金の額とみなして算定することができる。

★★★
Q 493 □□
【H27】

宅地建物取引業者A（消費税課税事業者）が、店舗用建物について、貸主と借主双方から媒介を依頼され、借賃1か月分20万円（消費税等相当額を含まない。）、権利金500万円（権利設定の対価として支払われる金銭であって返還されないもので、消費税等相当額を含まない。）の賃貸借契約を成立させ、貸主と借主からそれぞれ23万円を報酬として受領した場合、宅地建物取引業法の規定に違反する。

★★★
Q 494 □□
【H19】

宅地建物取引業者A（消費税課税事業者）は、B所有の建物について、B及びCから媒介の依頼を受け、Bを貸主、Cを借主とする定期借家契約を成立させた。1か月分の借賃は13万円、保証金（Cの退去時にCに全額返還されるものとする。）は300万円である。建物が店舗用である場合、AがCから受け取ることができる報酬の限度額は、154,000円である。

★★★
Q 495 □□
【H28】

宅地建物取引業者は、媒介に係る報酬の限度額の他に、依頼者の依頼によらない通常の広告の料金に相当する額を報酬に合算して、依頼者から受け取ることができる。

A 492 □□

居住用建物以外の賃貸借の場合、権利金の額をもとに報酬額を計算することができる。しかし、本問は居住用建物の貸借なので、そのような計算をすることはできない。

×

A 493 □□

居住用建物以外の賃貸借で権利金の交付がある場合、権利金額を代金額とみなして、売買の場合の計算方法で報酬額の計算をすることができる。本問では、500万円×３％＋６万円＝21万円に消費税10%を上乗せした23万1,000円まで、それぞれ受領することができる。

×

A 494 □□

居住用建物以外の賃貸借の場合、権利金（権利設定の対価で、返還されないもの）の額をもとに報酬額を計算することができる。しかし、本問の保証金は、退去時に返還されるものなので、権利金にあたらない。したがって、本問では、借賃のみをもとに計算することになる。そうすると、報酬の限度額は、借賃月額13万円にＡが課税事業者なので10%を上乗せした14万3,000円になる。

×

A 495 □□

宅建業者は、依頼者の特別の依頼に基づく特別の費用については、報酬のほかに受け取ることができる。本問は、依頼者の依頼によらない通常の広告費なので、限度額の報酬と別に受領することができない。

×

★★
Q 496 □□ 【H30】

宅地建物取引業者A（消費税課税事業者）は、Bが所有する建物について、B及びCから媒介の依頼を受け、Bを貸主、Cを借主とし、定期建物賃貸借契約を成立させた。当該定期建物賃貸借契約の契約期間が終了した直後にAが依頼を受けてBC間の定期建物賃貸借契約の再契約を成立させた場合、Aが受け取る報酬については、宅地建物取引業法の規定が適用される。

18 監督・罰則

★★★
Q 497 □□ 【H26】

宅地建物取引業者B（甲県知事免許）は、宅地建物取引業法第50条第2項の届出をし、乙県内にマンション分譲の案内所を設置して業務を行っていたが、当該案内所について同法第31条の3第3項に違反している事実が判明した。この場合、乙県知事から指示処分を受けることがある。

★★★
Q 498 □□ 【H28】

宅地建物取引業者A（甲県知事免許）は、甲県知事から指示処分を受けたが、その指示処分に従わなかった。この場合、甲県知事は、Aに対し、1年を超える期間を定めて、業務停止を命ずることができる。

★★★
Q 499 □□ 【H18】

宅地建物取引業者A（甲県知事免許）が、乙県の区域内の業務に関し乙県知事から受けた業務停止の処分に違反した場合でも、乙県知事は、Aの免許を取り消すことはできない。

A 496

定期建物賃貸借契約の再契約に関して宅建業者が受け取る報酬についても、報酬額の制限の規定が適用される。

○

宅建業法

A 497

宅建業者は、宅建業法の規定に違反したときは、指示処分を受けることがある。そして、指示処分は、免許権者のほか、宅建業者が処分対象行為を行った都道府県の都道府県知事も行うことができる。

○

A 498

指示処分に従わない場合、業務停止処分（情状が特に重いときは免許取消処分）の対象となる。しかし、業務停止処分の期間は1年以内であるので、本問のような期間を定めることはできない。

×

業務停止処分に違反した場合、免許取消処分の対象になるが、免許取消処分をすることができるのは免許権者だけである。Aは甲県知事の免許を受けているので、乙県知事はAの免許を取り消すことはできない。

○

★★★
Q500 □□
【R1】
乙県知事は、宅地建物取引業者B（乙県知事免許）に対して指示処分をしようとするときは、聴聞を行わなければならず、聴聞の期日における審理は、公開により行わなければならない。

★★
Q501 □□
【H29】
国土交通大臣は、宅地建物取引業者C（国土交通大臣免許）に対し、宅地建物取引業法第35条の規定に基づく重要事項の説明を行わなかったことを理由に業務停止を命じた場合は、遅滞なく、その旨を内閣総理大臣に通知しなければならない。

★★
Q502 □□
【H30】
国土交通大臣は、すべての宅地建物取引士に対して、購入者等の利益の保護を図るため必要な指導、助言及び勧告をすることができる。

19 住宅瑕疵担保履行法

★★★
Q503 □□
【R1】
宅地建物取引業者は、自ら売主として新築住宅を販売する場合だけでなく、新築住宅の売買の媒介をする場合においても、住宅販売瑕疵担保保証金の供託又は住宅販売瑕疵担保責任保険契約の締結を行う義務を負う。

★★
Q504 □□
【R2追】
住宅販売瑕疵担保保証金を供託する場合、当該住宅の床面積が100㎡以下であるときは、新築住宅の合計戸数の算定に当たって、2戸をもって1戸と数えることになる。

A 500 □□

国土交通大臣または都道府県知事は、指示処分、業務停止処分、免許取消処分（宅建業者の事務所の所在地を確知できないことを理由とするとき等を除く）をしようとするときは、公開による聴聞を行わなければならない。

○

A 501 □□

国土交通大臣は、重要事項の説明義務、37条書面の交付義務などの一定の規定に違反したことを理由に監督処分をしようとするときは、あらかじめ、内閣総理大臣に協議しなければならない。監督処分をした後に通知するのではない。

×

A 502 □□

国土交通大臣は、すべての宅建業者に対し、購入者等の利益の保護を図るため必要な指導、助言および勧告をすることができる。すべての「宅地建物取引士」に対してではない。

×

A 503 □□

資力確保措置を講ずる義務を負うのは、宅建業者が自ら売主として宅建業者でない買主との間で新築住宅の売買契約を締結し、引き渡す場合である。売主の義務なので、媒介をする場合には、当該義務を負わない。

×

A 504 □□

住宅販売瑕疵担保保証金の額は、住宅供給戸数に応じて決められているが、その戸数の算定に当たって、床面積が55㎡以下の住宅は２戸をもって１戸と数える。「100㎡以下」ではない。

×

★★
Q 505
□□
【R4】

宅地建物取引業者が住宅販売瑕疵担保保証金の供託をし、その額が、基準日において、販売新築住宅の合計戸数を基礎として算定する基準額を超えることとなった場合、宅地建物取引業法の免許を受けた国土交通大臣又は都道府県知事の承認がなくても、その超過額を取り戻すことができる。

★★
Q 506
□□
【R2追】

宅地建物取引業者Aが自ら売主として、宅地建物取引業者ではない買主Bに新築住宅を販売する際に、住宅販売瑕疵担保責任保険契約の締結をした場合、Aは、当該住宅を引き渡した時から10年間、当該住宅の構造耐力上主要な部分、雨水の浸入を防止する部分、給水設備又はガス設備の瑕疵によって生じた損害について保険金の支払を受けることができる。

★★★
Q 507
□□
【R4】

住宅販売瑕疵担保責任保険契約は、新築住宅の引渡し時から10年以上有効でなければならないが、当該新築住宅の買主の承諾があれば、当該保険契約に係る保険期間を５年間に短縮することができる。

★★★
Q 508
□□
【R5】

宅地建物取引業者Aが、自ら売主として、宅地建物取引業者ではない買主Bに新築住宅を販売する場合において、住宅販売瑕疵担保保証金の供託をするときは、当該住宅の売買契約を締結するまでに、Bに対し供託所の所在地等について、必ず書面を交付して説明しなければならず、買主の承諾を得ても書面の交付に代えて電磁的方法により提供することはできない。

宅建業者は、基準日において住宅販売瑕疵担保保証金の額が当該基準日に係る基準額を超えることとなったときは、宅建業の免許を受けた国土交通大臣または都道府県知事の承認を受けて、その超過額を取り戻すことができる。 ×

住宅販売瑕疵担保責任保険契約を締結している宅建業者は、当該住宅を引き渡した時から10年間、当該住宅の構造耐力上主要な部分または雨水の浸入を防止する部分の瑕疵（構造耐力または雨水の浸入に影響のないものを除く）によって生じた損害について保険金の支払を受けることができる。「給水設備又はガス設備」は含まれていない。 ×

住宅販売瑕疵担保責任保険契約は、新築住宅の引渡し時から10年以上有効でなければならず、本問のような例外はない。 ×

住宅販売瑕疵担保保証金の供託をしている供託所の所在地等の説明は、売買契約を締結するまでに、説明事項を記載した書面を交付して行わなければならないが、書面等により買主の承諾を得れば、書面の交付に代えて電磁的方法により提供することができる。 ×

★★★
Q 509
□□
【H30】

自ら売主として新築住宅を宅地建物取引業者でない買主に引き渡した宅地建物取引業者は、その住宅を引き渡した日から３週間以内に、住宅販売瑕疵担保保証金の供託又は住宅販売瑕疵担保責任保険契約の締結の状況について、宅地建物取引業の免許を受けた国土交通大臣又は都道府県知事に届け出なければならない。

★★★
Q 510
□□
【H29】

宅地建物取引業者Ａが自ら売主として、宅地建物取引業者でない買主Ｂに新築住宅を販売する場合、Ａは、基準日に係る住宅販売瑕疵担保保証金の供託及び住宅販売瑕疵担保責任保険契約の締結の状況についての届出をしなければ、当該基準日から１月を経過した日以後においては、新たに自ら売主となる新築住宅の売買契約を締結してはならない。

A 509 □□

自ら売主として新築住宅を宅建業者でない買主に引き渡した宅建業者は、基準日ごとに、当該基準日に係る資力確保措置の状況について、基準日から3週間以内に、その免許を受けた国土交通大臣または都道府県知事に届け出なければならない。「引き渡した日から」ではない。

×

A 510 □□

宅建業者は、基準日に係る住宅販売瑕疵担保保証金の供託および住宅販売瑕疵担保責任保険契約の締結の状況についての届出をしなければ、当該基準日の翌日から起算して50日を経過した日以後においては、原則として、新たに自ら売主となる新築住宅の売買契約を締結してはならない。「基準日から1月」ではない。

×

POINTマスター

宅建業法編

Point 18 宅地建物取引業（宅建業）

免許を受けなくても宅建業を営むことができる者

① 国、地方公共団体、都市再生機構、地方住宅供給公社等
② 信託会社、信託業務を兼営する金融機関※

※ 宅建業を営む場合には、その旨を国土交通大臣に届け出なければならない。

Point 19 宅建業の免許

罰金刑でも欠格要件にあたる場合

① 宅建業法もしくは暴力団員による不当な行為の防止等に関する法律の規定に違反
② 傷害罪、傷害現場助勢罪、暴行罪、凶器準備集合罪、脅迫罪、背任罪もしくは暴力行為等処罰に関する法律の罪を犯した

変更の届出

届出事由	
	① 商号・名称 ② 法人の場合、その役員・政令で定める使用人の氏名 ③ 個人の場合、その個人・政令で定める使用人の氏名 ④ 事務所の名称・所在地 ⑤ 事務所ごとに置かれる専任の宅建士の氏名

廃業等の届出

届出事由	届出義務者	免許失効時期
死亡	相続人	死亡時
合併消滅	消滅会社の代表役員であった者	合併消滅時
破産	破産管財人	届出時
解散	清算人	
廃業	本人・代表役員	

Point 20 宅建士

変更の登録

変更の登録が必要な事項（主なもの）	① 氏名、住所、本籍 ② 勤務先の宅建業者の商号・名称・免許証番号

登録の移転

登録の移転の申請が可能な場合	登録を受けている都道府県以外に所在する宅建業者の事務所の業務に従事し、または従事しようとするとき

死亡等の届出

届出事由	届出義務者
① 死亡したとき	相続人
② 免許取消処分を受けた等の登録欠格要件に該当するようになったとき、破産手続開始の決定を受けて復権を得ない者になったとき	本人
③ 心身の故障により宅建士の事務を適正に行うことができない者として国土交通省令に定めるもの※	本人、法定代理人または同居の親族

※ 精神の機能の障害により宅建士の事務を適正に行うにあたって必要な認知、判断および意思疎通を適切に行うことができない者。

宅建士証の交付申請時の法定講習

原則	登録をしている都道府県知事が指定する講習で交付の申請前6カ月以内に行われるものを受講
例外	① 試験に合格した日から1年以内に宅建士証の交付を受けようとする者 ② すでに宅建士証の交付を受けている場合で、登録の移転とともに新たな宅建士証の交付を受けようとする者

宅建士証の提示・返納・提出

提示義務	重要事項の説明の場合	必ず
	その他の場合	取引の関係者から請求があったとき
返納義務	① 宅建士証が効力を失ったとき ② 登録が消除されたとき	
提出義務	提出事由	事務禁止処分を受けたとき
	提出先	交付を受けた都道府県知事

Point 21 宅建業者と宅建士

届出等の時期の比較

宅建業者		宅建士	
変更の届出	30日以内	変更の登録	遅滞なく
廃業等の届出	30日以内	死亡等の届出	30日以内
免許換え	期間の定めなし※1	登録の移転	期間の定めなし※2

※1 怠っていることが判明すると免許取消処分。
※2「することができる」という任意的なもの。

Point 22 営業保証金

営業保証金の供託

金額	主たる事務所につき1,000万円、その他の事務所につき事務所1カ所ごとに500万円の合計額
方法	金銭または国債等の有価証券 ① 国債証券 ⇒ 額面金額 ② 地方債証券・政府保証債証券 ⇒ 額面金額の90% ③ その他の有価証券 ⇒ 額面金額の80%
供託場所	主たる事務所の最寄りの供託所

還付された場合の補充供託

供託	免許権者から不足額を供託すべき旨の通知を受けた日から2週間以内に、不足額を供託しなければならない
届出	上記の供託をした日から2週間以内に、免許権者に届け出なければならない

営業保証金の取戻しのための公告

原則	6カ月を下らない一定期間内に申し出るべき旨の公告が必要
例外	① 取戻し事由発生から10年経過したとき ② 主たる事務所が移転して、最寄りの供託所が変わり、新たに供託したとき ③ 保証協会の社員になって、営業保証金の供託を免除されたとき

※ 宅建業者は、営業保証金や弁済業務保証金から還付を受けることができない。

Point 23 保証協会・弁済業務保証金

弁済業務保証金分担金の納付

金額	主たる事務所につき60万円、その他の事務所につき事務所1カ所ごとに30万円の合計額
方法	金銭で納付
納付先	保証協会
納付時期	保証協会に加入しようとする日まで

新たに事務所を設置した場合

納付	設置した日から2週間以内に、保証協会に納付

弁済業務保証金の還付

還付請求権者	① 保証協会の社員と宅建業に関し取引をし、その取引により生じた債権を有する者 ② 保証協会の社員が社員となる前に宅建業に関し取引をした者も含まれる
還付限度額	その宅建業者が保証協会の社員でないとした場合に供託しなければならない営業保証金の額の範囲内
還付手続き	保証協会の認証を受けたうえで、法務大臣および国土交通大臣の定める供託所に還付請求をする
補充供託・届出	① 保証協会は、通知を受けた日から2週間以内に、還付額に相当する弁済業務保証金を供託しなければならない ② 保証協会は、補充供託をしたときは、供託書の写しを添付して、供託した旨を、社員である宅建業者の免許権者に届け出なければならない
還付充当金の納付	① 還付充当金を納付すべき旨の通知を受けた社員は、通知を受けた日から2週間以内に、還付充当金を保証協会に納付しなければならない ② 納付しなかったときは、保証協会の社員の地位を失う

社員の地位を失った場合の営業保証金の供託

保証協会の社員が社員としての地位を失ったときは、その日から1週間以内に営業保証金を供託しなければならない

Point 24 媒介契約

媒介契約の規制のまとめ

	有効期間	業務処理状況の報告義務	指定流通機構への登録義務	その他
一般媒介契約	制限なし	規定なし	登録義務なし	・申込みがあった旨の報告義務 ・媒介契約書面の作成・交付義務
非専属型の専任媒介契約	3カ月以内	2週間に1回以上	7日以内（休業日を除く）	
専属専任媒介契約		1週間に1回以上	5日以内（休業日を除く）	

媒介契約書面の記載事項（主なもの）

① 宅地・建物を売買すべき価額・評価額
② 依頼者が他の宅建業者にも依頼することの許否(＝専任媒介契約かどうか)、依頼できる場合に他の業者を明示する義務の存否（＝明示型かどうか）
③ 媒介契約の有効期間、解除に関する事項
④ 既存建物の場合、依頼者に対する建物状況調査を実施する者のあっせんに関する事項
⑤ 指定流通機構への登録に関する事項
⑥ 報酬に関する事項
⑦ 当該媒介契約が国土交通大臣が定める標準媒介契約約款に基づくものであるか否かの別

媒介契約書面への記名押印は、宅建士ではなく宅建業者の記名押印である。また、依頼者の承諾を得て、電磁的方法により提供可。

Point 25 重要事項の説明

重要事項の説明の方法

説明の対象者	宅地・建物を取得し、または借りようとしている者
説明時期	売買・交換・貸借の契約が成立するまでの間
説明方法	宅建士をして、重要事項説明書を交付して説明させる※
記名	宅建士の記名

※ 相手方が宅建業者の場合、宅建士が記名した重要事項説明書を交付すれば足り、説明の必要はない。
相手方等の承諾を得て、電磁的方法による提供可。

対象となる宅地または建物に直接関係する事項

① 当該宅地・建物の上に存する登記された権利の種類・内容・登記名義人等
② 法令に基づく制限に関する事項の概要
③ 私道に関する負担に関する事項（建物の貸借の場合を除く）
④ 飲用水・電気・ガスの供給や排水のための施設の整備の状況（整備されていない場合は、その整備の見通し・整備についての特別の負担に関する事項）
⑤ 工事完了時における形状・構造等（未完成物件の場合に限る）
⑥ 当該建物が既存の建物であるときは、次に掲げる事項
　イ　建物状況調査（実施後1年を経過していないものに限る）を実施しているかどうか、これを実施している場合におけるその結果の概要
　ロ　設計図書、点検記録その他の建物の建築・維持保全の状況に関する書類の保存の状況（売買・交換の場合に限る）
⑦ 当該宅地・建物が造成宅地防災区域内にあるときは、その旨
⑧ 当該宅地・建物が土砂災害警戒区域内にあるときは、その旨
⑨ 当該宅地・建物が津波災害警戒区域内にあるときは、その旨
⑩ 水防法施行規則の規定により当該宅地・建物が所在する市町村の長が提供する図面に当該宅地・建物の位置が表示されているときは、当該図面における当該宅地・建物の所在地
⑪ 当該建物について、石綿の使用の有無の調査の結果が記録されているときは、その内容
⑫ 当該建物（昭和56年6月1日以降に新築の工事に着手したものを除く）が一定の耐震診断を受けたものであるときは、その内容
⑬ 当該建物が住宅性能評価を受けた新築住宅であるときは、その旨（売買・交換の場合に限る）

取引条件に関する事項（主なもの）

① 代金・交換差金・借賃以外に授受される金銭の額・授受目的
② 契約の解除に関する事項
③ 損害賠償額の予定・違約金に関する事項
④ 手付金等を受領しようとする場合における保全措置の概要
⑤ 支払金・預り金を受領しようとする場合において、保全措置を講ずるかどうか、保全措置を講ずる場合におけるその措置の概要
⑥ 代金・交換差金に関する金銭の貸借のあっせんの内容・当該あっせんに係る金銭の貸借が成立しないときの措置
⑦ 当該宅地・建物の契約不適合責任の履行に関し保証保険契約の締結等の措置を講ずるかどうか、講ずる場合におけるその措置の概要

区分所有建物の場合に加わる説明事項（貸借は③と⑧のみ）

① 当該建物を所有するための一棟の建物の敷地に関する権利の種類・内容
② 共用部分に関する規約の定め（案を含む）があるときは、その内容
③ 専有部分の用途その他の利用の制限に関する規約の定め（案を含む）があるときは、その内容
④ 当該一棟の建物またはその敷地の一部を特定の者にのみ使用を許す旨の規約の定め（案を含む）があるときは、その内容
⑤ 当該一棟の建物の計画的な維持修繕のための費用、通常の管理費用その他の当該建物の所有者が負担しなければならない費用を特定の者にのみ減免する旨の規約の定め（案を含む）があるときは、その内容
⑥ 当該一棟の建物の計画的な維持修繕のための費用の積立てを行う旨の規約の定め（案を含む）があるときは、その内容・すでに積み立てられている額
⑦ 当該建物の所有者が負担しなければならない通常の管理費用の額
⑧ 当該一棟の建物およびその敷地の管理が委託されているときは、その委託を受けている者の氏名（法人にあっては、その商号・名称）・住所（法人にあっては、その主たる事務所の所在地）
⑨ 当該一棟の建物の維持修繕の実施状況が記録されているときは、その内容

貸借の場合に加わる説明事項（宅地は②～⑦、建物は①～⑥）

① 台所、浴室、便所その他の当該建物の設備の整備の状況
② 契約期間・契約の更新に関する事項
③ 定期借地権・定期建物賃貸借・終身建物賃貸借の場合には、その旨
④ 当該宅地・建物（区分所有建物を除く）の用途その他の利用の制限に関する事項
⑤ 敷金その他契約終了時において精算することとされている金銭の精算に関する事項
⑥ 当該宅地・建物（区分所有建物を除く）の管理が委託されているときは、その委託を受けている者の氏名（法人にあっては、その商号・名称）・住所（法人にあっては、その主たる事務所の所在地）
⑦ 契約終了時における当該宅地の上の建物の取壊しに関する事項を定めようとするときは、その内容

※ すべての取引態様において、①重要事項説明書等をあらかじめ交付（電磁的方法による提供を含む）、②宅建士証を提示し、相手方が画面上で視認できたことを確認、等の要件を満たせば、テレビ会議等の IT を活用して重要事項の説明を行うことができる。

Point 26 37条書面

37条書面の交付(相手方等の承諾を得て、電磁的方法による提供可)

交付の対象者	契約の当事者 (売主・買主、交換の当事者、貸主、借主)
交付時期	売買・交換・貸借契約の成立後、遅滞なく
交付方法	書面を交付すれば足り、説明する必要はない
記名	宅建士の記名

Point 27 その他の業務上の規制

従業者名簿と帳簿の比較

	従業者名簿	帳　簿
設置場所	事務所ごと	事務所ごと
保存期間	最終の記載をした日から10年間	各事業年度の末日に閉鎖し、原則として閉鎖後5年間
閲覧	取引の関係者から請求があったとき	規定なし

事務所・案内所等に必要なもののまとめ

	標　識	専任の宅建士※	従業者名簿、帳簿、報酬額の掲示
事務所	○	○	○
一定の案内所・催し会場などのうち、契約を締結しまたは契約の申込みを受ける場所	○	○	×
一定の案内所・催し会場などのうち、契約の締結をせず、契約の申込みも受けない場所	○	×	×
宅建業者が一団の宅地・建物の分譲をする場合における当該宅地・建物の所在場所	○	×	×

○ 必要　　× 不要

※ 案内所等の届出(業務開始の10日前まで)が必要な場所も同じ。

Point 28 自ら売主制限

数字のまとめ

クーリング・オフ期間	書面で告知された日から8日間
担保責任	引渡しの日から2年以上とする特約は有効
損害賠償額の予定・違約金の定め	合計額が代金額の2割まで
手付額の制限	代金額の2割まで
手付金等の保全措置の例外（未完成物件）	代金額の5％以下かつ1,000万円以下
手付金等の保全措置の例外（完成物件）	代金額の10％以下かつ1,000万円以下
割賦販売契約の解除等の制限	30日以上の相当期間を定めて書面で催告
所有権留保の禁止の例外	引渡しまでに代金額の3割を超える支払いを受けていないときは、所有権留保が可能

クーリング・オフの適用がない「事務所等」

① 宅建業者の事務所
下記②～⑤のうち、専任の宅建士の設置義務のあるもの ② 宅建業者の事務所以外の場所で継続的に業務を行うことができる施設を有するもの ③ 宅建業者の案内所（土地に定着したものに限る） ④ 売主である宅建業者から代理・媒介の依頼を受けた宅建業者の①～③の場所 ⑤ 宅建業者（代理・媒介をする宅建業者を含む）が、宅建士を置くべき場所（土地に定着する建物内のものに限る）で契約に関する説明をした後、展示会等の催しを土地に定着する建物内において実施する場合の、催しを実施する場所
⑥ 相手方（申込者・買主）からそこで説明を受ける旨を申し出た場合の、相手方の自宅・勤務場所

自己の所有に属しない宅地・建物の売買契約制限

原則	宅建業者は、自己の所有に属しない宅地・建物については、自ら売主となる売買契約（予約を含む）を締結してはならない
例外	① 宅建業者が当該宅地・建物を取得する契約（予約を含むが、契約・予約の効力の発生が条件に係る※ものを除く）を締結している等の場合 ② 未完成物件において、手付金等の保全措置を講じた場合

※「効力の発生が条件に係る」とは、停止条件付きのことである。

Point 29 報酬の制限

売買・交換の媒介・代理に関する報酬額の制限

① 速算式

代金額 200 万円以下	代金の5％
代金額 200 万円超 400 万円以下	代金の4％＋2万円
代金額 400 万円超	代金の3％＋6万円

※ 400 万円以下の宅地・建物の売買・交換の媒介・代理で、現地調査等の費用を特別に要するものの場合、その宅地・建物の売主や交換の依頼者からは、通常の報酬額＋特別に要する費用（限度額あり）を報酬として受領することができる。

② 報酬限度額

1件の取引における報酬額の合計限度額	速算式（3％＋6万円など）の2倍
当事者の一方から受領する報酬の限度額	1 媒介の場合 速算式（3％＋6万円など） 2 代理の場合 速算式の2倍

※ 交換の場合は、評価額の多いほうを基準にする。

③ 消費税等の上乗せ

報酬計算のもとになる額	税抜価格（本体価格）をもとに計算する
課税業者の上乗せ	計算によって求めた額（消費税抜きの報酬額）に、10％を上乗せできる
免税業者の上乗せ	計算によって求めた額（消費税抜きの報酬額）に、4％を上乗せできる

貸借の媒介・代理に関する報酬額の制限

<table>
<tr><td rowspan="2">借賃を基準</td><td>合計額</td><td>合計して借賃の1カ月分以内</td></tr>
<tr><td>依頼者の一方からの受領額</td><td>1 原則
合計して1カ月分の範囲内で、自由に決めることができる
2 居住用建物の賃貸借の媒介
媒介の依頼を受けるにあたって当該依頼者の承諾を得ている場合を除き、依頼者の一方からは0.5カ月分まで</td></tr>
<tr><td>権利金を基準</td><td colspan="2">権利金の授受を売買代金とみなして計算した額に基づき報酬を受け取ることができる
（居住用建物の賃貸借の場合は不可）</td></tr>
</table>

Point 30 監督処分・罰則

宅建業者に対する監督処分の処分権者

<table>
<tr><td>指示処分</td><td rowspan="2">免許権者のほか、宅建業者が違反行為を行った都道府県の都道府県知事が行うことができる</td></tr>
<tr><td>業務停止処分</td></tr>
<tr><td>免許取消処分</td><td>免許権者のみ</td></tr>
</table>

監督処分をした旨の通知・公告等

<table>
<tr><td rowspan="2">通知・報告</td><td>国土交通大臣免許の宅建業者に指示処分・業務停止処分</td><td>国土交通大臣に報告</td></tr>
<tr><td>他の都道府県知事免許の宅建業者に指示処分・業務停止処分</td><td>当該都道府県知事に通知</td></tr>
<tr><td>公告</td><td>業務停止処分・免許取消処分（宅建業者の所在・事務所の所在地を確知できないことを理由とする取消しの場合を除く）</td><td>国土交通大臣は官報、都道府県知事は公報等で、その旨を公告</td></tr>
</table>

罰則（特に重要なもの）

6カ月以下の懲役・100万円以下の罰金	① 営業保証金の供託の届出をせずに事業を開始 ② 誇大広告等の禁止の規定に違反
10万円以下の過料	① 宅建士証の提出・返納義務に違反 ② 重要事項の説明における宅建士証の提示義務に違反

第3章

法令上の制限

一問一答 *170*問

1 都市計画法

★★
Q 511 □□
【R2追】
都市計画区域は、市町村が、市町村都市計画審議会の意見を聴くとともに、都道府県知事に協議し、その同意を得て指定する。

★★
Q 512 □□
【H22】
準都市計画区域は、都市計画区域外の区域のうち、新たに住居都市、工業都市その他の都市として開発し、及び保全する必要がある区域に指定するものとされている。

★★
Q 513 □□
【H30】
準都市計画区域については、無秩序な市街化を防止し、計画的な市街化を図るため、都市計画に市街化区域と市街化調整区域との区分を定めなければならない。

★★★
Q 514 □□
【H23】
都市計画区域については、無秩序な市街化を防止し、計画的な市街化を図るため、都市計画に必ず市街化区域と市街化調整区域との区分を定めなければならない。

★★★
Q 515 □□
【H16】
市街化区域は、すでに市街地を形成している区域及びおおむね10年以内に優先的かつ計画的に市街化を図るべき区域であり、市街化調整区域は、市街化を抑制すべき区域である。

A 511 □□ 都市計画区域は、原則として、都道府県が、あらかじめ、関係市町村および都道府県都市計画審議会の意見を聴くとともに、国土交通大臣に協議し、その同意を得て指定する。 ×

A 512 □□ 準都市計画区域は、都市計画区域外の区域のうち、そのまま土地利用を整序し、または環境を保全するための措置を講ずることなく放置すれば、将来における一体の都市としての整備、開発および保全に支障が生ずるおそれがあると認められる一定の区域について、都道府県が指定する。 ×

A 513 □□ 準都市計画区域については、都市計画に、市街化区域と市街化調整区域との区分（区域区分）を定めることができない。 ×

A 514 □□ 都市計画区域については、無秩序な市街化を防止し、計画的な市街化を図るため、市街化区域と市街化調整区域との区分（区域区分）を定めることができる。しかし、区域区分を必ず定めなければならないわけではなく、区域区分が定められていない都市計画区域（非線引区域）もある。 ×

A 515 □□ 市街化区域は、すでに市街地を形成している区域およびおおむね10年以内に優先的かつ計画的に市街化を図るべき区域である。また、市街化調整区域は、市街化を抑制すべき区域である。 ○

★★★
Q 516
【H30】
市街化区域については、少なくとも用途地域を定めるものとし、市街化調整区域については、原則として用途地域を定めないものとする。

★★★
Q 517
【R1】
特別用途地区は、用途地域が定められていない土地の区域（市街化調整区域を除く。）内において、その良好な環境の形成又は保持のため当該地域の特性に応じて合理的な土地利用が行われるよう、制限すべき特定の建築物等の用途の概要を定める地区とされている。

★★★
Q 518
【R5】
特定用途制限地域は、用途地域が定められている土地の区域内において、都市計画に、制限すべき特定の建築物等の用途の概要を定める地域とされている。

★★★
Q 519
【H17】
高層住居誘導地区は、住居と住居以外の用途を適正に配分し、利便性の高い高層住宅の建設を誘導するため、第一種中高層住居専用地域、第二種中高層住居専用地域等において定められる地区をいう。

★★★
Q 520
【R4】
高度地区については、都市計画に、建築物の容積率の最高限度又は最低限度を定めるものとされている。

A 516 □□

市街化区域については、少なくとも（必ず）用途地域を定めるものとし、市街化調整区域については、原則として用途地域を定めないものとされている。

○

A 517 □□

特別用途地区は、用途地域内の一定の地区における当該地区の特性にふさわしい土地利用の増進、環境の保護等の特別の目的の実現を図るため当該用途地域の指定を補完して定める地区である。本問は、「特定用途制限地域」の意味内容とのひっかけである。

×

A 518 □□

特定用途制限地域は、用途地域が定められていない土地の区域（市街化調整区域を除く）内において、都市計画に、制限すべき特定の建築物等の用途の概要を定める地域である。「用途地域が定められている土地の区域内」において定めることはできない。

×

A 519 □□

高層住居誘導地区は、住居と住居以外の用途を適正に配分し、利便性の高い高層住宅の建設を誘導するため、第一種住居地域、第二種住居地域、準住居地域、近隣商業地域または準工業地域において定められる。第一種中高層住居専用地域、第二種中高層住居専用地域には定められない。

×

A 520 □□

高度地区については、都市計画に、建築物の高さの最高限度または最低限度を定めるものとされている。

×

★★★
Q 521 □□
【R5】
高度利用地区は、土地の合理的かつ健全な高度利用と都市機能の更新とを図るため、都市計画に、建築物の高さの最低限度を定める地区とされている。

★★
Q 522 □□
【R2追】
市街化区域及び区域区分が定められていない都市計画区域については、少なくとも道路、病院及び下水道を定めるものとされている。

★★★
Q 523 □□
【R5】
地区計画は、用途地域が定められている土地の区域のほか、一定の場合には、用途地域が定められていない土地の区域にも定めることができる。

★★
Q 524 □□
【H27】
第二種住居地域における地区計画については、一定の条件に該当する場合、開発整備促進区を都市計画に定めることができる。

★★★
Q 525 □□
【H24】
都市計画の決定又は変更の提案は、当該提案に係る都市計画の素案の対象となる土地について所有権又は借地権を有している者以外は行うことができない。

★★★
Q 526 □□
【H25】
開発行為とは、主として建築物の建築の用に供する目的で行う土地の区画形質の変更を指し、特定工作物の建設の用に供する目的で行う土地の区画形質の変更は開発行為には該当しない。

A 521 □□

高度利用地区は、用途地域内の市街地における土地の合理的かつ健全な高度利用と都市機能の更新とを図るため、建築物の容積率の最高限度および最低限度などを定める地区である。

×

A 522 □□

都市施設を定める場合、市街化区域および区域区分が定められていない都市計画区域（非線引区域）については、少なくとも道路、公園および下水道を定めるものとされている。

×

A 523 □□

地区計画は、①用途地域が定められている土地の区域のほか、②用途地域が定められていない土地の区域のうち、健全な住宅市街地における良好な居住環境その他優れた街区の環境が形成されている土地の区域などにも、定めることができる。

○

A 524 □□

第二種住居地域、準住居地域、工業地域などの区域の地区計画については、一定の条件に該当する場合、開発整備促進区を定めることができる。

○

A 525 □□

土地所有者や借地権者だけでなく、まちづくり協議会、まちづくりNPO等も、都市計画の決定・変更の提案をすることができる。

×

A 526 □□

開発行為とは、主として建築物の建築または特定工作物の建設の用に供する目的で行う土地の区画形質の変更のことをいう。

×

★★★
Q 527
【R1】
市街化調整区域において、野球場の建設を目的とした8,000m²の土地の区画形質の変更を行おうとする者は、あらかじめ、都道府県知事の許可を受けなければならない。

★★★
Q 528
【R2追】
市街化調整区域において、自己の居住の用に供する住宅の建築の用に供する目的で行われる100m²の土地の区画形質の変更を行おうとする者は、都道府県知事の許可を受けなくてよい。

★★★
Q 529
【R3】
準都市計画区域において、商業施設の建築を目的とした2,000m²の土地の区画形質の変更を行おうとする者は、あらかじめ、都道府県知事の許可を受けなければならない。

★★★
Q 530
【H29】
市街化区域内において、農業を営む者の居住の用に供する建築物の建築の用に供する目的で1,000m²の土地の区画形質の変更を行おうとする者は、あらかじめ、都道府県知事の許可を受けなければならない。

A 527 □□

野球場は、庭球場・遊園地・墓園などと同様、1ヘクタール（10,000m²）以上の規模であれば、第二種特定工作物にあたる。したがって、8,000m²の野球場は第二種特定工作物にあたらず、その建設の用に供する目的で行う土地の区画形質の変更は、そもそも開発行為ではない。よって、開発許可を受ける必要はない。

×

A 528 □□

市街化調整区域において開発行為を行う場合、原則として、開発許可を受けなければならない。市街化調整区域においては、開発行為の規模によって、開発許可が不要となることはない。

×

A 529 □□

準都市計画区域内では、原則として3,000m²未満の開発行為を行う者は、開発許可を受ける必要はない（小規模な開発行為の例外）。

×

A 530 □□

市街化区域内では、原則として1,000m²未満の開発行為を行う者は、開発許可を受ける必要はない（小規模な開発行為の例外）。しかし、本問の開発行為の規模は1,000m²であるから、この例外にはあたらない。また、農林漁業を営む者の居住用の建築物を建築するための開発行為の例外は、市街化区域内では適用されない。したがって、あらかじめ、開発許可を受けなければならない。

○

★★★
Q 531 □□
【H30】
準都市計画区域内において、農業を営む者の居住の用に供する建築物の建築を目的とした1,000m²の土地の区画形質の変更を行おうとする者は、あらかじめ、都道府県知事の許可を受けなければならない。

★★
Q 532 □□
【H15】
市街化調整区域における農産物の加工に必要な建築物の建築を目的とした500m²の土地の区画形質の変更には、常に開発許可が不要である。

★★★
Q 533 □□
【R1】
市街化調整区域において、医療法に規定する病院の建築を目的とした1,000m²の土地の区画形質の変更を行おうとする者は、都道府県知事の許可を受けなくてよい。

★★★
Q 534 □□
【H24】
市街化調整区域において、図書館法に規定する図書館の建築の用に供する目的で行われる3,000m²の開発行為については、都市計画法による許可を受ける必要がある。

★★★
Q 535 □□
【R3】
区域区分が定められていない都市計画区域において、土地区画整理事業の施行として行う8,000㎡の土地の区画形質の変更を行おうとする者は、あらかじめ、都道府県知事の許可を受けなければならない。

A 531 □□

市街化区域外の区域内で、農業を営む者の居住の用に供する建築物の建築を目的とした開発行為を行う者は、開発許可を受ける必要はない。また、そもそも準都市計画区域内では、原則として3,000m²未満の開発行為を行う者は開発許可を受ける必要はない（小規模な開発行為の例外）。

×

A 532 □□

農産物の処理・貯蔵・加工に必要な建築物の建築を目的とする開発行為は、開発許可不要の農林漁業用建築物の建築を目的とする開発行為にあたらない。したがって、原則どおり、開発許可を受ける必要がある。

×

A 533 □□

病院・診療所などの建築を目的とする開発行為は、開発許可不要の公益上必要な建築物の建築を目的とする開発行為にあたらない。また、市街化調整区域において行う開発行為については、面積により開発許可不要となる例外はない。したがって、開発許可を受ける必要がある。

×

A 534 □□

図書館・公民館などの建築を目的とする開発行為は、開発許可不要の公益上必要な建築物の建築を目的とする開発行為にあたる。したがって、開発許可を受ける必要はない。

×

A 535 □□

都市計画事業・土地区画整理事業・市街地再開発事業などの施行として行う開発行為については、常に開発許可を受ける必要がない。

×

★★★
Q 536 □□
【H30】
非常災害のため必要な応急措置として開発行為をしようとする者は、当該開発行為が市街化調整区域内において行われるものであっても都道府県知事の許可を受けなくてよい。

★★★
Q 537 □□
【H30】
都市計画区域及び準都市計画区域外の区域内において、8,000m²の開発行為をしようとする者は、都道府県知事の許可を受けなくてよい。

★★★
Q 538 □□
【H20】
開発行為をしようとする者は、当該開発行為に係る開発許可の取得後から当該開発行為の完了までに、当該開発行為に関係がある公共施設の管理者と協議し、その同意を得なければならない。

★★
Q 539 □□
【R2】
開発許可を申請しようとする者は、あらかじめ、開発行為又は開発行為に関する工事により設置される公共施設を管理することとなる者と協議しなければならない。

★★
Q 540 □□
【H13】
開発許可の申請は、自己が所有している土地についてのみ行うことができる。

★★
Q 541 □□
【H18】
開発許可を受けようとする者が都道府県知事に提出する申請書には、開発区域内において予定される建築物の用途を記載しなければならない。

A 536

非常災害のため必要な応急措置として行う開発行為は、どのような区域において行われるものであっても、その規模に関係なく、開発許可を受ける必要はない。

○

A 537

「都市計画区域および準都市計画区域」外の区域内で1ヘクタール（10,000m²）未満の開発行為を行う者は、開発許可を受ける必要はない。

○

A 538

開発許可を申請しようとする者は、あらかじめ、開発行為に関係がある公共施設の管理者（＝既存の公共施設の管理者）と協議し、その同意を得なければならない。協議をして同意を得るのは、開発許可の申請前であり、「開発許可の取得後から当該開発行為の完了まで」ではない。

×

A 539

開発許可を申請しようとする者は、あらかじめ、開発行為等により設置される公共施設を管理することとなる者（＝将来できる公共施設の管理予定者）と協議しなければならない。

○

A 540

開発許可の申請は、開発区域内にある土地の権利者などの相当数の同意を得ていれば、自己が所有している土地でなくても、行うことができる。

×

A 541

開発許可の申請書には、開発区域内において予定される建築物の用途などを記載しなければならない。

○

法令上の制限

★
Q 542 □□
【R4】
自己の業務の用に供する施設の建築の用に供する目的で行う開発行為にあっては、開発区域内に土砂災害警戒区域等における土砂災害防止対策の推進に関する法律に規定する土砂災害警戒区域内の土地を含んではならない。

★
Q 543 □□
【H16】
都道府県知事は、開発許可の申請があったときは、申請があった日から21日以内に、許可又は不許可の処分をしなければならない。

★★★
Q 544 □□
【H28】
都道府県知事は、用途地域の定められていない土地の区域における開発行為について開発許可をする場合において必要があると認めるときは、当該開発区域内の土地について、建築物の敷地、構造及び設備に関する制限を定めることができる。

★★
Q 545 □□
【R2】
開発許可を受けた開発行為により公共施設が設置されたときは、その公共施設は、工事完了の公告の日の翌日において、原則としてその公共施設の存する市町村の管理に属するものとされている。

★★
Q 546 □□
【H27】
市街化区域内において開発許可を受けた者が、開発区域の規模を100m^2に縮小しようとする場合においては、都道府県知事の許可を受けなければならない。

A 542

自己の業務用施設の建築目的で行う開発行為については、開発区域内に、災害危険区域、地すべり防止区域、土砂災害特別警戒区域などの区域内の土地（いわゆる災害レッドゾーン）を含んではならないとする開発許可基準が適用されるが、「土砂災害警戒区域内の土地」であれば、この基準に抵触しない。

×

都道府県知事は、開発許可の申請があったときは、遅滞なく、許可または不許可の処分をしなければならない。「申請があった日から21日以内」ではない。

×

A 544

都道府県知事は、用途地域の定められていない土地の区域における開発行為について開発許可をする場合において必要があると認めるときは、当該開発区域内の土地について、建蔽率、建築物の高さ、壁面の位置その他建築物の敷地・構造・設備に関する制限を定めることができる。

○

開発許可を受けた開発行為により公共施設が設置されたときは、その公共施設は、工事完了の公告の日の翌日において、原則としてその公共施設の存する市町村の管理に属する。

○

開発許可を受けた者は、開発許可の申請書に記載した事項を変更しようとする場合には、原則として、都道府県知事の許可を受けなければならない。ただし、市街化区域内における1,000m²未満の開発行為のように、開発許可が不要なものに変更しようとするときは、例外的に、都道府県知事の許可は不要である。

×

★★★
Q547
【H28】
開発許可を受けた者は、開発行為に関する工事を廃止するときは、都道府県知事の許可を受けなければならない。

★★
Q548
【R2】
開発許可を受けた者から当該開発区域内の土地の所有権を取得した者は、都道府県知事の承認を受けて、当該開発許可を受けた者が有していた当該開発許可に基づく地位を承継することができる。

★★★

Q549
【H18】
開発許可を受けた開発区域内の土地においては、開発行為に関する工事完了の公告があるまでの間であっても、都道府県知事の承認を受けて、工事用の仮設建築物を建築することができる。

★★★
Q550
【H22】
開発許可を受けた開発区域内において、当該区域内の土地の所有権を有し、かつ、都市計画法第33条第1項第14号に規定する同意をしていない者は、開発行為に関する工事が完了した旨の公告があるまでの間は、その権利の行使として建築物を新築することができる。

★★★
Q551
【H30】
用途地域等の定めがない土地のうち開発許可を受けた開発区域内においては、開発行為に関する工事完了の公告があった後は、都道府県知事の許可を受けなければ、当該開発許可に係る予定建築物以外の建築物を新築することができない。

A 547 □□

開発許可を受けた者は、開発行為に関する工事を廃止したときは、遅滞なく、その旨を都道府県知事に届け出なければならない。しかし、開発行為に関する工事を廃止するときに、都道府県知事の許可を受ける必要はない。

×

A 548 □□

開発許可を受けた者から開発区域内の土地の所有権その他開発行為に関する工事を施行する権原を取得した者は、都道府県知事の承認を受けて、開発許可に基づく地位を承継することができる。

○

A 549 □□

開発許可を受けた開発区域内の土地においては、開発行為に関する工事完了の公告があるまでの間であっても、工事用の仮設建築物を建築することができる。都道府県知事の承認は不要である。

×

A 550 □□

開発許可を受けた開発区域内の土地の権利者（所有者など）で、開発行為に同意をしていない者は、開発行為に関する工事が完了した旨の公告があるまでの間、その権利の行使として建築物を新築することができる。

○

A 551 □□

開発許可を受けた開発区域内では、開発行為に関する工事完了の公告があった後は、原則として、その開発許可に係る予定建築物以外の建築物を新築することはできない。ただし、①都道府県知事が支障がないと認めて許可したとき、または、②その開発区域内の土地について用途地域等が定められているときは、例外である。②の例外にあたらない本問では、①の許可を受けなければ、予定建築物以外の建築物を新築することはできない。

○

★★
Q 552
□□
【R5】
市街化調整区域のうち開発許可を受けた開発区域以外の区域内において、自己の居住用の住宅を新築しようとする全ての者は、当該建築が開発行為を伴わない場合であれば、都道府県知事の許可を受けなくてよい。

★★★
Q 553
□□
【H27】
何人も、市街化調整区域のうち開発許可を受けた開発区域以外の区域内において、都道府県知事の許可を受けることなく、仮設建築物を新築することができる。

★★
Q 554
□□
【H30】
田園住居地域内の農地の区域内において、土地の形質の変更を行おうとする者は、一定の場合を除き、市町村長の許可を受けなければならない。

★★
Q 555
□□
【H30】
風致地区内における建築物の建築については、一定の基準に従い、地方公共団体の条例で、都市の風致を維持するため必要な規制をすることができる。

★★★
Q 556
□□
【H29】
地区整備計画が定められている地区計画の区域内において、建築物の建築を行おうとする者は、都道府県知事（市の区域内にあっては、当該市の長）の許可を受けなければならない。

A 552 □□

市街化調整区域のうち「開発許可を受けた開発区域」以外の区域内においては、農林漁業を営む者の居住用の建築物の建築を行うなど一定の場合を除き、都道府県知事の許可を受けなければ、建築物の新築・改築などはできない。「自己の居住用の住宅を新築」するというだけでは、許可不要となる例外にはあたらない。

×

A 553 □□

市街化調整区域のうち開発許可を受けた開発区域以外の区域内であっても、仮設建築物の新築については、例外的に、都道府県知事の許可は不要である。

○

A 554 □□

田園住居地域内の農地（耕作の目的に供される土地）の区域内において、土地の形質の変更や建築物の建築その他工作物の建設などを行う場合は、一定の場合を除き、市町村長の許可を受けなければならない。

○

A 555 □□

風致地区内における建築物の建築、宅地の造成、木竹の伐採その他の行為については、一定の基準に従い、地方公共団体の条例で、都市の風致を維持するため必要な規制をすることができる。

○

A 556 □□

地区整備計画が定められている地区計画の区域内において、土地の区画形質の変更、建築物の建築、工作物の建設などを行おうとする者は、原則として、その行為に着手する日の30日前までに、行為の種類、場所などを市町村長に届け出なければならない。「都道府県知事」等の「許可」を受けなければならないのではない。

×

★★★
Q 557
□□
【H29】

都市計画施設の区域又は市街地開発事業の施行区域内において建築物の建築をしようとする者は、一定の場合を除き、都道府県知事（市の区域内にあっては、当該市の長）の許可を受けなければならない。

★★
Q 558
□□
【H21】

市街地開発事業の施行区域内においては、非常災害のために必要な応急措置として行う建築物の建築であっても、都道府県知事の許可を受けなければならない。

★★★
Q 559
□□
【H20】

都市計画事業の認可の告示があった後、当該認可に係る事業地内において当該事業の施行の障害となるおそれがある土地の形質の変更、建築物の建築、工作物の建設を行おうとする者は、当該事業の施行者の同意を得て、当該行為をすることができる。

★★
Q 560
□□
【R2】

都市計画事業の認可の告示があった後に当該認可に係る事業地内の土地建物等を有償で譲り渡そうとする者は、施行者の許可を受けなければならない。

A 557 □□

都市計画施設の区域または市街地開発事業の施行区域内において建築物の建築をしようとする者は、非常災害のため必要な応急措置として行うなど一定の場合を除き、都道府県知事等の許可を受けなければならない。

○

A 558 □□

市街地開発事業の施行区域内であっても、非常災害のために必要な応急措置として行う建築物の建築については、例外的に、都道府県知事等の許可を受ける必要はない。

×

A 559 □□

都市計画事業の認可の告示があった後、当該認可に係る事業地内において当該事業の施行の障害となるおそれがある土地の形質の変更、建築物の建築、工作物の建設を行おうとする者は、都道府県知事等の許可を受けなければならない。「事業の施行者の同意」ではない。

×

A 560 □□

都市計画事業の認可等の告示後すみやかに一定事項が公告されるが、この公告の日の翌日から起算して10日を経過した後に事業地内の土地建物等を有償で譲り渡そうとする者は、原則として、予定対価の額や譲渡の相手方などを書面で施行者に届け出なければならない（土地建物等の先買い制度）。

×

2 建築基準法

★★
Q 561
【H30】
建築基準法の改正により、現に存する建築物が改正後の規定に適合しなくなった場合、当該建築物の所有者又は管理者は速やかに当該建築物を改正後の建築基準法の規定に適合させなければならない。

★★
Q 562
【H26】
建築確認の対象となり得る工事は、建築物の建築、大規模の修繕及び大規模の模様替であり、建築物の移転は対象外である。

★★★
Q 563
【H27】
映画館の用途に供する建築物で、その用途に供する部分の床面積の合計が300m^{2}であるものの改築をしようとする場合、建築確認が必要である。

★★★
Q 564
【H27】
都市計画区域外において高さ12m、階数が3階の木造建築物を新築する場合、建築確認が必要である。

★★★
Q 565
【R2】
階数が2で延べ面積が200m^{2}の鉄骨造の共同住宅の大規模の修繕をしようとする場合、建築主は、当該工事に着手する前に、確認済証の交付を受けなければならない。

A 561 □□

いわゆる既存不適格建築物には、原則として、改正後の建築基準法の規定は適用されない。したがって、当該建築物の所有者または管理者は、原則として、改正後の建築基準法の規定に適合させる必要がない。

×

A 562 □□

建築基準法において、建築とは、建築物を新築し、増築し、改築し、または移転することをいう。したがって、建築物の移転も、建築確認の対象となり得る。

×

A 563 □□

映画館は、特殊建築物にあたる。規模の大きい特殊建築物（その用途に供する部分の床面積の合計が200m^{2}を超える特殊建築物）の改築をする場合、原則として、建築確認が必要である。

○

A 564 □□

規模の大きい木造建築物（木造の建築物で、①3階以上、②延べ面積500m^{2}超、③高さ13m超、④軒の高さ9m超のいずれかにあたるもの）を新築する場合、その場所にかかわらず、建築確認が必要である。本問の場合は①にあたる。

○

A 565 □□

規模の大きい木造以外の建築物（木造以外の建築物で、①2階以上、②延べ面積200m^{2}超のいずれかにあたるもの）の大規模の修繕をする場合、建築確認が必要である。本問の場合は①にあたる。

○

★★★
Q 566 □□
【H21】
準都市計画区域（都道府県知事が都道府県都市計画審議会の意見を聴いて指定する区域を除く。）内に建築する木造の建築物で、２の階数を有するものは、建築確認を必要としない。

★★
Q 567 □□
【H27】
防火地域及び準防火地域外において建築物を改築する場合で、その改築に係る部分の床面積の合計が10m²以内であるときは、建築確認は不要である。

★★★
Q 568 □□
【H29】
ホテルの用途に供する建築物を共同住宅（その用途に供する部分の床面積の合計が300m²）に用途変更する場合、建築確認は不要である。

★★★
Q 569 □□
【H30】
防火地域内にある３階建ての木造の建築物を増築する場合、その増築に係る部分の床面積の合計が10m²以内であれば、その工事が完了した際に、完了検査を受ける必要はない。

★★
Q 570 □□
【H15】
防火地域内において、地階を除く階数が５（高さ25m）、延べ面積が800m²で共同住宅の用途に供する鉄筋コンクリート造の建築物で、その外壁が耐火構造であるものを建築しようとする場合、当該建築物について確認をするときは、建築主事は、建築物の工事施工地又は所在地を管轄する消防長又は消防署長へ通知しなければならない。

A 566 □□

準都市計画区域内で建築物を建築する場合、建築物の構造・規模に関係なく、原則として、建築確認を受ける必要がある。

×

A 567 □□

防火地域および準防火地域外において建築物を増築・改築・移転する場合、その増築・改築・移転に係る部分の床面積の合計が10m²以内であるときは、建築確認を受ける必要はない。

○

A 568 □□

共同住宅は、特殊建築物にあたる。建築物の用途を変更して規模の大きい特殊建築物（その用途に供する部分の床面積の合計が200m²を超える特殊建築物）とする場合、原則として、建築確認を受けなければならない。

×

A 569 □□

防火地域および準防火地域内において建築物の増築・改築・移転をする場合、その増築・改築・移転に係る部分の床面積にかかわらず、建築確認が必要である。建築主は、建築確認を受けた建築等の工事を完了したときは、完了検査を受けなければならない。

×

A 570 □□

建築主事等は、建築確認をする場合、原則として、建築物の工事施工地または所在地を管轄する消防長または消防署長の同意を得なければならない。

×

★★
Q 571
□□
【R3】
建築主は、３階建ての木造の共同住宅を新築する場合において、特定行政庁が、安全上、防火上及び避難上支障がないと認めたときは、検査済証の交付を受ける前においても、仮に、当該共同住宅を使用することができる。

★★★
Q 572
□□
【H12】
道路法による道路は、すべて建築基準法第３章の規定上の道路に該当する。

★★★
Q 573
□□
【H30】
都市計画区域の変更等によって建築基準法第３章の規定が適用されるに至った際現に建築物が立ち並んでいる幅員２mの道で、特定行政庁の指定したものは、同章の規定における道路とみなされる。

★★★
Q 574
□□
【H12】
地方公共団体は、土地の状況等により必要な場合は、建築物の敷地と道路との関係について建築基準法に規定された制限を、条例で緩和することができる。

★★
Q 575
□□
【R5】
建築物又は敷地を造成するための擁壁は、道路内に、又は道路に突き出して建築し、又は築造してはならず、地盤面下に設ける建築物においても同様である。

A 571 □□

規模の大きい建築物（木造の場合、①3階以上、②延べ面積500㎡超、③高さ13m超、④軒の高さ9m超のいずれかにあたる建築物）を新築等する場合、建築主は、原則として、検査済証の交付を受けた後でなければ、当該建築物を使用できない。ただし、特定行政庁が、安全上、防火上および避難上支障がないと認めたなど一定の場合、例外として、検査済証の交付を受ける前でも、仮に、当該建築物を使用できる。

○

A 572 □□

道路法による道路であっても、幅員が4m以上でなければ、原則として、建築基準法第3章の規定（集団規定）上の道路に該当しない。

×

A 573 □□

都市計画区域・準都市計画区域の指定・変更などにより建築基準法第3章の規定（集団規定）が適用されたときにすでに建築物が立ち並んでいた幅員4m未満の道で、特定行政庁の指定したものは、建築基準法上の道路とみなされる。

○

A 574 □□

地方公共団体は、建築物の敷地または建築物と道路との関係について建築基準法に規定された制限を、条例で付加することはできるが、緩和することはできない。

×

A 575 □□

建築物または敷地を造成するための擁壁は、原則として、道路内に、または道路に突き出して建築・築造してはならない。ただし、地盤面下に設ける建築物などについては、道路内に建築できる。

×

★★★
Q 576
【H22】
第一種低層住居専用地域内においては、高等学校を建築することはできるが、高等専門学校を建築することは原則としてできない。

★★★
Q 577
【R2】
近隣商業地域内において、客席の部分の床面積の合計が200m^{2}以上の映画館は建築することができない。

★★★
Q 578
【H20】
第一種住居地域において、カラオケボックスで当該用途に供する部分の床面積の合計が500m^{2}であるものは原則として建築することができる。

★★★
Q 579
【H14】
工業地域内では、住宅は建築できるが、病院は原則として建築できない。

★★★
Q 580
【H26】
店舗の用途に供する建築物で当該用途に供する部分の床面積の合計が10,000m^{2}を超えるものは、原則として工業地域内では建築することができない。

A 576

第一種低層住居専用地域内においては、小学校・中学校・高等学校を建築することはできるが、特定行政庁の許可がなければ、大学・高等専門学校・専修学校を建築することはできない。

○

A 577

客席の部分の床面積の合計が200m²以上の映画館は、近隣商業地域、商業地域、準工業地域内において建築することができる。

×

A 578

カラオケボックスは、第二種住居地域、準住居地域、近隣商業地域、商業地域、準工業地域、工業地域、工業専用地域内において建築することができる。第一種住居地域内においては、特定行政庁の許可がなければ、建築することができない。

×

A 579

住宅を建築することができるのは、工業専用地域以外である。病院を建築することができるのは、第一種低層住居専用地域、第二種低層住居専用地域、田園住居地域、工業地域、工業専用地域以外である。したがって、工業地域内では、住宅は建築できるが、特定行政庁の許可がなければ、病院は建築できない。

○

A 580

床面積の合計が10,000m²を超える店舗は、近隣商業地域、商業地域、準工業地域内においては建築できるが、工業地域内においては、特定行政庁の許可がなければ、建築できない。

○

★★★
Q 581 □□
【H30】
一の敷地で、その敷地面積の40％が第二種低層住居専用地域に、60％が第一種中高層住居専用地域にある場合は、原則として、当該敷地内には大学を建築することができない。

★★
Q 582 □□
【R2追】
特別用途地区内においては、地方公共団体は、その地区の指定の目的のために必要と認める場合は、国土交通大臣の承認を得て、条例で、建築基準法第48条第1項から第13項までの規定による用途制限を緩和することができる。

★★★
Q 583 □□
【R3】
都市計画により建蔽率の限度が10分の6と定められている近隣商業地域において、準防火地域内にある耐火建築物で、街区の角にある敷地又はこれに準ずる敷地で特定行政庁が指定するものの内にある建築物については、建蔽率の限度が10分の8となる。

★★
Q 584 □□
【R2追】
都市計画により建蔽率の限度が10分の8と定められている準工業地域においては、防火地域内にある耐火建築物については、建築基準法第53条第1項から第5項までの規定に基づく建蔽率に関する制限は適用されない。

★★
Q 585 □□
【H24】
用途地域に関する都市計画において建築物の敷地面積の最低限度を定める場合においては、その最低限度は200m^2を超えてはならない。

A 581 □□

建築物の敷地が２以上の用途地域にわたる場合、敷地の過半が属する用途地域の用途制限が適用されるので、本問の場合、第一種中高層住居専用地域の用途制限が適用される。大学は、第一種中高層住居専用地域において建築することができる。

×

A 582 □□

特別用途地区内においては、地方公共団体は、その地区の指定の目的のために必要と認める場合においては、国土交通大臣の承認を得て、条例で、用途制限を緩和することができる。

○

A 583 □□

①都市計画で定められた建蔽率の限度が8/10とされている地域外で、「防火地域内にある耐火建築物等」や「準防火地域内にある耐火建築物等・準耐火建築物等」で、かつ、②街区の角にある敷地などで特定行政庁が指定するものの内にある建築物については、建蔽率は、都市計画で定められた建蔽率の数値に2/10を加えた数値が限度となる。したがって、6/10＋2/10＝8/10となる。

○

A 584 □□

建蔽率の限度が8/10とされている地域内であって、しかも防火地域内にある耐火建築物等については、建蔽率による制限は適用されない。

○

A 585 □□

用途地域に関する都市計画において建築物の敷地面積の最低限度を定める場合においては、その最低限度は、200㎡を超えてはならない。

○

★★★
Q 586
【H23】
容積率の制限は、都市計画において定められた数値によるが、建築物の前面道路（前面道路が二以上あるときは、その幅員の最大のもの。）の幅員が12ｍ未満である場合には、当該前面道路の幅員のメートルの数値に法第52条第２項各号に定められた数値を乗じたもの以下でなければならない。

★★★
Q 587
【H11】
容積率の算定に当たり、建築物の延べ面積の３分の1を限度として、地下室の床面積を建築物の延べ面積に算入しないとする特例は、住宅以外の用途に供する部分を有する建築物には適用されない。

★★★
Q 588
【H27】
建築物の容積率の算定の基礎となる延べ面積には、エレベーターの昇降路の部分又は共同住宅の共用の廊下若しくは階段の用に供する部分の床面積は、一定の場合を除き、算入しない。

★★★
Q 589
【H16】
建築物の敷地が、都市計画により定められた建築物の容積率の限度が異なる地域にまたがる場合、建築物が一方の地域内のみに建築される場合であっても、その容積率の限度は、それぞれの地域に属する敷地の部分の割合に応じて按分計算により算出された数値となる。

★★★
Q 590
【R4】
第一種住居地域内においては、建築物の高さは、10ｍ又は12ｍのうち当該地域に関する都市計画において定められた建築物の高さの限度を超えてはならない。

A 586 □□

容積率の制限は、都市計画において定められた数値によるが、前面道路（前面道路が２以上あるときは、その幅員の最大のもの）の幅員が12ｍ未満である場合には、さらに、前面道路の幅員のメートルの数値に一定の数値を乗じたもの以下でなければならない。

○

A 587 □□

容積率の算定にあたり、建築物の延べ面積の1/3を限度として、地下室の床面積を建築物の延べ面積に算入しないとする特例は、住宅以外の用途に供する部分を有する建築物にも適用される。

×

A 588 □□

容積率を算定するうえでは、エレベーターの昇降路の部分または共同住宅・老人ホーム等の共用の廊下および階段部分の床面積は、一定の場合を除き、建築物の延べ面積に算入しない。なお、「3分の1を限度として」とする限定はない。

○

A 589 □□

建築物の敷地が、都市計画により定められた建築物の容積率の限度が異なる地域にまたがる場合、その容積率の限度は、それぞれの地域に属する敷地の部分の割合に応じて按分計算により算出された数値となる。建築物が一方の地域内のみに建築される場合であっても、同様である。

○

A 590 □□

第一種低層住居専用地域、第二種低層住居専用地域、田園住居地域においては、建築物の高さは、原則として、10ｍまたは12ｍのうち都市計画で定められた高さの限度を超えてはならない。しかし、「第一種住居地域内」においては、この規定の適用はない。

×

★★★
Q591 □□
【H19】
第二種低層住居専用地域に指定されている区域内の土地においては、建築物を建築しようとする際、当該建築物に対する建築基準法第56条第１項第２号のいわゆる隣地斜線制限の適用はない。

★★★
Q592 □□
【H18】
第二種中高層住居専用地域内における建築物については、建築基準法第56条第１項第３号の規定による北側斜線制限は適用されない。

★★
Q593 □□
【H25】
建築物が第二種中高層住居専用地域及び近隣商業地域にわたって存する場合で、当該建築物の過半が近隣商業地域に存する場合には、当該建築物に対して建築基準法第56条第１項第３号の規定（北側斜線制限）は適用されない。

★★★
Q594 □□
【H18】
建築基準法第56条の２第１項の規定による日影規制の対象区域は地方公共団体が条例で指定することとされているが、商業地域、工業地域及び工業専用地域においては、日影規制の対象区域として指定することができない。

★★★
Q595 □□
【R3】
防火地域又は準防火地域内にある建築物で、外壁が防火構造であるものについては、その外壁を隣地境界線に接して設けることができる。

A 591

第一種低層住居専用地域、第二種低層住居専用地域、田園住居地域においては、隣地斜線制限は適用されない。

○

A 592

第一種低層住居専用地域、第二種低層住居専用地域、田園住居地域、第一種中高層住居専用地域、第二種中高層住居専用地域においては、北側斜線制限が適用される。

×

A 593

建築物が斜線制限の異なる複数の地域にわたって存する場合、区域ごとに斜線制限が適用されるかどうかを判断するので、本問の場合、近隣商業地域に存する部分には北側斜線制限は適用されないが、第二種中高層住居専用地域に存する部分には北側斜線制限が適用される。建築物の過半が近隣商業地域に存するときでも同様である。

×

A 594

日影規制の対象区域は地方公共団体が条例で指定することとされている。ただし、商業地域、工業地域および工業専用地域においては、日影規制の対象区域を指定することができない。

○

A 595

防火地域または準防火地域内にある建築物で、外壁が耐火構造であるものについては、その外壁を隣地境界線に接して設けることができる。

×

★★
Q 596 【H26】
準防火地域内において建築物の屋上に看板を設ける場合は、その主要な部分を不燃材料で造り、又は覆わなければならない。

★★★
Q 597 【R5】
建築物が防火地域及び準防火地域にわたる場合、その全部について準防火地域内の建築物に関する規定を適用する。

★
Q 598 【H25】
石綿以外の物質で居室内において衛生上の支障を生ずるおそれがあるものとして政令で定める物質は、ホルムアルデヒドのみである。

★★★
Q 599 【R2】
延べ面積が1,000 m^2 を超える準耐火建築物は、防火上有効な構造の防火壁又は防火床によって有効に区画し、かつ、各区画の床面積の合計をそれぞれ1,000 m^2 以内としなければならない。

★★★
Q 600 【R2追】
高さ25 mの建築物には、周囲の状況によって安全上支障がない場合を除き、有効に避雷設備を設けなければならない。

★★★
Q 601 【R2】
高さ30 mの建築物には、非常用の昇降機を設けなければならない。

A 596 □□

防火地域内にある看板、広告塔、装飾塔その他これらに類する工作物で、建築物の屋上に設けるものまたは高さ３ｍを超えるものは、その主要な部分を不燃材料で造り、または、覆わなければならない。しかし、準防火地域については、このような規定はない。

×

A 597 □□

建築物が防火地域および準防火地域にわたる場合には、原則として、その全部について防火地域内の建築物に関する規定が適用される。

×

A 598 □□

石綿以外の物質で居室内において衛生上の支障を生ずるおそれがあるものとして政令で定める物質は、クロルピリホスおよびホルムアルデヒドである。「ホルムアルデヒドのみ」ではない。

×

A 599 □□

延べ面積が1,000m^{2}を超える建築物は、原則として、防火上有効な構造の防火壁または防火床によって有効に区画し、かつ、各区画の床面積の合計をそれぞれ1,000m^{2}以内としなければならない。ただし、耐火建築物または準耐火建築物は例外であり、その必要はない。

×

A 600 □□

高さが20ｍを超える建築物には、周囲の状況によって安全上支障がない場合を除き、有効に避雷設備を設けなければならない。

○

A 601 □□

高さ31ｍを超える建築物には、原則として、非常用の昇降機を設けなければならない。しかし、高さ30ｍの建築物であれば、その必要はない。

×

★★
Q602 □□
【R5】

地方公共団体は、条例で、津波、高潮、出水等による危険の著しい区域を災害危険区域として指定し、当該区域内における住居の用に供する建築物の建築を禁止することができる。

3 盛土規制法※

※正式名称は「宅地造成及び特定盛土等規制法」

★★
Q603 □□
【R2】

都道府県知事又はその命じた者若しくは委任した者が、基礎調査のために他人の占有する土地に立ち入って測量又は調査を行う必要がある場合において、その必要の限度において当該土地に立ち入って測量又は調査を行うときは、当該土地の占有者は、正当な理由がない限り、立入りを拒み、又は妨げてはならない。

★★
Q604 □□
【R2追】

宅地造成等工事規制区域は、宅地造成等に伴い災害が生ずるおそれが大きい市街地若しくは市街地となろうとする土地の区域又は集落の区域（これらの区域に隣接し、又は近接する土地の区域を含む。）であって、宅地造成等に関する工事につき規制を行う必要があるものについて、国土交通大臣が指定することができる。

★★
Q605 □□
【H13】

宅地造成等工事規制区域内において行われる宅地造成等に関する工事の請負人は、工事に着手する前に、原則として都道府県知事の許可を受けなければならない。

地方公共団体は、条例で、津波、高潮、出水等による危険の著しい区域を災害危険区域として指定し、この災害危険区域内における住居の用に供する建築物の建築の禁止その他建築物の建築に関する制限で災害防止上必要なものを定めることができる。

○

都道府県知事などが、基礎調査のために他人の占有する土地に立ち入って測量・調査を行う必要がある場合において、その必要の限度において当該土地に立ち入って測量・調査を行うときは、当該土地の占有者は、正当な理由がない限り、立入りを拒み、または妨げてはならない。

○

宅地造成等工事規制区域は、宅地造成等（＝宅地造成、特定盛土等または土石の堆積）に伴い災害が生ずるおそれが大きい市街地等区域であって、宅地造成等に関する工事について規制を行う必要があるものについて、都道府県知事が指定する。「国土交通大臣」ではない。

×

宅地造成等工事規制区域内において行われる宅地造成等に関する工事については、工事主が、工事着手前に、原則として都道府県知事の許可を受けなければならない。請負契約により工事をする場合の工事主は、注文者である。

×

★★★
Q 606
【R3】

宅地造成等工事規制区域内において、宅地以外の土地を宅地にするために切土をする土地の面積が500㎡であって盛土を生じない場合、切土をした部分に生じる崖の高さが1.5ｍであれば、都道府県知事の宅地造成及び特定盛土等規制法第12条第1項本文の工事の許可は不要である。

★★★
Q 607
【H25】

宅地造成等工事規制区域内において、宅地以外の土地を宅地にするために行われる盛土であって、当該盛土をする土地の面積が300㎡で、かつ、高さ1.5ｍの崖を生ずることとなるものに関する工事については、都道府県知事の許可が必要である。

★★
Q 608
【予想問題】

宅地造成等工事規制区域内の森林において行う盛土であって、当該盛土をする土地の面積が300㎡で、かつ、高さ1.2ｍの崖を生ずることとなるものに関する工事については、都道府県知事の宅地造成及び特定盛土等規制法第12条第1項本文の工事の許可は不要である。

★★
Q 609
【H30】

宅地造成等工事規制区域内において行われる宅地造成等に関する工事について許可をする都道府県知事は、当該許可に、工事の施行に伴う災害を防止するために必要な条件を付することができる。

606 ○

宅地造成等工事規制区域内において宅地以外の土地を宅地にするために行う盛土その他の土地の形質の変更で一定規模のもの（盛土・切土をする土地の面積が500㎡を超えるものや切土部分に生じる崖の高さが２mを超えるものなど）については、「宅地造成」として、原則として、宅地造成等に関する工事の許可が必要である。これに対して、一定規模に満たない本問の場合、許可不要である。

---

607 ○

宅地造成等工事規制区域内において宅地以外の土地を宅地にするために行う盛土で高さ１mを超える崖を生じるものについては、土地の面積に関係なく、「宅地造成」として、原則として、宅地造成等に関する工事の許可が必要である。

---

608 ×

宅地造成等工事規制区域内の宅地または農地等（＝農地・採草放牧地・森林）において行う盛土その他の土地の形質の変更で一定規模のもの（盛土・切土をする土地の面積が500㎡を超えるものや盛土部分に生じる崖の高さが１mを超えるものなど）については、「特定盛土等」として、原則として、宅地造成等に関する工事の許可が必要である。「高さ1.2mの崖」を生ずる盛土をする本問の場合、土地の面積に関係なく、許可必要である。

609 ○

宅地造成等工事規制区域内で行われる宅地造成等に関する工事について許可をする都道府県知事は、許可に、工事の施行に伴う災害を防止するため必要な条件を付することができる。

★★★
Q 610
【H25】

宅地造成等工事規制区域内において宅地造成等に関する工事を行う場合、宅地造成等に伴う災害を防止するために行う高さ4mの擁壁の設置に係る工事については、政令で定める資格を有する者の設計によらなければならない。

★★★
Q 611
【R1】

宅地造成等工事規制区域内において行われる宅地造成等に関する工事の許可を受けた者は、主務省令で定める軽微な変更を除き、当該許可に係る工事の計画の変更をしようとするときは、遅滞なくその旨を都道府県知事に届け出なければならない。

★★★
Q 612
【R1】

宅地造成等工事規制区域の指定の際に、当該宅地造成等工事規制区域内において行われている宅地造成等に関する工事の工事主は、当該工事について都道府県知事の許可を受ける必要はない。

★★★
Q 613
【H28】

宅地造成等工事規制区域内の土地（公共施設用地を除く。以下618まで同じ。）において、高さが2mを超える擁壁を除却する工事を行おうとする者は、一定の場合を除き、その工事に着手する日の14日前までにその旨を都道府県知事に届け出なければならない。

A 610

宅地造成等工事規制区域内で宅地造成等に関する工事を行う場合、宅地造成等に伴う災害を防止するために行う高さが5ｍを超える擁壁の設置に係る工事については一定の資格を有する者の設計によらなければならない。本問の場合、高さ「4ｍ」なので、その必要はない。

×

A 611

宅地造成等工事規制区域内において行われる宅地造成等に関する工事の許可を受けた者は、工事の計画を変更しようとするときは、原則として、都道府県知事の許可を受けなければならない。なお、軽微な変更をしたときは、許可不要であるが、遅滞なく、都道府県知事に届け出なければならない。

×

A 612

宅地造成等工事規制区域の指定の際、当該宅地造成等工事規制区域内において行われている宅地造成等に関する工事の工事主は、その指定があった日から21日以内に、当該工事について都道府県知事に届け出なければならない。しかし、都道府県知事の「許可」を受ける必要はない。

○

A 613

宅地造成等工事規制区域内の土地（公共施設用地を除く。以下618まで同じ。）において、擁壁等に関する工事（高さが2ｍを超える擁壁・崖面崩壊防止施設や地表水等を排除するための排水施設などの除却の工事）を行おうとする者は、宅地造成等に関する工事の許可を受けたなどの場合を除き、工事に着手する日の14日前までに、その旨を都道府県知事に届け出なければならない。

○

★★★
Q 614
□□
【R2】

宅地造成等工事規制区域内において、公共施設用地を宅地又は農地等に転用した者は、宅地造成等に関する工事を行わない場合でも、都道府県知事の許可を受けなければならない。

★★★
Q 615
□□
【R4】

宅地造成等工事規制区域内の土地において、過去に宅地造成等に関する工事が行われ、現在は工事主とは異なる者がその工事が行われた土地を所有している場合において、当該土地の所有者は宅地造成等に伴う災害が生じないよう、その土地を常時安全な状態に維持するように努めなければならない。

★★★
Q 616
□□
【H25】

都道府県知事は、宅地造成等工事規制区域内の土地について、宅地造成等に伴う災害の防止のため必要があると認める場合においては、その土地の所有者、管理者、占有者、工事主又は工事施行者に対し、擁壁の設置等の措置をとることを勧告することができる。

A 614

宅地造成等工事規制区域内において、公共施設用地を宅地または農地等に転用した者は、宅地造成等に関する工事を行わない場合でも、その転用した日から14日以内に、その旨を都道府県知事に届け出なければならない。事前に「許可」を受けなければならないのではない。

×

A 615

宅地造成等工事規制区域内の土地の所有者・管理者・占有者は、宅地造成等（宅地造成等工事規制区域の指定前に行われたものを含む。以下617まで同じ。）に伴う災害が生じないよう、その土地を常時安全な状態に維持するように努めなければならない（土地の保全義務）。現在は工事主と異なる者が土地を所有している場合でも、同様である。

○

A 616

都道府県知事は、宅地造成等工事規制区域内の土地について、宅地造成等に伴う災害の防止のため必要があると認める場合には、その土地の所有者・管理者・占有者・工事主・工事施行者に対し、擁壁等の設置などの措置をとることを勧告することができる。

○

★★★
Q 617
【H29】

都道府県知事は、宅地造成等工事規制区域内の土地で、宅地造成又は特定盛土等に伴う災害の防止のため必要な擁壁等が設置されていないために、これを放置するときは、宅地造成等に伴う災害の発生のおそれが大きいと認められるものがある場合、その災害の防止のため必要であり、かつ、一定の限度において、当該土地の所有者、管理者又は占有者に対して、擁壁の設置を命ずることができる。

★★
Q 618
【H29】

都道府県知事は、宅地造成等工事規制区域内の土地において行われている工事の状況について、その工事が宅地造成等に関する工事であるか否かにかかわらず、当該土地の所有者、管理者又は占有者に対して報告を求めることができる。

★
Q 619
【予想問題】

特定盛土等規制区域内の農地において行う盛土で、当該盛土をする土地の面積が300㎡で、かつ、高さ1.5mの崖を生ずることとなるものに関する工事については、工事の計画を都道府県知事に届け出る必要はない。

A 617

都道府県知事は、宅地造成等工事規制区域内の土地で、宅地造成・特定盛土等に伴う災害の防止のため必要な擁壁等が設置されていないなどのために、これを放置するときは宅地造成等に伴う災害の発生のおそれが大きいと認められるものがある場合には、災害防止のため必要であり、かつ、一定限度において、当該宅地造成等工事規制区域内の土地の所有者・管理者・占有者に対して、擁壁等の設置などの工事を行うことを命ずることができる（改善命令）。

○

A 618

都道府県知事は、宅地造成等工事規制区域内の土地の所有者・管理者・占有者に対して、当該土地または当該土地において行われている工事の状況について報告を求めることができる。その工事が「宅地造成等に関する工事」であるかどうかは、関係ない。

○

特定盛土等規制区域内で行われる「特定盛土等」に関する工事については、工事主は、工事に着手する日の30日前までに、原則として、工事の計画を都道府県知事に届け出なければならない。この「特定盛土等」とは、宅地または農地等（＝農地・採草放牧地・森林）において行う盛土その他の土地の形質の変更で一定規模のもの（盛土・切土をする土地の面積が500㎡を超えるものや盛土部分に生じる崖の高さが1ｍを超えるものなど）をいう。本問の高さ「1.5ｍ」の崖を生ずる盛土は「特定盛土等」にあたり、土地の面積に関係なく、原則として届出が必要である。

×

★
Q 620
【予想問題】

特定盛土等規制区域内の森林において行う盛土で、当該盛土をする土地の面積が600㎡で、かつ、高さ5mの崖を生ずることとなるものに関する工事については、工事主は、当該工事に着手する日の30日前までに、当該工事の計画を都道府県知事に届け出なければならない。

★★
Q 621
【R1】

宅地造成等工事規制区域及び特定盛土等規制区域外において行われる宅地造成等に関する工事については、工事主は、工事に着手する日の14日前までに都道府県知事に届け出なければならない。

★★★
Q 622
【R5】

都道府県知事は、関係市町村長の意見を聴いて、宅地造成等工事規制区域内で、宅地造成又は特定盛土等に伴う災害で相当数の居住者その他の者に危害を生ずるものの発生のおそれが大きい一団の造成宅地の区域であって、一定の基準に該当するものを、造成宅地防災区域として指定することができる。

A 620 □□

特定盛土等規制区域内で行われる「規模の大きい特定盛土等」に関する工事については、工事主は、当該工事に着手する前に、原則として、都道府県知事の許可を受けなければならない。この「規模の大きい特定盛土等」とは、特定盛土等のうち、盛土・切土をする土地の面積が3,000㎡を超えるものや盛土部分に生じる崖の高さが2mを超えるものなどをいう。高さ「5m」の崖を生ずる盛土は、土地の面積に関係なく、「規模の大きい特定盛土等」にあたるので、本問の場合、原則として許可が必要である。「届け出なければならない」のではない。

×

A 621 □□

盛土規制法には、「宅地造成等工事規制区域および特定盛土等規制区域」外において行われる工事について、届出を必要とする規定はない。

×

A 622 □□

造成宅地防災区域は、宅地造成等工事規制区域内に指定することはできない。

×

4 土地区画整理法

★★
Q623 □□ 【H30】

土地区画整理事業とは、公共施設の整備改善及び宅地の利用の増進を図るため、土地区画整理法で定めるところに従って行われる、都市計画区域内及び都市計画区域外の土地の区画形質の変更に関する事業をいう。

★★★
Q624 □□ 【H29】

土地区画整理組合が施行する土地区画整理事業に係る施行地区内の宅地について借地権のみを有する者は、その土地区画整理組合の組合員とはならない。

★★
Q625 □□ 【H29】

土地区画整理組合を設立しようとする者は、事業計画の決定に先立って土地区画整理組合を設立する必要があると認める場合においては、7人以上共同して、定款及び事業基本方針を定め、その土地区画整理組合の設立について都道府県知事の認可を受けることができる。

★★★
Q626 □□ 【H29】

施行地区内の宅地について組合員の有する所有権の全部又は一部を承継した者がある場合においては、その組合員がその所有権の全部又は一部について土地区画整理組合に対して有する権利義務は、その承継した者に移転する。

★★
Q627 □□ 【H17】

土地区画整理組合は、その事業に要する経費に充てるため、賦課金として参加組合員以外の組合員に対して金銭を賦課徴収することができるが、当該組合に対する債権を有する参加組合員以外の組合員は、賦課金の納付について、相殺をもって組合に対抗することができる。

A 623 □□

土地区画整理事業は、都市計画区域内の土地について行われる。「都市計画区域外」で事業が行われることはない。

×

A 624 □□

土地区画整理組合が施行する土地区画整理事業に係る施行地区内の宅地について所有権または借地権を有する者は、すべてその組合の組合員となる。

×

A 625 □□

土地区画整理組合を設立しようとする者は、事業計画の決定に先立って組合を設立する必要があると認める場合には、7人以上共同して、定款および事業基本方針を定め、その組合の設立について都道府県知事の認可を受けることができる。

○

A 626 □□

施行地区内の宅地について組合員の有する所有権または借地権の全部または一部を承継した者がある場合には、その組合員がその所有権または借地権の全部または一部について土地区画整理組合に対して有する権利義務は、その承継した者に移転する。

○

A 627 □□

土地区画整理組合は、その事業に要する経費に充てるため、賦課金として参加組合員以外の組合員（一般の組合員）に対して金銭を賦課徴収することができる。この金銭は確実に徴収する必要があるので、組合員が組合に対して債権を持っている場合でも、その債権との相殺を主張して賦課金の納付を免れることはできない。

×

★
Q 628
□□
【H29】
土地区画整理組合は、事業の完成により解散しようとする場合においては、都道府県知事の認可を受けなければならない。

★★★
Q 629
□□
【R4】
土地区画整理組合の設立の認可の公告があった日以後、換地処分の公告がある日までは、施行地区内において、土地区画整理事業の施行の障害となるおそれがある建築物の新築を行おうとする者は、土地区画整理組合の許可を受けなければならない。

★★
Q 630
□□
【R3】
換地計画において換地を定める場合においては、換地及び従前の宅地の位置、地積、土質、水利、利用状況、環境等が照応するように定めなければならない。

★★
Q 631
□□
【H23】
公共施設の用に供している宅地に対しては、換地計画において、その位置、地積等に特別の考慮を払い、換地を定めることができる。

★★
Q 632
□□
【H26】
施行者は、施行地区内の宅地について換地処分を行うため、換地計画を定めなければならない。この場合において、当該施行者が土地区画整理組合であるときは、その換地計画について市町村長の認可を受けなければならない。

A 628 □□

土地区画整理組合が事業の完成や総会の議決などにより解散しようとする場合、その解散について都道府県知事の認可を受けなければならない。

○

A 629 □□

土地区画整理組合が施行する土地区画整理事業の場合、その組合の設立の認可の公告があった日後、換地処分の公告がある日までは、施行地区内において、土地区画整理事業の施行の障害となるおそれがある土地の形質の変更や建築物の新築などを行おうとする者は、都道府県知事等（都道府県知事または市長）の許可を受けなければならない。「土地区画整理組合の許可」ではない。

×

A 630 □□

換地計画において換地を定める場合には、換地および従前の宅地の位置、地積、土質、水利、利用状況、環境等が照応するように定めなければならない（換地照応の原則）。

○

A 631 □□

一定の公共施設や医療施設などの用に供している宅地に対しては、換地計画において、その位置、地積等に特別の考慮を払い、換地を定めることができる。

○

A 632 □□

施行者は、施行地区内の宅地について換地処分を行うため、換地計画を定めなければならない。この場合において、施行者が個人施行者、土地区画整理組合、区画整理会社、市町村、独立行政法人都市再生機構、地方住宅供給公社であるときは、その換地計画について都道府県知事の認可を受けなければならない。「市町村長」の認可ではない。

×

★★
Q 633 □□
【H28】
施行者は、換地処分を行う前において、換地計画に基づき換地処分を行うため必要がある場合においては、施行地区内の宅地について仮換地を指定することができる。

★★
Q 634 □□
【R5】
土地区画整理組合は、仮換地を指定しようとする場合においては、あらかじめ、その指定について、土地区画整理審議会の同意を得なければならない。

★★★
Q 635 □□
【H28】
仮換地が指定された場合においては、従前の宅地について権原に基づき使用し、又は収益することができる者は、仮換地の指定の効力発生の日から換地処分の公告がある日まで、仮換地について、従前の宅地について有する権利の内容である使用又は収益と同じ使用又は収益をすることができる。

★★★
Q 636 □□
【H30】
土地区画整理事業の施行者は、仮換地を指定した場合において、当該仮換地について使用又は収益を開始することができる日を当該仮換地の効力発生の日と同一の日として定めなければならない。

★★★
Q 637 □□
【R4】
仮換地を指定したことにより、使用し、又は収益することができる者のなくなった従前の宅地については、当該宅地を使用し、又は収益することができる者のなくなった時から換地処分の公告がある日までは、施行者が当該宅地を管理する。

A 633

土地区画整理事業の施行者は、換地処分を行う前において、換地計画に基づき換地処分を行うため必要がある場合には、施行地区内の宅地（従前の宅地）について仮換地を指定することができる。

○

A 634

土地区画整理組合は、施行地区内の宅地について仮換地を指定する場合、あらかじめ、その総会などの同意を得なければなりませんが、土地区画整理審議会の同意を得る必要はありません。

×

A 635

仮換地が指定された場合、従前の宅地について権原に基づき使用・収益することができる者は、仮換地について、従前の宅地について有する権利の内容である使用・収益と同じ使用・収益をすることができる。つまり、従前の宅地と同じように、仮換地を使用・収益することができる。

○

A 636

土地区画整理事業の施行者は、仮換地を指定した場合において、特別の事情があるときは、その仮換地について使用または収益を開始することができる日を当該仮換地の指定の効力発生の日と別に定めることができる。

×

A 637

仮換地の指定により使用・収益することができる者のなくなった従前の宅地については、その処分により当該宅地を使用・収益することができる者のなくなった時から、換地処分の公告がある日までは、施行者が管理する。

○

★★
Q 638
【H25】
換地処分は、施行者が換地計画において定められた関係事項を公告して行うものとする。

★★
Q 639
【R4】
土地区画整理組合は、定款に別段の定めがある場合においては、換地計画に係る区域の全部について工事が完了する以前においても換地処分をすることができる。

★★★
Q 640
【R1】
換地処分の公告があった場合においては、換地計画において定められた換地は、その公告があった日の翌日から従前の宅地とみなされ、換地計画において換地を定めなかった従前の宅地について存する権利は、その公告があった日が終了した時において消滅する。

★★★
Q 641
【H27】
施行地区内の宅地について存する地役権は、土地区画整理事業の施行により行使する利益がなくなった場合を除き、換地処分があった旨の公告があった日の翌日以後においても、なお従前の宅地の上に存する。

★★★
Q 642
【H27】
換地計画において定められた保留地は、換地処分があった旨の公告があった日の翌日において、施行者が取得する。

A 638 □□

換地処分は、関係権利者に換地計画において定められた関係事項を通知してするものとされている。「公告」ではない。 ×

A 639 □□

換地処分は、原則として、換地計画に係る区域の全部について土地区画整理事業の工事が完了した後において、遅滞なく、しなければならない。ただし、土地区画整理組合の定款などに別段の定めがある場合には、換地計画に係る区域の全部について工事が完了する以前においても換地処分ができる。 ○

A 640 □□

換地処分の公告があった場合においては、換地計画において定められた換地は、その公告があった日の翌日から従前の宅地とみなされ、換地計画において換地を定めなかった従前の宅地について存する権利は、その公告があった日が終了した時において消滅する。 ○

A 641 □□

施行地区内の宅地について存する地役権は、土地区画整理事業の施行により行使する利益がなくなった場合は、換地処分があった旨の公告があった日が終了した時において消滅するが、その場合を除き、換地処分があった旨の公告があった日の翌日以後においても、なお従前の宅地の上に存する。 ○

A 642 □□

換地計画において定められた保留地は、換地処分があった旨の公告があった日の翌日において、施行者が取得する。 ○

★★
Q 643
□□
【H27】

土地区画整理事業の施行により生じた公共施設の用に供する土地は、換地処分があった旨の公告があった日の翌日において、すべて市町村に帰属する。

★★
Q 644
□□
【H26】

関係権利者は、換地処分があった旨の公告があった日以降いつでも、施行地区内の土地及び建物に関する登記を行うことができる。

5 農地法

★★★
Q 645
□□
【H26】

山林を開墾し現に農地として耕作している土地であっても、土地登記簿上の地目が山林であれば、農地法の適用を受ける農地とはならない。

★★
Q 646
□□
【H19】

耕作する目的で原野の所有権を取得し、その取得後、造成して農地にする場合には、農地法第３条第１項の許可を受ける必要がある。

★★★
Q 647
□□
【R1】

金融機関からの資金借入れのために農地に抵当権を設定する場合、農地法第３条第１項の許可が必要である。

A 643

土地区画整理事業の施行により生じた公共施設の用に供する土地は、換地処分があった旨の公告があった日の翌日において、原則として、その公共施設を管理すべき者に帰属するものとされている。「すべて市町村に帰属する」わけではない。 ×

A 644

換地処分があった旨の公告があった日後においては、土地区画整理事業の施行による変動に係る登記がされるまでは、施行地区内の土地および建物に関しては、原則として、他の登記をすることができない。 ×

農地法の「農地」にあたるか否かは、現況（現在、耕作の目的に供されているかどうか）で判断され、登記簿上の地目は関係ない。したがって、現に農地として耕作している土地は、農地にあたる。 ×

原野を取得して、農地に造成する場合には、農地法3条の許可を受ける必要はない。 ×

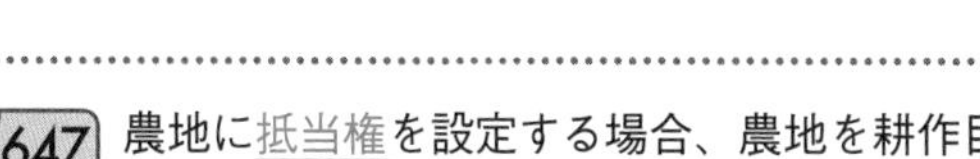

農地に抵当権を設定する場合、農地を耕作目的で取得する（＝農地を使う人がかわる）わけではないので、農地法3条の許可は不要である。 ×

★★
Q 648 □□
【H30】
農地法第２条第３項の農地所有適格法人の要件を満たしていない株式会社は、耕作目的で農地を借り入れることはできない。

★★★
Q 649 □□
【H22】
農地を相続した場合、その相続人は、農地法第３条第１項の許可を受ける必要はないが、遅滞なく、農業委員会にその旨を届け出なければならない。

★★★
Q 650 □□
【H29】
市街化区域内の農地を耕作のために借り入れる場合、あらかじめ農業委員会に届出をすれば、農地法第３条第１項の許可を受ける必要はない。

★★★
Q 651 □□
【H25】
農業者が相続により取得した市街化調整区域内の農地を自己の住宅用地として転用する場合でも、農地法第４条第１項の許可を受ける必要がある。

★★★
Q 652 □□
【R1】
市街化区域内の農地を自家用駐車場に転用する場合、農地法第４条第１項の許可が必要である。

A 648 □□

農地所有適格法人（主たる事業が農業であることなど所定の要件を満たす法人）でない法人（一般の株式会社など）であっても、農地法３条の許可を受けて、耕作目的で農地を借り入れることができる。

×

A 649 □□

相続・遺産の分割・包括遺贈・相続人に対する特定遺贈などにより農地を取得する場合、農地法３条の許可を受ける必要はない。ただし、農地を取得した後、遅滞なく、農業委員会にその旨を届け出なければならない。

○

A 650 □□

農地法３条の許可には、農地法４条・５条の許可と異なり、市街化区域内の例外はない。したがって、市街化区域内の農地を耕作のために借り入れる場合、原則として、農地法３条の許可を受ける必要がある。

×

A 651 □□

市街化調整区域内の農地を自己の住宅用地として転用する場合には、農地法４条の許可を受けなければならない。相続により取得した農地であっても同様である。

○

A 652 □□

市街化区域内にある農地を、農地以外に転用する場合には、あらかじめ農業委員会に届け出れば、農地法４条の許可は不要である。

×

★★★
Q 653 □□
【H20】

市街化調整区域内の農地を宅地に転用する場合は、あらかじめ農業委員会へ届出をすれば、農地法第４条第１項の許可を受ける必要はない。

★★
Q 654 □□
【R5】

自己の所有する面積４アールの農地を農作物の育成又は養畜の事業のための農業用施設に転用する場合は、農地法第４条第１項の許可を受ける必要はない。

★★
Q 655 □□
【H29】

市街化調整区域内の４ヘクタールを超える農地について、これを転用するために所有権を取得する場合、農林水産大臣の許可を受ける必要がある。

★★★
Q 656 □□
【H22】

宅地に転用する目的で市街化区域外の農地を購入する場合は、農地の権利移動に係る農地法第３条第１項の許可のほか、農地転用に係る農地法第４条第１項の許可を受ける必要がある。

★★★
Q 657 □□
【R3】

砂利採取法第16条の認可を受けて市街化調整区域内の農地を砂利採取のために一時的に借り受ける場合には、農地法第５条第１項の許可は不要である。

市街化区域内の農地であれば、宅地に転用する場合でも、あらかじめ農業委員会へ届出をすれば、農地法４条の許可を受ける必要はない。しかし、市街化調整区域内の農地を宅地に転用する場合は、原則どおり、農地法４条の許可を受けなければならない。

×

自己所有の２アール未満の農地を農業用施設として利用する目的で転用する場合は、例外的に、農地法４条の許可は不要である。しかし、本問の場合は、４アールの農地を転用しようとしているので、原則どおり、農地法４条の許可を受ける必要がある。

×

A 655

農地を農地以外に転用する目的で取得する場合、原則として、農地法５条の許可を受けなければならない。この場合の許可権者は、取得する農地の面積にかかわらず、都道府県知事等である。「農林水産大臣」ではない。

宅地に転用する目的で市街化区域外の農地を購入する場合は、受ける必要があるのは農地法５条の許可であり、農地法３条の許可や農地法４条の許可は受ける必要がない。

×

砂利採取のために農地を借り受けることは農地を農地以外に転用する目的での権利移動（＝農地の使い方と農地を使う人がかわる場合）なので、原則として、農地法５条の許可が必要である。一時的に借り受ける場合でも同様である

×

★★★
Q 658 □□ 【H18】
農業者が、住宅を建設するために農地法第４条第１項の許可を受けた農地をその後住宅建設の工事着工前に宅地として売却する場合、改めて農地法第５条第１項の許可を受ける必要はない。

★★★
Q 659 □□ 【H21】
市街化区域内において2ha（ヘクタール）の農地を住宅建設のために取得する者は、農地法第５条第１項の許可を受けなければならない。

★★★
Q 660 □□ 【H23】
競売により市街化調整区域内にある農地を取得する場合は、農地法第３条第１項又は農地法第５条第１項の許可を受ける必要はない。

★★★
Q 661 □□ 【R5】
農地法第３条第１項又は農地法第５条第１項の許可が必要な農地の売買について、これらの許可を受けずに売買契約を締結しても、その所有権の移転の効力は生じない。

★★
Q 662 □□ 【H21】
都道府県知事（指定市町村の区域内にあっては、指定市町村の長）は、農地法第５条第１項の許可を要する農地取得について、その許可を受けずに農地の転用を行った者に対して、必要な限度において原状回復を命ずることができる。

A 658

農地法４条の許可を受けた農地であっても、その後住宅建設の工事着工前に宅地として売却する場合は、改めて農地法５条の許可を受ける必要がある。

×

A 659

市街化区域内の農地を住宅建設のために取得する場合、あらかじめ農業委員会へ届出をすれば、農地法５条の許可を受ける必要はない。

×

A 660

市街化区域外の農地を取得する場合には、原則として、農地法３条または５条の許可を受ける必要がある。競売により市街化区域外の農地を取得する場合でも同様である。

×

A 661

農地法３条または５条の許可が必要な行為を許可を受けないでした場合、その行為は効力を生じない。したがって、必要な農地法３条または５条の許可を受けずに農地の売買契約を締結しても、その所有権の移転の効力は生じない。

○

A 662

都道府県知事等は、農地法５条の許可を要する農地取得について、その許可を受けずに農地の転用を行った者に対して、必要な限度において原状回復を命ずることができる。

○

6 国土利用計画法

★★★
Q 663
【R2】
Aが所有する市街化区域内の1,500m²の土地をBが購入した場合には、Bは事後届出を行う必要はないが、Cが所有する市街化調整区域内の6,000m²の土地についてDと売買に係る予約契約を締結した場合には、Dは事後届出を行う必要がある。

★★★
Q 664
【R2】
Aが所有する都市計画区域外の10,000m²の土地とBが所有する市街化調整区域内の10,000m²の土地を交換した場合、A及びBは事後届出を行う必要はない。

★★★
Q 665
【H23】
Aが、市街化区域において、2,500m²の工場建設用地を確保するため、そのうち、1,500m²をB社から購入し、残りの1,000m²はC社から贈与で取得した。この場合、Aは、事後届出を行う必要はない。

★★★
Q 666
【H21】
宅地建物取引業者Aが都市計画区域外の10,000m²の土地を時効取得した場合、Aは、その日から起算して2週間以内に事後届出を行わなければならない。

A 663 □□

売買契約や売買の予約は、事後届出が必要な「土地売買等の契約」にあたる。また、事後届出が必要な土地の面積は、市街化区域内では2,000m²以上、市街化調整区域内では5,000m²以上である。したがって、Bは事後届出不要であるが、Dは事後届出必要である。

○

A 664 □□

交換契約は、事後届出が必要な「土地売買等の契約」にあたる。また、事後届出が必要な土地の面積は、市街化調整区域内では5,000m²以上、都市計画区域外では10,000m²以上である。本問では、いずれの土地についてもこれを満たしている。したがって、権利取得者であるAおよびBは、いずれも事後届出を行う必要がある。

×

A 665 □□

市街化区域では2,000m²以上の土地について、土地売買等の契約を締結した場合には、事後届出が必要となる。これに対して、対価を得て行われる契約でない贈与契約は、事後届出が必要な土地売買等の契約にあたらない。したがって、Aが土地売買等の契約により取得したのは、市街化区域内の1,500m²の土地にすぎず、Aは、事後届出を行う必要はない。

○

A 666 □□

土地の時効取得は、事後届出が必要な土地売買等の契約にあたらない。したがって、Aは、事後届出を行う必要はない。

×

★★★
Q 667
□□
【R5】
市街化区域を除く都市計画区域内において、Aが所有する7,000㎡の土地をBが相続により取得した場合、Bは事後届出を行う必要がある。

★★
Q 668
□□
【H30】
指定都市（地方自治法に基づく指定都市をいう。）の区域以外に所在する土地について、事後届出を行うに当たっては、市町村の長を経由しないで、直接都道府県知事に届け出なければならない。

★★★
Q 669
□□
【H24】
Aが市街化区域内に所有する2,500m^2の土地について、Bが銀行から購入資金を借り入れることができることを停止条件とした売買契約を、AとBとの間で締結した場合、Bが銀行から購入資金を借り入れることができることに確定した日から起算して2週間以内に、Bは事後届出を行わなければならない。

★★★
Q 670
□□
【H16】
Aが所有する都市計画法第5条の2に規定する準都市計画区域内に所在する面積7,000m^2の土地について、Bに売却する契約を締結した場合、Bは事後届出をする必要がある。

★★★
Q 671
□□
【R1】
宅地建物取引業者Aが所有する市街化調整区域内の6,000m^2の一団の土地を、宅地建物取引業者Bが一定の計画に従って、3,000m^2ずつに分割して購入した場合、Bは事後届出を行わなければならない。

土地の相続は、事後届出が必要な土地売買等の契約にあたらない。したがって、Bは、事後届出を行う必要はない。

×

事後届出を行うにあたっては、一定の土地についての事後届出を除き、当該土地が所在する市町村の長を経由して、都道府県知事に届け出なければならない。

×

市街化区域では2,000m²以上の土地について、土地売買等の契約を締結した場合には、権利取得者は、その契約を締結した日から起算して２週間以内に、事後届出を行わなければならない。停止条件付きの場合でも同様であり、「Bが銀行から購入資金を借り入れることができることに確定した日」から起算して２週間以内ではない。

×

準都市計画区域は、都市計画区域外である。そして、都市計画区域外では10,000m²以上の土地について、土地売買等の契約を締結した場合に、事後届出が必要となる。したがって、準都市計画区域の7,000m²の土地であれば、事後届出は不要である。

×

面積要件を満たす一団の土地について複数回に分割して土地売買等の契約を締結した場合、各契約が面積要件を満たさなくても、契約ごとに事後届出が必要となる。市街化調整区域内で事後届出が必要とされる面積は5,000m²以上であるから、6,000m²の一団の土地を購入したBは、事後届出を行わなければならない。

○

★★★
Q 672 □□
【R4】

市街化区域を除く都市計画区域内において、一団の土地である甲土地（A所有、面積3,500m²）と乙土地（B所有、面積2,500m²）を宅地建物取引業者Cが購入した場合、Cは事後届出を行わなければならない。

★★★
Q 673 □□
【R3】

宅地建物取引業者Aが所有する準都市計画区域内の20,000㎡の土地について、10,000㎡をB市に、10,000㎡を宅地建物取引業者Cに売却する契約を締結した場合、B市は事後届出を行う必要はないが、Cは一定の場合を除き事後届出を行う必要がある。

★★★
Q 674 □□
【R5】

市街化区域において、Aが所有する3,000㎡の土地をBが購入する契約を締結した場合、A及びBは事後届出を行わなければならない。

★★★
Q 675 □□
【R3】

土地売買等の契約を締結した場合には、当事者のうち当該契約による権利取得者は、その契約を締結した日の翌日から起算して３週間以内に、事後届出を行わなければならない。

市街化区域を除く都市計画区域内（＝市街化調整区域・非線引区域内）の5,000㎡以上の土地について、土地売買等の契約を締結した場合、権利取得者は、原則として事後届出を行う必要がある。この事後届出の面積要件は、権利取得者を基準に判断する。したがって、一団の6,000㎡の土地（甲土地3,500㎡＋乙土地2,500㎡）を購入したCは、事後届出を行う必要がある。

○

当事者の一方または双方が国や地方公共団体などである場合、事後届出は不要である。したがって、B市は、事後届出を行う必要はない。その一方で、都市計画区域外（準都市計画区域を含む）の10,000㎡以上の土地について、土地売買等の契約を締結した場合、権利取得者は、原則として事後届出を行う必要がある。したがって、Cは、一定の場合を除き事後届出を行う必要がある。

○

市街化区域内の2,000㎡以上の土地について土地売買等の契約を締結した場合、原則として事後届出が必要であるが、この場合に届出義務を負うのは権利取得者のみである。したがって、買主Bのみが届出義務を負い、売主Aは、事後届出を行う必要はない。

×

土地売買等の契約を締結した場合、権利取得者は、契約を締結した日から起算して2週間以内に、原則として事後届出を行わなければならない。

×

★★★
Q 676
【R2追】

都道府県知事は、事後届出に係る土地の利用目的及び対価の額について、届出をした宅地建物取引業者に対し勧告することができ、都道府県知事から勧告を受けた当該業者が勧告に従わなかった場合、その旨及びその勧告の内容を公表することができる。

★★★
Q 677
【R3】

都道府県知事は、事後届出をした者に対し、その届出に係る土地に関する権利の移転若しくは設定後における土地の利用目的又は土地に関する権利の移転若しくは設定の対価の額について、当該土地を含む周辺の地域の適正かつ合理的な土地利用を図るために必要な助言をすることができる。

★★★
Q 678
【H30】

事後届出に係る土地の利用目的について、甲県知事から勧告を受けた宅地建物取引業者Aがその勧告に従わないときは、甲県知事は、その旨及びその勧告の内容を公表することができる。

★★
Q 679
【H21】

宅地建物取引業者Aが行った事後届出に係る土地の利用目的について、都道府県知事が適正かつ合理的な土地利用を図るために必要な助言をした場合、Aがその助言に従わないときは、当該知事は、その旨及び助言の内容を公表しなければならない。

★★★
Q 680
【R3】

事後届出が必要な土地売買等の契約を締結したにもかかわらず、所定の期間内に当該届出をしなかった者は、都道府県知事からの勧告を受けるが、罰則の適用はない。

A 676

都道府県知事は、事後届出に係る土地の利用目的については、必要な変更をするように勧告ができる。これに対して、対価の額については、勧告ができない。対価の額は、事後届出制では審査の対象外だからである。

×

A 677

都道府県知事は、事後届出があった場合において、その届出をした者に対し、土地の利用目的について助言ができる。しかし、対価の額については、助言ができない。

×

A 678

都道府県知事は、事後届出に係る土地の利用目的について勧告をした場合において、勧告を受けた者が勧告に従わないときは、その旨および勧告の内容を公表することができる。勧告を受けた者が宅建業者でも同様である。

○

A 679

都道府県知事は、事後届出に係る土地の利用目的について助言をすることができる。しかし、その助言に従わなくても、助言の内容や助言に従わなかった旨を公表されることはない。都道府県知事の勧告に従わなかった場合と区別してほしい。

×

A 680

事後届出が必要な土地売買等の契約により権利取得者となった者が事後届出を行わなかった場合でも、都道府県知事から届出を行うよう勧告されることはない。しかし、罰則（6カ月以下の懲役または100万円以下の罰金）の適用はある。

×

POINTマスター 法令上の制限編

Point 31 市街化区域と市街化調整区域との区分（都市計画法）

市街化区域………すでに市街地を形成している区域およびおおむね10年以内に優先的かつ計画的に市街化を図るべき区域

市街化調整区域…市街化を抑制すべき区域

※ 区域区分が定められていない都市計画区域もある。

Point 32 用途地域以外の地域地区のポイント（都市計画法）

地域地区	ポイント
特別用途地区	用途地域内にのみ定められる 建築物の用途に関する制限
高層住居誘導地区	第一種住居地域、第二種住居地域、準住居地域、近隣商業地域、準工業地域内にのみ定められる
高度地区	用途地域内にのみ定められる 建築物の高さに関する制限
高度利用地区	用途地域内にのみ定められる 建築物の広さ（容積率など）に関する制限

Point 33 地区計画（都市計画法）

地区計画…建築物の建築形態、公共施設その他の施設の配置等からみて、一体としてそれぞれの区域の特性にふさわしい態様を備えた良好な環境の各街区を整備し、開発し、および保全するための計画

- 用途地域が定められている区域だけでなく、一定の用途地域が定められていない区域にも定められる。
- 地区整備計画等が定められている区域内では、一定の行為について、市町村長への事前届出制あり。

Point 34 開発許可が不要となる例外（都市計画法）

（1）小規模な開発行為
市街化区域…………………………………… 1,000m² 未満
区域区分の定めがない都市計画区域…… 3,000m² 未満
準都市計画区域……………………………… 3,000m² 未満
「都市計画区域および準都市計画区域」外… 10,000m² 未満
※ 市街化調整区域では、小規模であるという理由で、開発許可が不要となる例外はない。

（2）農林漁業用の建築物を建築するための開発行為
市街化区域………このような例外なし
市街化区域以外…常に開発許可不要
※ 農林漁業を営む者の居住用住宅も例外となる。

（3）公益上必要な建築物（図書館・公民館・変電所など）の建築のための開発行為

（4）都市計画事業・土地区画整理事業・市街地再開発事業などの施行として行う開発行為

（5）非常災害のため必要な応急措置として行う開発行為など

Point 35 開発行為の変更・廃止があった場合の手続き（都市計画法）

変更	原則	都道府県知事の許可
	変更後の行為が開発許可が不要となる例外にあたるとき	許可は不要
	軽微な変更の場合	都道府県知事に届出
廃止		都道府県知事に届出

Point 36 開発許可を受けた開発区域内における建築等の制限（都市計画法）

Ⅰ．工事完了公告前

原則　建築物の建築・特定工作物の建設は禁止

例外　① 工事用の仮設建築物の建築など
　　　② 都道府県知事が支障がないと認めたとき
　　　③ 開発行為に不同意の土地の権利者（所有者など）が権利の行使として建築などをするとき

Ⅱ．工事完了公告後

原則　予定建築物等以外の建築物の新築などは禁止

例外　① 都道府県知事が支障がないと認めて許可したとき
　　　② 開発区域内の土地について用途地域等が定められているとき

Point 37 都市計画事業に関連する制限（都市計画法）

都市計画施設の区域内 市街地開発事業の施行区域内	建築物の建築には、原則として、都道府県知事等の許可が必要
都市計画事業の事業地内	事業の施行の障害となるおそれがある土地の形質の変更、建築物の建築などには、都道府県知事等の許可が必要（例外なし）

Point 38 建築確認が必要となる規模の大きい建築物（建築基準法）

	階　数	延べ面積	高　さ	軒の高さ
木造建築物	3以上	$500m^2$ 超	13m 超	9m 超
木造以外の建築物	2以上	$200m^2$ 超		
特殊建築物		$200m^2$ 超		

Point 39 都市計画区域等内で建築確認が必要となる行為（建築基準法）

① 新築　⇒ 建築物の構造・規模にかかわらず必要
② 増築・改築・移転
　◎防火地域・準防火地域内
　　⇒ 建築物の構造・規模にかかわらず必要
　◎防火地域・準防火地域外
　　⇒ 増築・改築・移転する部分の床面積の合計が 10m² を超える場合に、建築確認が必要

Point 40 主な用途制限（建築基準法）

用途地域／建築物	第一種低層住居専用地域	第二種低層住居専用地域	田園住居地域	第一種中高層住居専用地域	第二種中高層住居専用地域	第一種住居地域	第二種住居地域	準住居地域	近隣商業地域	商業地域	準工業地域	工業地域	工業専用地域
住宅・共同住宅	○	○	○	○	○	○	○	○	○	○	○	○	×
小学校・中学校・高等学校	○	○	○	○	○	○	○	○	○	○	○	×	×
大学・高等専門学校	×	×	×	○	○	○	○	○	○	○	○	×	×
病院	×	×	×	○	○	○	○	○	○	○	○	×	×
カラオケボックス	×	×	×	×	×	×	○※	○※	○	○	○	○※	○※
床面積の合計が150m²以内の自動車修理工場	×	×	×	×	×	×	×	○	○	○	○	○	○
床面積の合計が10,000m²を超える店舗	×	×	×	×	×	×	×	×	○	○	○	×	×
料理店	×	×	×	×	×	×	×	×	×	○	○	×	×

○ 建築できる　　× 建築できない（特定行政庁の許可は考慮しない）
※ 床面積の合計が 10,000m² 以下。

法令上の制限

Point 41 建蔽率制限が緩和される場合（建築基準法）

建築物の種類 ＼ 地域	緩和される割合 ① 防火地域内の耐火建築物等	① 準防火地域内の耐火建築物等・準耐火建築物等	② 特定行政庁が指定する角地にある建築物	①②の両方
建蔽率の限度が8/10の地域以外	＋1/10		＋1/10	＋2/10
建蔽率の限度が8/10の地域内	制限なし	＋1/10		制限なし

Point 42 高さに関する制限（建築基準法）

用途地域 ＼ 制限	第一種低層住居専用地域	第二種低層住居専用地域	田園住居地域	第一種中高層住居専用地域	第二種中高層住居専用地域	第一種住居地域	第二種住居地域	準住居地域	近隣商業地域	商業地域	準工業地域	工業地域	工業専用地域
道路斜線制限（道路高さ制限）	○	○	○	○	○	○	○	○	○	○	○	○	○
隣地斜線制限（隣地高さ制限）	×	×	×	○	○	○	○	○	○	○	○	○	○
北側斜線制限（北側高さ制限）	○	○	○	○	○	×	×	×	×	×	×	×	×
日影規制	○	○	○	○	○	○	○	○	○	×	○	×	×

○ 制限の適用あり　× 制限の適用なし

Point 43 「宅地造成等」の意味（盛土規制法）

宅地造成等工事規制区域内で「宅地造成等」に関する工事を行う場合
⇒ 原則、都道府県知事の許可が必要

宅地造成等＝宅地造成・特定盛土等・土石の堆積

宅地造成	宅地以外→宅地 ＋ 一定規模の土地の形質の変更
特定盛土等	宅地・農地等 ＋ 一定規模の土地の形質の変更
土石の堆積	宅地・農地等 ＋ 一定規模の土石の堆積 （一時的なもののみ）

Point 44 許可が必要となる一定規模（盛土規制法）

宅地造成等工事規制区域内で工事を行う場合に許可が必要となる一定規模

宅地造成・特定盛土等の場合（共通）

（次の①～⑤のいずれかにあたるもの）

①	盛土	高さ１m超の崖を生ずるもの
②	切土	高さ２m超の崖を生ずるもの
③	盛土＋切土	盛土と切土をした土地の部分に高さ２m超の崖を生ずるもの（①②を除く）
④	①③以外の盛土（こんもり盛土）	①③に該当しない盛土（①③の崖を生じないこんもりした盛土）で、高さ２m超のもの
⑤	面積	①～④に該当しない盛土または切土で、盛土または切土をする土地の面積が500㎡超のもの

土石の堆積の場合

（①または②のいずれかにあたるもの）

①	高さ＋面積	高さ２m超かつ面積が300㎡超の土石の堆積
②	面積	①に該当しない土石の堆積で、土石の堆積を行う土地の面積が500㎡超のもの

Point 45 土地区画整理組合（土地区画整理法）

① 土地区画整理組合を設立しようとする者は、７人以上共同して、その組合の設立について都道府県知事の認可を受けなければならない。
② 土地区画整理組合が成立した場合、施行地区内の宅地について所有権または借地権を有する者はすべて組合員となる。

Point 46 仮換地指定の効果（土地区画整理法）

	従前の土地	仮換地
従前の宅地の所有者	× 使用・収益 ○ 売却や抵当権の設定	○ 使用・収益 × 売却や抵当権の設定
仮換地の所有者		× 使用・収益 ○ 売却や抵当権の設定

Point 47 換地処分の効果（土地区画整理法）

換地処分の公告があった日の終了時	換地処分の公告があった日の翌日
① 換地計画で換地を定めなかった従前の宅地に存する権利の消滅 ② 仮換地指定の効果の消滅 ③ 事業の施行により行使する利益がなくなった地役権の消滅	① 換地計画で定められた換地が、従前の宅地とみなされる ② 清算金の確定 ③ 施行者による保留地の取得 ④ 事業の施行により生じた公共施設の用に供する土地が、原則、公共施設を管理すべき者に帰属 ⑤ 事業の施行により設置された公共施設を、原則、市町村が管理

Point 48 農地法の許可のまとめ（農地法）

<table>
<tr><th colspan="2"></th><th>農地法３条の許可
（権利移動）</th><th>農地法４条の許可
（転　用）</th><th>農地法５条の許可
（転用目的の権利移動）</th></tr>
<tr><td colspan="2"></td><td>・農地→農地
・採草放牧地→農地
・採草放牧地→採草放牧地</td><td>・農地→農地以外</td><td>・農地→農地以外
・採草放牧地
→農地・採草放牧地以外</td></tr>
<tr><td colspan="2">許可権者</td><td>農業委員会</td><td>都道府県知事等</td><td>都道府県知事等</td></tr>
<tr><td rowspan="3">許可が不要となる例外</td><td>共通の例外</td><td colspan="3">・土地収用法などによって権利が収用または使用される場合、収用した農地を転用する場合</td></tr>
<tr><td rowspan="2">特有の例外</td><td rowspan="2">・国や都道府県が権利を取得する場合
・民事調停法による農事調停によって権利が取得される場合
・相続や遺産分割などにより権利が取得される場合</td><td>・自己所有の２アール未満の農地を農業用施設として利用する目的で転用する場合</td><td>――</td></tr>
<tr><td colspan="2">・国や都道府県が、道路、農業用用排水施設などの一定の施設の用に供するため、転用・権利取得する場合
・市街化区域内→農業委員会に届出</td></tr>
<tr><td rowspan="3">許可を受けなかった場合</td><td>行為の効力</td><td>効力を生じない</td><td>――</td><td>効力を生じない</td></tr>
<tr><td>違反是正措置</td><td>――</td><td colspan="2">工事の停止や原状回復を命ずることができる</td></tr>
<tr><td>罰則</td><td colspan="3">３年以下の懲役または300万円以下の罰金</td></tr>
</table>

Point 49 「土地売買等の契約」にあたるか（国土利用計画法）

あたる場合	あたらない場合
売買契約（予約も含む） 停止条件付売買契約 交換契約 賃借権・地上権設定契約（設定の対価がある場合）	抵当権設定契約 贈与契約 相続、時効取得 賃借権・地上権設定契約（設定の対価がない場合）

「注視区域・監視区域・規制区域」でない土地について、「土地売買等の契約」を締結した場合

⇒　原則、都道府県知事への届出（事後届出）が必要

Point 50 届出が必要な面積（国土利用計画法）

区域の指定なし（事後届出制）	注視区域（事前届出制）	監視区域（事前届出制）
市街化区域…………………… 2,000m² 以上 市街化調整区域……………… 5,000m² 以上 区域区分が定められていない 都市計画区域……………… 5,000m² 以上 都市計画区域外※1………… 10,000m² 以上		都道府県の規則で定められた面積※2以上

※1 準都市計画区域は都市計画区域外なので、10,000m² 以上。
※2 注視区域の面積よりも小さい数値が定められる。

Point 51 届出が不要となる場合（国土利用計画法）

① 民事調停法による調停に基づく場合
② 当事者の一方または双方が国・地方公共団体等である場合
③ 農地法3条の許可を受けた場合

Point 52 事後届出制と事前届出制の比較（国土利用計画法）

	事後届出制	事前届出制
時　期	契約を締結した日から起算して2週間以内	契約締結前
審査対象	土地の利用目的のみ	土地の価格 および土地の利用目的
勧告に従わない場合	公表されることがある 契約は有効 罰則なし	公表されることがある 契約は有効 罰則なし
無届の場合	契約は有効 罰則あり	契約は有効 罰則あり

第4章

税・その他

一問一答 *120*問

1 不動産取得税

★★★
Q 681
【H26】
不動産取得税は、不動産の取得に対して、当該不動産の所在する市町村において課する税であり、その徴収は普通徴収の方法によらなければならない。

★★★
Q 682
【H30】
相続による不動産の取得については、不動産取得税は課されない。

★★
Q 683
【R5】
不動産取得税は、市町村及び特別区に対して、課することができない。

★★★
Q 684
【R3】
家屋が新築された日から３年を経過して、なお、当該家屋について最初の使用又は譲渡が行われない場合においては、当該家屋が新築された日から３年を経過した日において家屋の取得がなされたものとみなし、当該家屋の所有者を取得者とみなして、これに対して不動産取得税を課する。

★★★
Q 685
【H24】
宅地の取得に係る不動産取得税の課税標準は、当該宅地の価格の４分の１の額とされる。

A 681 □□ 不動産取得税は、当該不動産の所在する都道府県において課する税である。「市町村」ではない。なお、普通徴収の方法による点は正しい。 ×

A 682 □□ 不動産取得税は、相続により不動産を取得した場合には課税されない。 ○

A 683 □□ 不動産取得税は、国、都道府県、市町村、特別区などには課すことができない。 ○

A 684 □□ 家屋が新築された日から6カ月（宅建業者の場合は1年）を経過しても当該家屋について最初の使用または譲渡が行われない場合、当該家屋が新築された日から6カ月（宅建業者の場合は1年）を経過した日において家屋の取得がなされたものとみなし、当該家屋の所有者を取得者とみなして、これに対して不動産取得税を課す。「3年」ではない。 ×

A 685 □□ 不動産取得税の課税標準は、不動産を取得した時における不動産の価格であるが、宅地については、課税標準を価格の1/2とする特例が設けられている。「1/4」ではない。 ×

★★★
Q 686 □□
【H24】
床面積250m^2である新築住宅に係る不動産取得税の課税標準の算定については、当該新築住宅の価格から1,200万円が控除される。

★★★
Q 687 □□
【R2】
令和６年４月に個人が取得した住宅及び住宅用地に係る不動産取得税の税率は３％であるが、住宅用以外の土地に係る不動産取得税の税率は４％である。

★★
Q 688 □□
【H19】
土地を取得した場合に、不動産取得税の課税標準となるべき額が30万円に満たないときには不動産取得税は課税されない。

2 固定資産税

★★★
Q 689 □□
【R4】
固定資産税は、固定資産の所有者に課するのが原則であるが、固定資産が賃借されている場合は、当該固定資産の賃借権者に対して課される。

A 686

床面積が50m²（戸建以外の賃貸住宅は40m²）以上240m²以下の新築住宅に係る不動産取得税の課税標準の算定については、当該新築住宅の価格から1,200万円が控除される。本問の住宅は「床面積250m²」なので、控除の対象にならない。

×

A 687

不動産取得税の標準税率は、住宅・土地に係るものは3/100、住宅以外の家屋に係るものは4/100である。土地はすべて3/100なので、住宅用以外の土地は4/100とする本問は誤り。

×

A 688

不動産取得税の課税標準となるべき額が、①土地の取得にあっては10万円、②建築による家屋の取得にあっては1戸につき23万円、③建築以外による家屋の取得にあっては1戸につき12万円に満たない場合は、不動産取得税が課されない（免税点）。本問は、土地の取得なので免税点は10万円であり、「30万円」ではない。

×

A 689

固定資産税は、固定資産の所有者（質権または100年より永い存続期間の定めのある地上権の目的である土地については、その質権者または地上権者）に対して課税される。したがって、固定資産が賃借されている場合は、原則どおり、所有者に対して課税される。

×

★★

Q 690 【H27】

令和6年1月15日に新築された家屋に対する令和6年度分の固定資産税は、新築住宅に係る特例措置により税額の2分の1が減額される。

★★★

Q 691 【R3追】

住宅用地のうち小規模住宅用地に対して課する固定資産税の課税標準は、当該小規模住宅用地に係る固定資産税の課税標準となるべき価格の3分の1の額である。

★★★

Q 692 【H17】

新築された住宅に対して課される固定資産税については、新たに課されることとなった年度から4年度分に限り、2分の1相当額を固定資産税額から減額される。

★★

Q 693 【H20】

市町村長は、一筆ごとの土地に対して課する固定資産税の課税標準となるべき額が、財政上その他特別の必要があるとして市町村の条例で定める場合を除き、30万円に満たない場合には、固定資産税を課することができない。

A 690 □□

固定資産税は、賦課期日（たとえば令和6年度分の場合は、令和6年1月1日）に所在する固定資産に対して課される。令和6年1月15日に新築された家屋は、令和6年1月1日の時点では所在しないので、令和6年度分の固定資産税が課されない。「税額の2分の1が減額される」のではない。

×

A 691 □□

200m²以下の住宅用地（小規模住宅用地）の場合、課税標準は、固定資産税の課税標準となるべき価格の1/6になる。「3分の1」ではない。なお、200m²超の住宅用地の場合は、200m²までの部分は固定資産税の課税標準となるべき価格の1/6、200m²超の部分は1/3になる。

×

A 692 □□

固定資産税では、床面積が50m²以上（1戸建て以外の貸家住宅の場合、40m²以上）280m²以下の新築住宅について、新築後3年度間（地上3階建て以上の中高層耐火建築物の場合、5年度間）、120m²までの部分について、税額の1/2を控除するという特例が設けられている。「4年度分に限り」ではない。

×

A 693 □□

同一の者が同一市町村内に所有する土地に対する固定資産税の課税標準となるべき額が、財政上その他特別の必要があるとして市町村の条例で定める場合を除き、30万円に満たない場合には、固定資産税を課することができない（免税点）。「一筆ごとの」ではない。

×

★★
Q 694
【R2追】
固定資産税の納期は、4月、7月、12月及び2月中において、当該市町村の条例で定めることとされているが、特別の事情がある場合においては、これと異なる納期を定めることができる。

★★★
Q 695
【H14】
固定資産税の納税者は、固定資産課税台帳に登録された事項に不服がある場合には、固定資産評価審査委員会に対し登録事項のすべてについて審査の申出をすることができる。

★★
Q 696
【H23】
家屋について賃借権を有する者は、固定資産課税台帳のうち当該権利の目的である家屋の敷地である土地について記載された部分を閲覧することができる。

3 印紙税

★★★
Q 697
【R2】
国を売主、株式会社Cを買主とする土地の売買契約において、共同で売買契約書を2通作成し、国とC社がそれぞれ1通ずつ保存することとした場合、C社が保存する契約書には印紙税は課されない。

★★
Q 698
【H21】
土地の売却の代理を行ったA社が「A社は、売主Bの代理人として、土地代金5,000万円を受領した」旨を記載した領収書を作成した場合、当該領収書は、売主Bを納税義務者として印紙税が課される。

A 694 □□

固定資産税の納期は、4月、7月、12月および2月中において、当該市町村の条例で定めることとされているが、特別の事情がある場合においては、これと異なる納期を定めることができる。 ○

A 695 □□

納税義務者は、固定資産課税台帳に登録された価格について不服がある場合には、固定資産評価審査委員会に審査の申出をすることができる。「登録事項のすべてについて」ではない。 ×

A 696 □□

家屋について賃借権を有する者は、固定資産課税台帳のうち当該権利の目的である家屋とその敷地である土地について記載された部分を閲覧することができる。 ○

A 697 □□

国・地方公共団体（国等）と国等以外の者とが共同して作成した文書で、国等以外の者が保存するものは、国等が作成したものとみなされ、印紙税が課されない。本問では、C社が保存するものは、国が作成したものとみなされ、印紙税が課されない。 ○

A 698 □□

代理人が委任事務を処理するために文書を作成した場合、印紙税の納税義務は、文書を作成した代理人が負う。したがって、本問では、A社が納税義務を負い、Bは納税義務を負わない。 ×

★★
Q 699 □□ 【R4】
土地を8,000万円で譲渡することを証した覚書を売主Aと買主Bが作成した場合、本契約書を後日作成することを文書上で明らかにしていれば、当該覚書には印紙税が課されない。

★★
Q 700 □□ 【R4】
一の契約書に甲土地の譲渡契約（譲渡金額6,000万円）と、乙建物の譲渡契約（譲渡金額3,000万円）をそれぞれ区分して記載した場合、印紙税の課税標準となる当該契約書の記載金額は、6,000万円である。

★★★
Q 701 □□ 【R5】
「Dの所有する甲土地（時価2,000万円）をEに贈与する」旨を記載した贈与契約書を作成した場合、印紙税の課税標準となる当該契約書の記載金額は、2,000万円である。

★★★
Q 702 □□ 【R2】
「Aの所有する土地（価額5,000万円）とBの所有する土地（価額4,000万円）とを交換する」旨の土地交換契約書を作成した場合、印紙税の課税標準となる当該契約書の記載金額は4,000万円である。

★★★
Q 703 □□ 【H21】
当初作成の「土地を1億円で譲渡する」旨を記載した土地譲渡契約書の契約金額を変更するために作成する契約書で、「当初の契約書の契約金額を1,000万円減額し、9,000万円とする」旨を記載した変更契約書について、印紙税の課税標準となる当該変更契約書の記載金額は、1,000万円である。

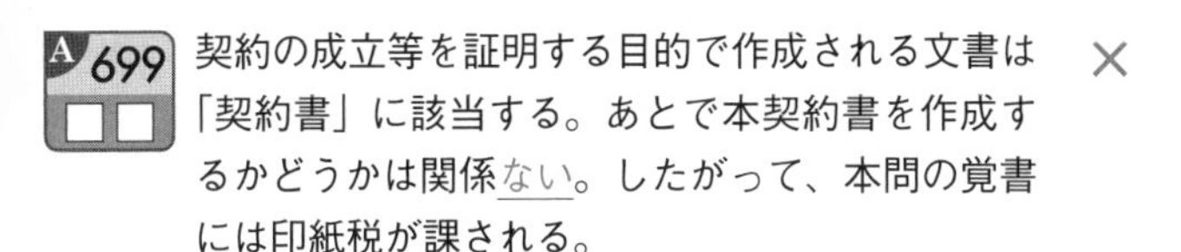

A 699 □□

契約の成立等を証明する目的で作成される文書は「契約書」に該当する。あとで本契約書を作成するかどうかは関係ない。したがって、本問の覚書には印紙税が課される。 ×

A 700 □□

１通の契約書に複数の譲渡金額が記載されている場合、合計額が記載金額になる。したがって、本問の契約書の記載金額は9,000万円である。 ×

A 701 □□

不動産の贈与契約書は、記載金額のない不動産の譲渡に関する契約書として印紙税が課される。したがって、「記載金額は、2,000万円」とする本問は誤り。 ×

A 702 □□

交換契約書の記載金額は、交換金額（不動産の価額）が記載されているときは交換金額であり、双方の価額が記載されているときは高いほうである。本問では、5,000万円と4,000万円のうちの高いほうである5,000万円が記載金額になる。 ×

A 703 □□

契約金額等の記載のある原契約書が作成されていることが明らかであり、かつ、変更契約書に変更金額が記載されている場合には、①契約金額を増加させる変更契約書は、変更金額（増加額）が記載金額となり、②金額を減少させる変更契約書は、記載金額のない文書となる。本問の契約書は②にあたるので、記載金額のない文書となる。 ×

★★★
Q 704
□□
【R5】

一の契約書に土地の譲渡契約（譲渡金額5,000万円）と建物の建築請負契約（請負金額6,000万円）をそれぞれ区分して記載した場合、印紙税の課税標準となる当該契約書の記載金額は1億1,000万円である。

★★★
Q 705
□□
【H20】

建物の賃貸借契約に際して敷金を受け取り、「敷金として20万円を領収し、当該敷金は賃借人が退去する際に全額返還する」旨を記載した敷金の領収証を作成した場合、印紙税は課税されない。

★★
Q 706
□□
【H25】

土地譲渡契約書に課税される印紙税を納付するため当該契約書に印紙をはり付けた場合には、課税文書と印紙の彩紋とにかけて判明に消印しなければならないが、契約当事者の従業者の印章又は署名で消印しても、消印したことにはならない。

4 所得税

★★
Q 707
□□
【H29】

譲渡所得とは資産の譲渡による所得をいうので、不動産業者である個人が営利を目的として継続的に行っている土地の譲渡による所得は、譲渡所得として課税される。

A 704 □□

不動産の譲渡契約と請負契約を１通の契約書にそれぞれ区分して記載した場合、請負金額が譲渡金額を超えるときは、請負金額が記載金額となる。したがって、本問では6,000万円が記載金額となる。

×

A 705 □□

金銭の受取書（領収書）には、原則として印紙税が課される。「賃借人が退去する際に全額返還する」旨の記載は、受取書に対する課税の有無に関係がない。なお、建物の賃貸借契約書には印紙税が課されないが、本問の文書は契約書ではなく受取書である。

×

A 706 □□

印紙税は、原則として、課税文書に印紙税額相当の印紙を貼り付け、消印をする方法によって納める。消印は、自己・代理人・法人の代表者・従業者の印章・署名によって行わなければならない。したがって、「契約当事者の従業者の印章又は署名で消印しても、消印をしたことにはならない」とする本問は誤り。

×

A 707 □□

譲渡所得とは、資産の譲渡による所得をいう。ただし、営利を目的として継続的に行われる資産の譲渡による所得は、譲渡所得にあたらない。したがって、不動産業者が営利目的で継続的に行っている土地の譲渡による所得は、譲渡所得にあたらない（事業所得として課税される）。

×

★★
Q708 □□
【R3】

建物の全部の所有を目的とする土地の賃借権の設定の対価として支払を受ける権利金の金額が、その土地の価額の10分の5に相当する金額を超えるときは、不動産所得として課税される。

★
Q709 □□
【H20】

譲渡所得の長期・短期の区分について、総合課税とされる譲渡所得の基因となる機械の譲渡は、譲渡のあった年の1月1日において所有期間が5年を超えているか否かで判定する。

★
Q710 □□
【R3】

譲渡所得の特別控除額（50万円）は、譲渡益のうち、まず、資産の取得の日以後5年以内にされた譲渡による所得で政令で定めるものに該当しないものに係る部分の金額から控除し、なお控除しきれない特別控除額がある場合には、それ以外の譲渡による所得に係る部分の金額から控除する。

★★★

【R1】

居住用財産の譲渡所得の3,000万円特別控除は、その個人がその個人と生計を一にしていない孫に譲渡した場合には、適用を受けることができない。

A 708 □□

建物等の所有を目的とする地上権・土地賃借権等を設定する場合において、その設定の対価として支払いを受ける金額がその土地の価額の5/10を超えるときは、資産の譲渡とみなされ、譲渡所得として課税される。「不動産所得」ではない。

×

A 709 □□

所得税法の規定に基づく総合課税の対象となる資産を譲渡した場合、譲渡時の所有期間が5年を超えるときは長期譲渡所得、5年以下のときは短期譲渡所得になる。「譲渡のあった年の1月1日」における所有期間ではない。なお、土地・建物の譲渡所得の場合は、租税特別措置法に基づく分離課税がなされ、所有期間の判定も「譲渡のあった年の1月1日」を基準にする。

×

A 710 □□

総合課税の譲渡所得の特別控除額（50万円）は、まず短期譲渡所得（所有期間5年以内）から控除し、控除しきれない場合は、それ以外の譲渡所得（長期譲渡所得）から控除する。

○

A 711 □□

居住用財産の譲渡所得の特別控除（3,000万円特別控除）は、①配偶者・直系血族、②生計を一にしている親族、譲渡後にその家屋に譲渡者と居住する親族、③内縁の配偶者、④譲渡者と特殊の関係にある法人など特別の関係にある者へ譲渡した場合には、適用を受けることができない。本問では「孫」、すなわち直系血族に譲渡しているので、適用を受けることができない。

○

★★★
Q 712 □□
【H24】
譲渡した年の1月1日において所有期間が10年以下の居住用財産については、居住用財産の譲渡所得の3,000万円特別控除を適用することができない。

★★★
Q 713 □□
【H19】
譲渡資産とされる家屋については、その譲渡に係る対価の額が5,000万円以下であることが、租税特別措置法第36条の2の特定の居住用財産の買換えの場合の長期譲渡所得の課税の特例（以下Q716まで「買換え特例」という。）の適用要件とされている。

★★★
Q 714 □□
【H19】
買換資産とされる家屋については、譲渡資産の譲渡をした日からその譲渡をした日の属する年の12月31日までに取得をしたものであることが、買換え特例の適用要件とされている。

★★★
Q 715 □□
【H19】
譲渡資産とされる家屋については、その譲渡をした日の属する年の1月1日における所有期間が5年を超えるものであることが、買換え特例の適用要件とされている。

★★★
Q 716 □□
【H19】
買換資産とされる家屋については、その床面積のうち自己の居住の用に供する部分の床面積が50m²以上のものであることが、買換え特例の適用要件とされている。

A 712 □□

居住用財産の譲渡所得の特別控除（3,000万円特別控除）は、所有期間に関係なく適用を受けることができる。

×

A 713 □□

譲渡資産とされる家屋については、対価の額が1億円以下であることが適用要件とされている。「5,000万円以下」ではない。

×

A 714 □□

買換資産は、譲渡資産を譲渡した年の前年、譲渡した年または翌年に取得することが適用要件とされている。したがって、「譲渡をした日から」ではなく「譲渡をした年の前年1月1日から」であり、また、「譲渡をした日の属する年の12月31日まで」ではなく「翌年の12月31日まで」である。

×

A 715 □□

譲渡資産とされる家屋については、その譲渡をした日の属する年の1月1日における所有期間が10年を超えるものであることが、適用要件とされている。「5年」ではない。

×

A 716 □□

買換資産とされる家屋については、その床面積のうち自己の居住の用に供する部分の床面積が50m²以上のものであることが、適用要件とされている。

○

★★★
Q 717 □□
【H24】

譲渡した年の１月１日において所有期間が10年を超える居住用財産について、その譲渡した時にその居住用財産を自己の居住の用に供していなければ、居住用財産を譲渡した場合の軽減税率の特例を適用することができない。

★★★
Q 718 □□
【R1】

譲渡した年の１月１日において所有期間が10年を超える居住用財産の譲渡について、収用交換等の場合の譲渡所得等の5,000万円特別控除の適用を受けている場合であっても、その特別控除後の譲渡益について、居住用財産を譲渡した場合の軽減税率の特例を適用することができる。

★★★
Q 719 □□
【H18】

令和６年中に居住用家屋を居住の用に供した場合において、その前年において居住用財産の買換え等の場合の譲渡損失の損益通算の適用を受けているときであっても、令和６年分以後の所得税について住宅借入金等を有する場合の所得税額の特別控除（以下Q722まで「住宅ローン控除」という。）の適用を受けることができる。

★★★
Q 720 □□
【H18】

令和６年中に居住用家屋を居住の用に供した場合において、その前年において居住用財産を譲渡した場合の3,000万円特別控除の適用を受けているときであっても、令和６年分以後の所得税について住宅ローン控除の適用を受けることができる。

A 717 □□

居住用財産を譲渡した場合の軽減税率の特例は、①現に自己が居住している財産の譲渡、または②居住しなくなった日から3年を経過する日の属する年の12月31日までの譲渡であることが、適用要件の1つとされている。したがって、「譲渡した時にその居住用財産を自己の居住の用に供して」いなくても、②に該当すれば、適用を受けることができる。

×

A 718 □□

収用交換等の場合の譲渡所得等の5,000万円特別控除と、居住用財産を譲渡した場合の軽減税率の特例は、重複して適用を受けることができる。

○

A 719 □□

譲渡損失の損益通算と住宅ローン控除は、重複して適用を受けることができる。

○

A 720 □□

入居年の前年、前々年に3,000万円特別控除の適用を受けているか、入居年、翌年以後3年間にその適用を受けるときは、住宅ローン控除の適用を受けることができない。

×

★★★
Q 721
【H18】
令和6年中に居住用家屋の敷地の用に供するための土地を取得し、居住用家屋を建築した場合において、同年中に居住の用に供しなかったときは、令和6年分の所得税から住宅ローン控除の適用を受けることができない。

★★★
Q 722
【H18】
令和6年中に居住用家屋を居住の用に供した場合において、住宅ローン控除の適用を受けようとする者のその年分の合計所得金額が2,000万円を超えるときは、その超える年分の所得税について住宅ローン控除の適用を受けることはできない。

5 登録免許税

★★★
Q 723
【R2追】
住宅用家屋の所有権の移転登記に係る登録免許税の税率の軽減措置（以下Q728まで「軽減措置」という。）に係る登録免許税の課税標準となる不動産の価額は、売買契約書に記載されたその住宅用家屋の実際の取引価格である。

★★★
Q 724
【H26】
軽減措置は、個人が自己の経営する会社の従業員の社宅として取得した住宅用家屋に係る所有権の移転の登記にも適用される。

★★★
Q 725
【R3追】
軽減措置の適用対象となる住宅用家屋は、床面積が100m^{2}以上で、その住宅用家屋を取得した個人の居住の用に供されるものに限られる。

A 721 □□

住宅ローン控除の適用を受けることができるのは、取得した居住用家屋を居住の用に供した年以降である。したがって、令和6年中に居住の用に供しなかったときは、令和6年分の所得税から住宅ローン控除の適用を受けることはできない。 ○

A 722 □□

合計所得金額が2,000万円を超える年は、住宅ローン控除の適用を受けることができない。 ○

税・その他

A 723 □□

登録免許税の課税標準となる価額は、固定資産課税台帳の登録価格等であり、実際の取引価格ではない。このことは、軽減措置を受ける場合でも変わりがない。 ×

A 724 □□

住宅用家屋の税率の軽減措置は、個人の自己居住用の家屋のみに適用される。したがって、社宅として取得した住宅用家屋に係る登記には適用されない。 ×

A 725 □□

軽減措置の適用対象となる住宅用家屋は、床面積が50m^{2}以上のものである。「100m^{2}以上」ではない。なお、住宅用家屋を取得した個人の居住の用に供されるものに限られる点は正しい。 ×

★★★
Q726 □□
【H21】

軽減措置の適用を受けるためには、その住宅用家屋の取得後６か月以内に所有権の移転登記をしなければならない。

★★★
Q727 □□
【H30】

軽減措置は、登記の対象となる住宅用の家屋の取得原因を限定しており、交換を原因として取得した住宅用の家屋について受ける所有権の移転登記には適用されない。

★★★
Q728 □□
【R2追】

過去にこの軽減措置の適用を受けたことがある者は、再度この措置の適用を受けることはできない。

6 贈与税

★★
Q729 □□
【H22】

父母双方から住宅取得のための資金の贈与を受けた場合において、父母のいずれかが60歳以上であるときには、双方の贈与とも、住宅取得等資金の贈与を受けた場合の相続時精算課税の特例（60歳未満の者からの贈与についても相続時精算課税の選択を可能とする措置。以下Q733まで「この特例」という。）の適用を受けることはできない。

★★
Q730 □□
【H19】

住宅取得のための資金の贈与を受けた年の12月31日までに住宅用の家屋を新築若しくは取得又は増改築等をしなければ、この特例の適用を受けることはできない。

A 726 □□

軽減措置の適用を受けるためには、取得後1年以内に登記をしなければならない。「6か月以内」ではない。 ×

A 727 □□

軽減措置は、売買または競落による取得に限って適用される。したがって、交換を原因として取得した住宅用の家屋について受ける所有権の移転登記には適用されない。 ○

A 728 □□

軽減措置は、すでにこの税率の軽減措置の適用を受けたことのある者が受ける登記にも適用される。 ×

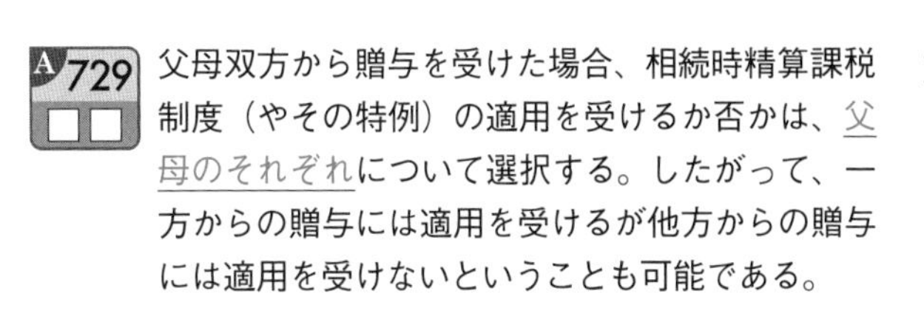

A 729 □□

父母双方から贈与を受けた場合、相続時精算課税制度（やその特例）の適用を受けるか否かは、父母のそれぞれについて選択する。したがって、一方からの贈与には適用を受けるが他方からの贈与には適用を受けないということも可能である。 ×

A 730 □□

相続時精算課税の特例においては、贈与を受けた年の翌年3月15日までに、資金を家屋の取得か増改築に充てることが、適用要件とされている。「贈与を受けた年の12月31日」ではない。 ×

★★
Q 731 □□
【H19】

床面積の３分の１を店舗として使用し、残りの部分は資金の贈与を受けた者の住宅として使用する家屋を新築した場合には、この特例の適用を受けることはできない。

★★★
Q 732 □□
【H19】

自己の配偶者から住宅用の家屋を取得した場合には、この特例の適用を受けることはできない。

★★★
Q 733 □□
【H22】

住宅取得のための資金の贈与を受けた者について、その年の所得税法に定める合計所得金額が2,000万円を超えている場合でも、この特例の適用を受けることができる。

★★
Q 734 □□
【H27】

受贈者について、住宅取得等資金の贈与を受けた年の所得税法に定める合計所得金額が2,000万円を超える場合でも、直系尊属から住宅取得等資金の贈与を受けた場合の贈与税の非課税の適用を受けることができる。

A 731

相続時精算課税の特例においては、新築・取得する家屋の床面積の1/2以上をもっぱら居住の用に供することが、適用要件とされている。本問では、1/3を店舗とし、残りを住宅としているので、2/3（1/2以上）を居住の用に供しており、適用要件を満たしている。

×

A 732

配偶者、直系血族（祖父母、父母、子、孫など）等、受贈者と特別の関係にある者から住宅用家屋を取得した場合には、相続時精算課税の特例の適用を受けることができない。

○

A 733

相続時精算課税の特例の適用要件には、所得金額の制限がない。

○

A 734

この特例には、受贈者の贈与を受けた年の合計所得金額が2,000万円以下という適用要件がある。なお、本問の特例はQ 733までの特例とは別の特例である。

×

7 地価公示法

★★★
Q735
【R1】

標準地は、都市計画区域外や国土利用計画法の規定により指定された規制区域内からは選定されない。

★★★
Q736
【H25】

標準地は、土地鑑定委員会が、自然的及び社会的条件からみて類似の利用価値を有すると認められる地域において、土地の利用状況、環境等が通常と認められ、かつ、当該土地の使用又は収益を制限する権利が存しない一団の土地について選定する。

★★★
Q737
【H26】

不動産鑑定士は、土地鑑定委員会の求めに応じて標準地の鑑定評価を行うに当たっては、近傍類地の取引価格から算定される推定の価格を基本とし、必要に応じて、近傍類地の地代等から算定される推定の価格及び同等の効用を有する土地の造成に要する推定の費用の額を勘案しなければならない。

★★★
Q738
【H27】

正常な価格とは、土地について、自由な取引が行われるとした場合におけるその取引において通常成立すると認められる価格をいい、この「取引」には住宅地とするための森林の取引も含まれる。

A 735 □□

標準地は、公示区域内の土地から選定される。そして、公示区域とは、都市計画区域その他の土地取引が相当程度見込まれるものとして国土交通省令で定める区域（規制区域を除く）のことである。したがって、標準地は、規制区域内からは選定されないが、都市計画区域外からは選定することができる。

×

A 736 □□

地価公示の標準地は、自然的および社会的条件からみて類似の利用価値を有すると認められる地域において、土地の利用状況、環境等が通常と認められる一団の土地について選定するものとされている。「当該土地の使用又は収益を制限する権利が存しない」という条件はない。

×

A 737 □□

標準地の鑑定評価は、①近傍類地の取引価格から算定される推定の価格、②近傍類地の地代等から算定される推定の価格、③同等の効用を有する土地の造成に要する推定の費用の額、を勘案して行われる。「近傍類地の取引価格から算定される推定の価格を基本」ではない。

×

正常な価格とは、土地について、自由な取引が行われるとした場合におけるその取引において通常成立すると認められる価格をいう。この「取引」には、農地、採草放牧地または森林の取引は原則として含まれないが、それらを農地、採草放牧地および森林以外のものとするための取引は含まれる。

○

★★
Q 739 □□
【R4】

正常な価格とは、土地について、自由な取引が行われるとした場合におけるその取引（一定の場合を除く。）において通常成立すると認められる価格をいい、当該土地に建物がある場合には、当該建物が存するものとして通常成立すると認められる価格をいう。

★★★
Q 740 □□
【H29】

土地の取引を行う者は、取引の対象となる土地が標準地である場合には、当該標準地について公示された価格により取引を行う義務を有する。

★★★
Q 741 □□
【R3追】

不動産鑑定士は、公示区域内の土地について鑑定評価を行う場合において、当該土地の正常な価格を求めるときは、公示価格と実際の取引価格を規準としなければならない。

★★★
Q 742 □□
【H21】

公示区域内の土地を対象とする鑑定評価においては、公示価格を規準とする必要があり、その際には、当該対象土地に最も近接する標準地との比較を行い、その結果に基づき、当該標準地の公示価格と当該対象土地の価格との間に均衡を保たせる必要がある。

正常な価格とは、土地に、建物その他の定着物がある場合には、当該定着物が存しないものとして通常成立すると認められる価格をいう。「存するものとして」ではない。 ×

A 740

本問のような義務（標準地の場合には公示価格で取引を行う義務）はない。なお、都市およびその周辺の地域等において、土地の取引を行う者は、取引の対象土地に類似する利用価値を有すると認められる標準地について公示された価格を指標として取引を行うよう努めなければならないが、これは、公示価格を目安にしてほしいという規定であり、公示価格での取引を義務づける規定ではない。 ×

不動産鑑定士は、公示区域内の土地について鑑定評価を行う場合において、当該土地の正常な価格を求めるときは、公示価格を規準としなければならない。「公示価格と実際の取引価格を規準」とするのではない。 ×

公示価格を規準とする際には、当該対象土地とこれに類似する利用価値を有すると認められる１または２以上の標準地との比較を行う必要がある。「最も近接する標準地」ではない。 ×

8 不動産鑑定評価基準

★★ Q 743 【H22】

正常価格とは、市場性を有する不動産について、現実の社会経済情勢の下で合理的と考えられる条件を満たす市場で形成されるであろう市場価値を表示する適正な価格をいう。

★★ Q 744 【H30】

限定価格とは、市場性を有する不動産について、法令等による社会的要請を背景とする鑑定評価目的の下で、正常価格の前提となる諸条件を満たさないことにより正常価格と同一の市場概念の下において形成されるであろう市場価値と乖離することとなる場合における不動産の経済価値を適正に表示する価格のことをいい、民事再生法に基づく鑑定評価目的の下で、早期売却を前提として求められる価格が例としてあげられる。

★★ Q 745 【H30】

鑑定評価の基本的な手法は、原価法、取引事例比較法及び収益還元法に大別され、実際の鑑定評価に際しては、地域分析及び個別分析により把握した対象不動産に係る市場の特性等を適切に反映した手法をいずれか1つ選択して、適用すべきである。

★★ Q 746 【R2】

原価法は、対象不動産が建物及びその敷地である場合において、再調達原価の把握及び減価修正を適切に行うことができるときに有効な手法であるが、対象不動産が土地のみである場合には、この手法を適用することはできない。

A 743 □□

正常価格とは、市場性を有する不動産について、現実の社会経済情勢の下で合理的と考えられる条件を満たす市場で形成されるであろう市場価値を表示する適正な価格をいう。

○

A 744 □□

本問は、特定価格の説明である。限定価格とは、市場性を有する不動産について、不動産と取得する他の不動産との併合または不動産の一部を取得する際の分割等に基づき正常価格と同一の市場概念の下において形成されるであろう市場価値と乖離することにより、市場が相対的に限定される場合における取得部分の当該市場限定に基づく市場価値を適正に表示する価格をいう。

×

A 745 □□

不動産の価格を求める鑑定評価の手法は、原価法、取引事例比較法、収益還元法に大別され、対象不動産に係る市場の特性等を適切に反映した複数の鑑定評価の手法を適用すべきであるとされている。

×

対象不動産が土地のみの場合でも、再調達原価を適切に求めることができるときは、原価法を適用することができる。したがって、土地のみの場合には適用できないとする本問は誤り。なお、前半は正しい記述である。

×

★★
Q 747 □□
【H24】
不動産の鑑定評価における各手法の適用に当たって必要とされる事例は、鑑定評価の各手法に即応し、適切にして合理的な計画に基づき、豊富に秩序正しく収集、選択されるべきであり、例えば、投機的取引と認められる事例は用いることができない。

★★
Q 748 □□
【R3】
取引事例等に係る取引が特殊な事情を含み、これが当該取引事例等に係る価格等に影響を及ぼしている場合に、適切に補正することを時点修正という。

★★
Q 749 □□
【H30】
収益還元法は、賃貸用不動産又は賃貸以外の事業の用に供する不動産の価格を求める場合に特に有効な手法であるが、事業の用に供さない自用の不動産の鑑定評価には適用すべきではない。

★★
Q 750 □□
【H28】
収益還元法は、対象不動産が将来生み出すであろうと期待される純収益の現在価値の総和を求めることにより対象不動産の試算価格を求める手法であるが、市場における土地の取引価格の上昇が著しいときは、その価格と収益価格との乖離が増大するものであるため、この手法の適用は避けるべきである。

A 747 □□

取引事例等は、鑑定評価の各手法に即応し、適切にして合理的な計画に基づき、豊富に秩序正しく収集し、選択すべきであり、投機的取引（値上がりによる利益を目的とする取引）であると認められる事例等適正さを欠くものであってはならないとされている。

○

A 748 □□

時点修正とは、取引事例等に係る取引等の時点が価格時点と異なることにより、その間に価格水準に変動があると認められる場合には、当該取引事例等の価格等を価格時点の価格等に修正することをいう。本問の内容は、事情補正の定義である。

×

A 749 □□

収益還元法は、文化財の指定を受けた建造物等の一般的に市場性を有しない不動産以外には基本的にすべて適用すべきであり、自用の不動産にも賃貸を想定することにより適用すべきとされている。

×

A 750 □□

市場における不動産の取引価格の上昇が著しいときは、取引価格と収益価格との乖離が増大するものであるので、先走りがちな取引価格に対する有力な験証手段として、収益還元法が活用されるべきであるとされている。

×

9 住宅金融支援機構

★★★
Q751 【R1】
住宅金融支援機構（以下Q762まで「機構」という。）は、証券化支援事業（買取型）において、中古住宅を購入するための貸付債権を買取りの対象としていない。

★★
Q752 【R5】
機構は、証券化支援事業（買取型）において、ZEH（ネット・ゼロ・エネルギーハウス）及び省エネルギー性、耐震性、バリアフリー性、耐久性・可変性に優れた住宅を取得する場合に、貸付金の利率を一定期間引き下げる制度を実施している。

★★★
Q753 【H29】
証券化支援業務（買取型）に係る貸付金の利率は、貸付けに必要な資金の調達に係る金利その他の事情を勘案して機構が定めるため、どの金融機関においても同一の利率が適用される。

★★
Q754 【R4】
機構は、住宅の建設又は購入に必要な資金の貸付けに係る金融機関の貸付債権の譲受けを業務として行っているが、当該住宅の建設又は購入に付随する土地又は借地権の取得に必要な資金については、譲受けの対象としていない。

★★
Q755 【R4】
機構は、証券化支援事業（買取型）において、MBS（資産担保証券）を発行することにより、債券市場（投資家）から資金を調達している。

A 751

証券化支援事業（買取型）において、機構による買取りの対象となる貸付債権は、新築住宅の建設・購入のための貸付債権や中古住宅の購入のための貸付債権等である。

×

A 752

機構は、証券化支援事業（買取型）において、ＺＥＨおよび省エネルギー性、耐震性、バリアフリー性、耐久性・可変性に優れた住宅を取得する場合に、貸付金の利率を一定期間引き下げる制度を実施している。

○

A 753

証券化支援事業（買取型）の住宅ローン金利は、各金融機関が決定するので、金融機関によって異なる場合がある。

×

A 754

機構が譲受けの対象としている金融機関の貸付債権は、①住宅の建設・購入資金、②住宅の建設・購入に付随する土地・借地権の取得資金、③住宅の購入に付随する当該住宅の改良資金に係るものである。

×

A 755

機構は、証券化支援事業（買取型）において、MBS（資産担保証券）を発行することにより、債券市場（投資家）から資金を調達している。

○

★★★
Q 756
□□
【H24】
機構は、証券化支援事業（買取型）における民間金融機関の住宅ローンについて、借入金の元金の返済を債務者本人の死亡時に一括して行う高齢者向け返済特例制度を設けている。

★★★
Q 757
□□
【R5】
機構は、子どもを育成する家庭又は高齢者の家庭（単身の世帯を含む。）に適した良好な居住性能及び居住環境を有する賃貸住宅の建設に必要な資金の貸付けを業務として行っている。

★★
Q 758
□□
【R2】
機構は、貸付けを受けた者とあらかじめ契約を締結して、その者が死亡した場合に支払われる生命保険の保険金を当該貸付けに係る債務の弁済に充当する団体信用生命保険を業務として行っている。

★★★
Q 759
□□
【R3】
機構は、経済事情の変動に伴い、貸付けを受けた者の住宅ローンの元利金の支払が著しく困難になった場合に、償還期間の延長等の貸付条件の変更を行っている。

★★★
Q 760
□□
【H27】
機構は、高齢者が自ら居住する住宅に対して行うバリアフリー工事又は耐震改修工事に係る貸付けについて、貸付金の償還を高齢者の死亡時に一括して行うという制度を設けている。

★★★
Q 761
□□
【H20】
機構は、貸付けを受けた者が景況の悪化や消費者物価の上昇により元利金の支払が困難になった場合には、元利金の支払の免除をすることができる。

A 756 □□

高齢者向け返済特例制度は、証券化支援事業には設けられていない。なお、機構が、高齢者が自ら居住する住宅についてバリアフリー工事または耐震改修工事に必要な資金を貸し付ける場合には、高齢者向け返済特例制度が設けられている。 ×

A 757 □□

機構の業務には、子どもを育成する家庭または高齢者の家庭（単身の世帯を含む）に適した良好な居住性能および居住環境を有する賃貸住宅の建設または改良に必要な資金の貸付けが含まれている。 ○

A 758 □□

機構の業務には、本問のような団体信用生命保険が含まれる。 ○

A 759 □□

機構は、貸付けを受けた者が経済事情の変動に伴い、元利金の支払が著しく困難となった場合には、一定の貸付条件の変更または元利金の支払方法の変更をすることができる。 ○

A 760 □□

機構は、高齢者が自ら居住する住宅について行うバリアフリー工事または耐震改修工事に係る貸付けについて、債務者本人の死亡時に一括して借入金の元金を返済する制度（高齢者向け返済特例制度）を設けている。 ○

A 761 □□

元利金の支払の免除を認める規定はない。したがって、本問のような免除をすることはできない。 ×

★★
Q 762 □□ 【H27】
証券化支援事業（買取型）において、機構は、いずれの金融機関に対しても、譲り受けた貸付債権に係る元金及び利息の回収その他回収に関する業務を委託することができない。

10 不当景品類及び不当表示防止法

★★★
Q 763 □□ 【R2】
路地状部分（敷地延長部分）のみで道路に接する土地であって、その路地状部分の面積が当該土地面積のおおむね30％以上を占める場合には、路地状部分を含む旨及び路地状部分の割合又は面積を明示しなければならない。

★★★
Q 764 □□ 【H22】
傾斜地を含むことにより当該土地の有効な利用が著しく阻害される場合は、原則として、傾斜地を含む旨及び傾斜地の割合又は面積を明示しなければならないが、マンションについては、これを明示せずに表示してもよい。

★★★
Q 765 □□ 【H27】
販売しようとしている土地が、都市計画法に基づく告示が行われた都市計画施設の区域に含まれている場合は、都市計画施設の工事が未着手であっても、広告においてその旨を明示しなければならない。

★★★
Q 766 □□ 【H26】
建築工事に着手した後に、その工事を相当の期間にわたり中断していた新築分譲マンションについては、建築工事に着手した時期及び中断していた期間を明瞭に表示しなければならない。

A 762

機構は、金融機関に対し、①譲り受けた貸付債権に係る元利金の回収その他回収に関する業務、②融資保険に関する貸付債権の回収業務、③融資業務（貸付けの決定と工事等の審査を除く）等を委託することができる。

×

A 763

路地状部分のみで道路に接する土地であって、その路地状部分の面積が当該土地面積のおおむね30％以上を占めるときは、路地状部分を含む旨および路地状部分の割合または面積を明示しなければならない。

○

A 764

傾斜地を含むことにより、当該土地の有効な利用が著しく阻害される場合（マンションを除く）は、その旨および傾斜地の割合または面積を明示しなければならない。すなわち、原則としては明示が必要であるが、マンションは明示義務の対象から除かれている。

○

A 765

道路法の規定により道路区域が決定され、または都市計画法の告示が行われた都市計画施設の区域に係る土地については、その旨を明示することとされている。工事に着手しているか否かは関係ない。

○

A 766

建築工事に着手した後に、同工事を相当の期間にわたり中断していた新築住宅・新築分譲マンションについては、建築工事に着手した時期・中断していた期間を明示しなければならない。

○

★★★
Q767 □□
【R2追】
取引態様については、「売主」、「貸主」、「代理」又は「媒介」（「仲介」）の別を表示しなければならず、これらの用語以外の「直販」、「委託」等の用語による表示は、取引態様の表示とは認められない。

★★
Q768 □□
【H28】
近くに新駅の設置が予定されている分譲住宅の販売広告を行うに当たり、当該鉄道事業者が新駅設置及びその予定時期を公表している場合、広告の中に新駅設置の予定時期を明示して表示してもよい。

★★★
Q769 □□
【R4】
物件からスーパーマーケット等の商業施設までの徒歩所要時間は、道路距離80ｍにつき１分間を要するものとして算出し、１分未満の端数が生じたときは、端数を切り捨てて表示しなければならない。

★★★
Q770 □□
【H24】
取引しようとする物件の周辺に存在するデパート、スーパーマーケット等の商業施設については、現に利用できるものでなければ広告に表示することはできない。

A 767

取引態様は、「売主」、「貸主」、「代理」または「媒介」（「仲介」）の別をこれらの用語を用いて表示することとされている。したがって、これらの用語以外による表示は、取引態様の表示とは認められない。

○

新設予定の鉄道、都市モノレールの駅もしくは路面電車の停留場またはバスの停留所は、当該路線の運行主体が公表したものに限り、その新設予定時期を明示して表示することができる。

○

徒歩による所要時間は、道路距離80ｍにつき1分間を要するものとして算出した数値を表示し、1分未満の端数が生じたときは1分として算出（端数切上げ）する。「端数を切り捨て」ではない。

×

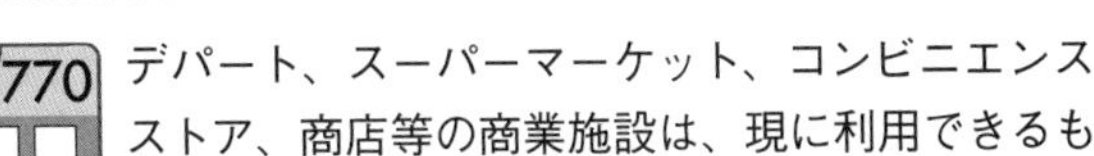

デパート、スーパーマーケット、コンビニエンスストア、商店等の商業施設は、現に利用できるものを物件からの道路距離または徒歩所要時間を明示して表示しなければならない。ただし、工事中である等その施設が将来確実に利用できると認められるものにあっては、その整備予定時期を明示して表示することができる。したがって、現に利用できるものでなくても広告に表示することができる場合がある。

×

★★★
Q771
【H26】

新築分譲マンションの販売広告において、住戸により修繕積立金の額が異なる場合であって、全ての住戸の修繕積立金を示すことが困難であるときは、全住戸の平均額のみ表示すればよい。

★★★
Q772
【R3】

新築分譲マンションを完成予想図により表示する場合、完成予想図である旨を表示すれば、緑豊かな環境であることを訴求するために周囲に存在しない公園等を表示することができる。

★★★
Q773
【R5】

一棟リノベーションマンションについては、一般消費者に対し、初めて購入の申込みの勧誘を行う場合であっても、「新発売」との表示を行うことはできない。

★★★
Q774
【R5】

直線距離で50m以内に街道が存在する場合、物件名に当該街道の名称を用いることができる。

A 771 □□

修繕積立金については、1戸当たりの月額（予定額であるときは、その旨）を表示しなければならない。ただし、住戸により修繕積立金の額が異なる場合において、そのすべての住宅の修繕積立金を示すことが困難であるときは、最低額および最高額のみで表示することができる。「平均額」ではない。

×

A 772 □□

宅地・建物のコンピュータグラフィックス、見取図、完成図、完成予想図は、その旨を明示して用い、当該物件の周囲の状況について表示するときは、現況に反する表示をしてはならない。本問のように存在しない公園等を表示することは、現況に反する表示にあたるので、禁止されている。

×

A 773 □□

新発売とは、新たに造成された宅地、新築の住宅（造成工事または建築工事完了前のものを含む）または一棟リノベーションマンションについて、一般消費者に対し、初めて購入の申込みの勧誘を行うこと（一団の宅地または建物を数期に区分して販売する場合は、期ごとの勧誘）をいい、その申込みを受けるに際して一定の期間を設ける場合においては、その期間内における勧誘をいう。したがって、一棟リノベーションマンションについても、新発売と表示することができる。

×

物件の名称には、当該物件から直線距離で50メートル以内に所在する街道その他の道路の名称（坂名を含む）を用いることができる。

○

★★★
Q 775 □□
【R3】

新築分譲住宅の販売に当たって行う二重価格表示は、実際に過去において販売価格として公表していた価格を比較対照価格として用いて行うのであれば、値下げの日から１年以内の期間は表示することができる。

★★★
Q 776 □□
【R2追】

インターネット上に掲載している賃貸物件について、掲載した後に契約済みとなり実際には取引できなくなっていたとしても、当該物件について消費者からの問合せがなく、故意に掲載を継続していたものでなければ、不当表示に問われることはない。

11 土地

★★★
Q 777 □□
【H30】

山麓の地形の中で、地すべりによってできた地形は一見なだらかで、水はけもよく、住宅地として好適のように見えるが、末端の急斜面部等は斜面崩壊の危険度が高い。

★★★
Q 778 □□
【H26】

台地や丘陵の縁辺部は、豪雨などによる崖崩れに対しては、安全である。

★★★
Q 779 □□
【H24】

丘陵地帯で地下水位が深く、砂質土で形成された地盤では、地震の際に液状化する可能性が高い。

A 775

過去の販売価格を比較対照価格とする二重価格表示をすることができるのは、原則として、値下げの日から6か月以内である。「1年以内」ではない。

×

A 776

継続して物件に関する広告等の表示をする場合、当該表示の内容に変更があったときは、速やかに修正し、またはその表示を取りやめなければならない。したがって、契約済みになった場合、掲載を継続していると、不当表示に問われることがある。

×

A 777

山麓の地形のなかで、地すべりによってできた地形は一見なだらかで、水はけもよく、住宅地として好適のように見えるが、このような地形、特に末端の急斜面部等は斜面崩壊の危険度が高い。

○

A 778

台地や丘陵は、一般的には安全な地形である。しかし、台地や丘陵の縁辺部（端の部分）は崖になっているので、豪雨などによる崖崩れに対しては安全といえない。

×

A 779

液状化する可能性が高いのは、地下水位が浅い（地表面に近いところに地下水が流れている）砂地盤である。本問のような地下水位が深い場所ではない。

×

★★★
Q780
【R1】
台地を刻む谷や台地上の池沼を埋め立てた所では、地盤の液状化が発生し得る。

★★★
Q781
【R4】
台地の上の浅い谷は、豪雨時には一時的に浸水することがあり、注意を要する。

★★★
Q782
【H30】
低地の中で特に災害の危険度の高い所は、扇状地の中の微高地、自然堤防、廃川敷となった旧天井川等であり、比較的危険度の低い所が沿岸部の標高の低いデルタ地域、旧河道等である。

★★★
Q783
【R5】
谷底低地に軟弱層が厚く堆積している所では、地震動が凝縮されて、震動が小さくなる。

★★★
Q784
【H25】
低地は、日本の国土面積の約25%であり、洪水や地震による液状化などの災害危険度は低い。

★★★
Q785
【R2追】
埋立地は、一般に海面に対して数mの比高を持ち、干拓地に比べ自然災害に対して危険度が高い。

A 780 □□

台地を刻む谷や台地上の池沼を埋め立てた所では、地盤の液状化が発生する可能性がある。 ○

A 781 □□

台地の上の浅い谷は、現地に入っても気づかないことが多いが、豪雨時には一時的に浸水することがある。 ○

A 782 □□

低地のなかで比較的災害の危険度の低いところは、扇状地のなかの微高地、自然堤防、廃川敷となった旧天井川等であり、逆に特に危険度の高いところが沿岸部の標高の低いデルタ地域、旧河道等である。本問は、逆の記述である。 ×

A 783 □□

軟弱な地盤は、地震動（地震の揺れ）を増幅する。したがって、谷底低地に軟弱層が厚く堆積している所では、震動が大きくなる。 ×

A 784 □□

低地は、国土面積の約13％であり、洪水や地震による液状化などの災害危険度は高い。したがって、「約25％」、「災害危険度は低い」とする本問は誤り。 ×

A 785 □□

埋立地は一般に海面に対して数mの比高をもち、干拓地より災害に対して安全である。なぜなら、干拓地は、一般に海面以下であり、洪水等の危険が高いからである。 ×

★★★
Q 786
【H20】
地表面の傾斜は、等高線の密度で読み取ることができ、等高線の密度が高い所は傾斜が急である。

★★★
Q 787
【H28】
丘陵地や台地の縁辺部の崖崩れについては、山腹で傾斜角が25度を超えると急激に崩壊地が増加する。

★★★
Q 788
【R3】
崖錐(がいすい)や小河川の出口で堆積物の多い所等は、土石流の危険が少ない。

12 建物

★★★
Q 789
【H29】
木材の強度は、含水率が小さい状態の方が低くなる。

★★★
Q 790
【H30】
集成木材構造は、集成木材で骨組を構成したもので、大規模な建物にも使用されている。

★★★
Q 791
【H22】
コンクリートの引張強度は、圧縮強度より大きい。

A 786 □□

傾斜は等高線の密度で読み取ることができる。等高線の密度が高い（間隔が狭い）所は、急激に高さが変わっているので、傾斜が急であることになる。

○

A 787 □□

丘陵地や台地の縁辺部の崖崩れについては、山腹で傾斜角が25度を超えると急激に崩壊地が増加する。

○

A 788 □□

崖錐（岩屑が堆積した地形）や小河川の出口で堆積物の多い所等は、土石流の危険が大きい。

×

A 789 □□

木材の強度は、含水率が小さい状態の方が高くなる。つまり、乾燥している方が強度は高くなる。

×

A 790 □□

集成木材構造は、集成木材で骨組みを構成したもので、体育館等の大規模な建物にも使用される。

○

A 791 □□

コンクリートの引張強度は、圧縮強度より小さい。すなわち、コンクリートは、押しつぶす力より引っ張る力に弱い。本問は逆の記述である。

×

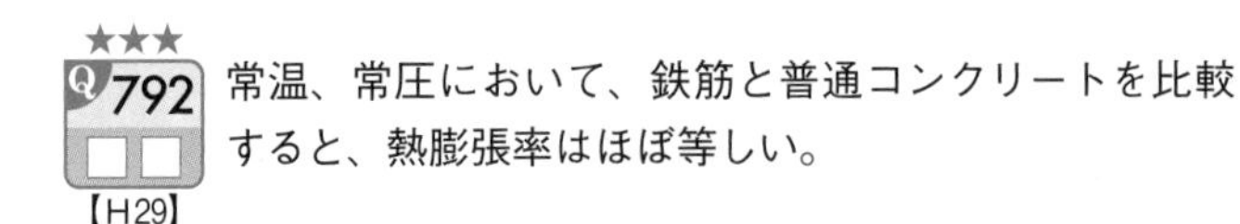

★★★ Q792 □□ 【H29】

常温、常圧において、鉄筋と普通コンクリートを比較すると、熱膨張率はほぼ等しい。

★★ Q793 □□ 【R4】

軸組に仕上げを施した壁には、真壁と大壁があり、真壁のみで構成する洋風構造と、大壁のみで構成する和風構造があるが、これらを併用する場合はない。

★★★ Q794 □□ 【H30】

鉄骨構造は、不燃構造であり、耐火材料による耐火被覆がなくても耐火構造にすることができる。

★★★ Q795 □□ 【H28】

鉄骨造は、自重が大きく、靭性が小さいことから、大空間の建築や高層建築にはあまり使用されない。

★★★ Q796 □□ 【R3】

鉄骨構造は、耐火被覆や鋼材の加工性の問題があり、現在は住宅、店舗等の建物には用いられていない。

★★ Q797 □□ 【H26】

モルタルは、一般に水、セメント及び砂利を練り混ぜたものである。

A 792 □□

常温、常圧において鉄筋と普通コンクリートの熱膨張率は、ほぼ等しい。鉄筋とコンクリートが同じような割合で膨張するので、ひび割れしにくいのである。 ○

A 793 □□

真壁のみで構成するのは和風構造、大壁のみで構成するのは洋風構造であり、本問は逆の記述である。また、これらを併用していることが多いので、「これらを併用する場合はない」とする点も誤り。 ×

A 794 □□

鉄骨構造は、不燃構造であるが、火熱に遭うと耐力が減少するので、耐火構造にするためには、耐火材料で被覆する必要がある。なお、鉄はそのままでは錆びてしまうので、鉄骨造では、防錆処理を行う必要がある。 ×

A 795 □□

鉄骨造は、自重が小さく、靭性が大きいことから、大空間の建築や高層建築に適している。 ×

A 796 □□

鉄骨構造は、耐火被覆構法の進展や鋼材の加工性のよさが見直されたことにより、現在は住宅、店舗等の建物に用いられている。 ×

A 797 □□

モルタルは、一般に水、セメントおよび砂を練り混ぜたものである。「砂利」（砂と小石が混じったもの）ではない。なお、水、セメント、砂および砂利を練り混ぜるとコンクリートになる。 ×

★★
Q 798 □□
【R5】
鉄筋コンクリート構造では、鉄筋とコンクリートを一体化するには、断面が円形の棒鋼である丸鋼の方が表面に突起をつけた棒鋼である異形棒鋼より、優れている。

★★
Q 799 □□
【R1】
免震はゴムなどの免震装置を設置し、上部構造の揺れを減らす技術である。

★★
Q 800 □□
【R2】
直接基礎の種類には、形状により、柱の下に設ける独立基礎、壁体等の下に設けるべた基礎、建物の底部全体に設ける布基礎（連続基礎）等がある。

A 798 □□

鉄筋とコンクリートを一体化するには、表面に突起をつけた棒鋼である異形棒鋼の方が、断面が円形の棒鋼である丸鋼の方より、優れている。鉄筋の表面に突起がある方が鉄筋とコンクリートがよく噛み合うからである。本問は逆の記述である。

×

A 799 □□

免震は、建物の下部構造と上部構造との間に積層ゴムなどを設置し、揺れを減らす技術である。すなわち、土台と基礎の間にゴムなどを設置し、そこで振動を吸収し、建物の揺れを減らす技術である。

○

A 800 □□

直接基礎の種類には、形状により、柱の下に設ける独立基礎、壁体等の下に設ける布基礎（連続基礎）、建物の底部全体に設けるべた基礎等がある。本問は、「布基礎（連続基礎）」と「べた基礎」が逆である。

×

POINTマスター

税・その他編

Point 53 固定資産税

課税主体・課税客体・納税義務者・課税標準・標準税率

<table>
<tr><td>課税主体</td><td colspan="2">固定資産の所在地の市町村</td></tr>
<tr><td>課税客体</td><td colspan="2">土地・家屋・償却資産</td></tr>
<tr><td rowspan="2">納税義務者</td><td>原則</td><td>賦課期日（毎年1月1日）現在の固定資産の所有者（固定資産課税台帳に所有者として登録されている者）</td></tr>
<tr><td>例外</td><td>質権または100年より永い存続期間の定めのある地上権の目的である土地については、その質権者または地上権者</td></tr>
<tr><td rowspan="2">課税標準</td><td colspan="2">固定資産課税台帳に登録されている価格</td></tr>
<tr><td colspan="2">価格は、原則として、基準年度に決定されたものが、3年間据え置かれる</td></tr>
<tr><td>標準税率</td><td colspan="2">1.4/100</td></tr>
</table>

住宅用地に対する課税標準の特例

<table>
<tr><th colspan="2">適用要件</th><th>課税標準</th></tr>
<tr><td colspan="2">200m² 以下の住宅用地（小規模住宅用地）</td><td>固定資産課税台帳の登録価格 × 1/6</td></tr>
<tr><td rowspan="2">200m² 超の住宅用地</td><td>住宅1戸につき 200m² までの部分</td><td>固定資産課税台帳の登録価格 × 1/6</td></tr>
<tr><td>住宅1戸につき 200m² 超の部分</td><td>固定資産課税台帳の登録価格 × 1/3</td></tr>
</table>

新築住宅に対する税額控除の特例

<table>
<tr><th colspan="2">適用要件</th><th>控除年数</th><th>控除額</th></tr>
<tr><td>新築住宅</td><td rowspan="2">床面積 50m²（1戸建て以外の貸家住宅 40m²）以上 280m² 以下</td><td>3年度間</td><td rowspan="2">120m² までの部分 税額× 1/2</td></tr>
<tr><td>地上3階建て以上の中高層耐火建築物である新築住宅</td><td>5年度間</td></tr>
</table>

徴収方法・納付期日・免税点

徴収方法	普通徴収
納　期	原則として、4月、7月、12月および2月中において市町村の条例で定めるが、特別の事情があるときは、これと異なる納付期日を定めることができる
免税点	① 土地　30万円 ② 家屋　20万円

Point 54 不動産取得税

課税主体・課税客体・納税義務者・課税標準・標準税率

課税主体	不動産の所在する都道府県	
課税客体	不動産の取得	
	例外	相続や法人の合併・分割による取得
納税義務者	不動産の取得者	
課税標準※	固定資産課税台帳に登録されている不動産については、その登録価格	
標準税率	住宅・土地	3/100
	住宅以外の家屋	4/100

※ 宅地を取得した場合は、価格の1/2とする特例がある。

住宅を取得した場合の課税標準の特例

適用要件			控除額
新築住宅		50m²（1戸建て以外の賃貸住宅は40m²）以上240m²以下	1戸につき1,200万円
既存住宅	個人の自己居住用		新築した時期に応じて100万円～1,200万円

徴収方法・免税点

徴収方法	普通徴収
免税点	① 土地の取得　10万円 ② 建築による家屋の取得　1戸につき23万円 ③ 建築以外による家屋の取得　1戸につき12万円

Point 55 所得税（譲渡所得）

居住用財産を譲渡した場合の3,000万円特別控除の適用要件

現に自己が居住している財産の譲渡、または居住しなくなった日から3年を経過する日の属する年の12月31日までの譲渡であること
次の場合は、適用を受けることができない ① 配偶者・直系血族など特別の関係にある者に対する譲渡 ② 前年、前々年に、この特例、特定の居住用財産の買換え特例の適用を受けているとき

居住用財産を譲渡した場合の軽減税率の特例の適用要件※

① 譲渡年の1月1日における所有期間が10年を超えるものであること ② 現に自己が居住している財産の譲渡、または居住しなくなった日から3年を経過する日の属する年の12月31日までの譲渡であること
次の場合は、適用を受けることができない ① 配偶者・直系血族など特別の関係にある者に対する譲渡 ② 前年、前々年に、この特例の適用を受けているとき

※ この特例は、①収用交換等の場合の5,000万円特別控除、②居住用財産を譲渡した場合の3,000万円特別控除と重複適用可能。

住宅ローン控除の主な適用要件

適用要件	① 新築・購入・増改築等の日から6カ月以内に入居し、適用を受ける各年の12月31日まで引き続き居住していること ② 新築、新築住宅の購入の場合、一定の省エネ基準を満たす住宅（省エネ住宅）であること ③ 住宅の床面積（増改築の場合は増改築後の床面積）が50㎡以上で、2分の1以上が専ら自己の居住の用に供するものであること ④ 償還期間10年以上の住宅借入金等があること ⑤ 控除を受ける年の合計所得金額が2,000万円以下であること ⑥ 入居年、前年、前々年に、3,000万円特別控除、居住用財産を譲渡した場合の軽減税率、特定の居住用財産の買換え特例の適用を受けていないこと ⑦ 入居年の翌年以後3年以内（＝入居年の翌年、翌々年、3年目）に⑥で挙げた特例の適用を受けないこと

特定の居住用財産の買換え特例の主な適用要件

<table>
<tr><th>譲渡資産</th><th colspan="2">買換資産</th></tr>
<tr><td rowspan="4">① 所有者が現に居住しているか、居住しなくなった日から3年を経過する日の属する年の12月31日までに譲渡
② 1月1日における所有期間が10年超
③ 居住期間が10年以上
④ 対価の額が1億円以下</td><td>家屋</td><td>① 居住用部分の床面積50m²以上
② 使用されたことのある耐火建築物の場合、築後25年以内のものまたは建築基準法施行令の規定もしくは国土交通大臣が財務大臣と協議して定める地震に対する安全性に係る基準に適合することにつき証明がされたものであること
③ 使用されたことのある非耐火建築物の場合、築後25年以内のものまたは譲渡年の12月31日まで（譲渡年の翌年に取得した場合は、その年の12月31日まで）に建築基準法施行令の規定もしくは国土交通大臣が財務大臣と協議して定める地震に対する安全性に係る基準に適合することにつき証明がされたものであること
④ 買換資産を令和6年1月1日以降に居住の用に供した場合または供する見込みである場合には、原則として一定の省エネ基準を満たすものであること</td></tr>
<tr><td>土地</td><td>面積500m²以下</td></tr>
<tr><td>取得</td><td>譲渡年の前年、譲渡年、翌年のいずれか</td></tr>
<tr><td>居住</td><td>① 買換資産を、譲渡年の前年か譲渡年に取得した場合
→譲渡年の翌年の12月31日まで
② 買換資産を、譲渡年の翌年に取得
→譲渡年の翌々年の12月31日まで</td></tr>
<tr><td colspan="3">次の場合は、適用を受けることができない
① 配偶者・直系血族など特別の関係にある者に対する譲渡
② その年、前年、前々年に、居住用財産を譲渡した場合の3,000万円特別控除、居住用財産を譲渡した場合の軽減税率の適用を受けているとき</td></tr>
</table>

Point 56 印紙税

記載金額

<table>
<tr><th>契約書の種類</th><th colspan="2">記載金額</th></tr>
<tr><td>売買契約書</td><td colspan="2">売買金額</td></tr>
<tr><td rowspan="2">交換契約書</td><td>① 交換金額（不動産の価額）が記載されている場合</td><td>交換金額（双方の価額が記載されているときは高いほう）</td></tr>
<tr><td>② 交換差金のみが記載されている場合</td><td>交換差金の額</td></tr>
<tr><td>贈与契約書</td><td colspan="2">記載金額のない文書</td></tr>
<tr><td>請負契約書</td><td colspan="2">請負金額</td></tr>
<tr><td>地上権・土地の賃借権に関する契約書</td><td colspan="2">設定・譲渡の対価である金銭の額
（契約に際して貸主に交付するもので返還されることが予定されていない金額）</td></tr>
<tr><td rowspan="2">変更契約書</td><td>増額変更</td><td>変更金額（増加額）が記載金額</td></tr>
<tr><td>減額変更</td><td>記載金額のない文書</td></tr>
<tr><td>受取書※</td><td colspan="2">受取金額</td></tr>
</table>

※ ①記載金額が５万円未満の受取書、②営業に関しない受取書は非課税。

Point 57 登録免許税

納税義務者

<table>
<tr><td rowspan="2">納税義務者</td><td>登記を受ける者</td></tr>
<tr><td>複数の者が共同で登記を受ける場合は、これらの者が連帯して納税義務を負う</td></tr>
</table>

住宅用家屋の税率の軽減措置の主な適用要件

取得者	個人に限る
家屋の用途	取得者の自己居住用
床面積	50m² 以上
登記時期	新築後または取得後１年以内に登記すること
所有権移転登記の場合	売買または競落による取得に限る

Point 58 地価公示法

地価公示の手続きのまとめ

<table>
<tr><th>手続内容</th><th>主　体</th><th>備　考</th></tr>
<tr><td>標準地の選定</td><td>土地鑑定委員会</td><td>都市計画区域外にも選定可能</td></tr>
<tr><td>鑑定評価</td><td>２人以上の不動産鑑定士</td><td></td></tr>
<tr><td>正常な価格の判定</td><td rowspan="3">土地鑑定委員会</td><td>定着物・権利等が存しないものとした価格</td></tr>
<tr><td>公示</td><td>官報で公示</td></tr>
<tr><td>市町村長への書面の送付</td><td>当該市町村が属する都道府県に存する標準地の書面等</td></tr>
<tr><td>閲覧</td><td>市町村</td><td>市町村の事務所</td></tr>
</table>

公示価格の効力

<table>
<tr><td>土地の取引を行う者</td><td>指標として取引を行うよう努めなければならない</td></tr>
<tr><td>不動産鑑定士が、正常な価格を求めるとき</td><td rowspan="2">規準としなければならない</td></tr>
<tr><td>土地を収用することができる事業を行う者が、取得価格を定めるとき</td></tr>
<tr><td>事業の認定の告示の時における相当な価格を算定するとき</td><td>規準として算定した価格を考慮しなければならない</td></tr>
</table>

Point 59 不動産鑑定評価基準

価格の区別の仕方

<table>
<tr><td>正常価格</td><td rowspan="3">市場性を有する不動産</td><td>合理的な市場</td></tr>
<tr><td>限定価格</td><td>市場限定</td></tr>
<tr><td>特定価格</td><td>法令等による社会的要請</td></tr>
<tr><td>特殊価格</td><td colspan="2">市場性を有しない不動産</td></tr>
</table>

Point 60 住宅金融支援機構

主な業務内容

金融機関の行う住宅資金貸付けの支援 ① 金融機関の貸付債権の譲受け ② 貸付債権を担保とする債券に係る債務保証
融資保険
住情報の提供
融資業務 ① 災害復興建築物の建設・購入・被災建築物の補修 ② 災害予防代替建築物の建設・購入・災害予防移転建築物の移転、災害予防関連工事、地震に対する安全性の向上を主目的とする改良 ③ 合理的土地利用建築物の建設・購入、マンションの共用部分の改良 ④ 子どもを育成する家庭や高齢者の家庭に適した良好な居住性能・居住環境を有する賃貸住宅等の建設・改良 ⑤ 高齢者の家庭に適した良好な居住性能・居住環境を有する住宅とすることを主たる目的とする住宅の改良（高齢者が自ら居住する住宅について行うものに限る）。高齢者の居住の安定確保に関する法律に規定する登録住宅（賃貸住宅であるものに限る）とすることを主たる目的とする人の居住の用に供したことのある住宅の購入 ⑥ 住宅確保要配慮者に対する賃貸住宅の供給の促進に関する法律に規定する登録住宅の改良 ⑦ 事業主や事業主団体から独立行政法人勤労者退職金共済機構の行う転貸貸付けに係る住宅資金の貸付けを受けることができない勤労者に対する財形住宅貸付け ⑧ 住宅のエネルギー消費性能の向上を主たる目的とする住宅の改良に必要な資金の貸付け
貸付けを受けた者等とあらかじめ契約を締結して、その者が死亡した場合や重度障害の状態になった場合に支払われる保険金等を当該貸付けに係る債務の弁済に充当すること（団体信用生命保険） 住宅確保要配慮者に対する賃貸住宅の供給の促進に関する法の規定による保険を行うこと（家賃債務保証保険契約に係る保険）

機構貸付けの返済方法

返済方法	原則	割賦償還
	例外	高齢者向け返済特例制度（死亡時一括返済）※

※ 高齢者が自ら居住する住宅に対して行うバリアフリー工事または耐震改修工事やエネルギー消費性能の向上を目的とする改良工事に係る貸付け等が対象

Point 61 不当景品類及び不当表示防止法

表示規約・景品規約

① 建築基準法の規定により道路とみなされる部分（セットバックを要する部分）を含む土地については、その旨を表示し、セットバックを要する部分の面積がおおむね10%以上である場合は、その面積も明示すること
② 傾斜地を含む土地であって、
　a 傾斜地の割合が当該土地面積のおおむね30%以上を占める場合（マンションおよび別荘地等を除く）は、傾斜地を含む旨および傾斜地の割合または面積を明示すること
　b 傾斜地の割合が30%以上を占めるか否かにかかわらず、傾斜地を含むことにより、当該土地の有効な利用が著しく阻害される場合（マンションを除く）は、その旨および傾斜地の割合または面積を明示すること
③ 路地状部分のみで道路に接する土地であって、その路地状部分の面積が当該土地面積のおおむね30%以上を占めるときは、路地状部分を含む旨および路地状部分の割合または面積を明示すること
④ 徒歩による所要時間は、道路距離80mにつき1分間を要するものとして算出した数値を表示すること。この場合において、1分未満の端数が生じたときは1分として算出すること
⑤ 新築とは、建築工事完了後1年未満であって、居住の用に供されたことがないものをいう
⑥ 当該物件が公園、庭園、旧跡その他の施設または海（海岸）、湖沼もしくは河川の岸もしくは堤防から直線距離で300m以内に所在している場合は、物件の名称として、これらの名称を用いることができる
⑦ 懸賞によって景品類を提供する場合は、取引価額の20倍または10万円のいずれか低い価額の範囲内でなければならない
⑧ 懸賞によらないで景品類を提供する場合は、取引価額の1/10または100万円のいずれか低い価額の範囲内でなければならない

Point 62 土　地

宅地としての適否

山麓	山麓部を利用する際には、背後の地形、地質、地盤について十分に注意する必要がある 土石流や土砂崩壊による堆積でできた地形、地すべりでできた地形は、なだらかで一見宅地に適しているように見えるが、崩壊等の危険が高いので、注意を要する
丘陵、台地、段丘	水はけがよく、地盤が安定しているので、宅地に適しているが、次のような場所は、注意すべきである ① 台地、丘陵の縁辺部 ② 切土部と盛土部にまたがる宅地 ③ 土留めや排水工事の十分でない盛土地 ④ 台地、丘陵地の小さな谷間
低地	洪水や地震に弱いので、宅地に適していないが、次のような場所は、宅地として利用することができる ① 扇状地（ただし、土石流災害の危険に注意） ② 自然堤防 ③ 砂丘、砂州、昔の天井川 次のような場所は、宅地として好ましくない ① デルタ地域 ② 旧河道 ③ 自然堤防に囲まれた後背低地
干拓地、埋立地	宅地としてあまり好ましくない。特に、干拓地は海面以下の場合が多いので、津波・高潮による被害の可能性がある 埋立地は、干拓地よりは安全で、宅地としての利用も可能である

地形図

急傾斜地では等高線の間隔は密（＝等高線の間隔が狭い）になっているのに対し、傾斜が緩やかな土地では等高線の間隔は疎（＝等高線の間隔が広い）となっている

建　物

建築材料の性質

木材	① 木材は乾燥しているほど強度が大きい ② 木材の圧縮強度は、繊維方向のほうが繊維に垂直の方向より大きい
コンクリート	① 常温常圧において、鉄筋と普通コンクリートを比較すると、温度上昇に伴う体積の膨張の程度（熱膨張率）は、ほぼ等しい ② コンクリートの引張強度は、一般に圧縮強度の1/10 程度である
鉄	鉄は、炭素含有量が多いほど、もろくなる。したがって、鉄骨造には、一般に炭素含有量が少ない鋼が用いられる

建築物の構造

木造	集成材は、短板等を積層したもので、伸縮・変形・割れなどが生じにくくなるため、大規模な木造建築物の骨組にも使用される。
鉄骨造	① 自重が軽く、靭性（＝粘り強さ）が大きいことから、大空間の建築や高層建築の骨組に適している。 ② 不燃構造であるが、火熱に遭うと耐力が減少するので、耐火構造にするためには、耐火材料で被覆する必要がある。 ③ 防錆処理を行う必要がある。
鉄筋コンクリート造・鉄骨鉄筋コンクリート造	① 耐火性・耐震性等に優れる。 ② 自重が重い、工期が長い、施工が難しいという短所がある。

●MEMO●

MEMO

●法改正・正誤等の情報につきましては、下記「ユーキャンの本」ウェブサイト内「追補（法改正・正誤）」をご覧ください。
https://www.u-can.co.jp/book/information

●本書の内容についてお気づきの点は
・「ユーキャンの本」ウェブサイト内「よくあるご質問」をご参照ください。
https://www.u-can.co.jp/book/faq
・郵送・FAX でのお問い合わせをご希望の方は、書名・発行年月日・お客様のお名前・ご住所・FAX 番号をお書き添えの上、下記までご連絡ください。
【郵送】〒169-8682 東京都新宿北郵便局 郵便私書箱第 2005 号
ユーキャン学び出版 宅建士資格書籍編集部
【FAX】03-3378-2232
◎より詳しい解説や解答方法についてのお問い合わせ、他社の書籍の記載内容等に関しては回答いたしかねます。

●お電話でのお問い合わせ・質問指導は行っておりません。

2024年版　ユーキャンの宅建士　これだけ！一問一答集

2011年3月30日　初　版　第1刷発行
2024年2月　2日　第14版　第1刷発行

編　者　ユーキャン宅建士試験研究会
発行者　品川泰一
発行所　株式会社 ユーキャン 学び出版
〒151-0053 東京都渋谷区代々木 1-11-1
Tel 03-3378-1400
ＤＴＰ　有限会社 中央制作社
発売元　株式会社 自由国民社
〒171-0033 東京都豊島区高田 3-10-11
Tel 03-6233-0781（営業部）

印刷・製本　望月印刷株式会社

※落丁・乱丁その他不良の品がありましたらお取り替えいたします。お買い求めの書店か自由国民社営業部（Tel 03-6233-0781）へお申し出ください。